杨筱恬 于淼 朱方伟 ◎ 著

复杂新产品开发
项目管理
——基于多主体协同创新的视角

COMPLEX NEW PRODUCT DEVELOPMENT
PROJECT MANAGEMENT:
A Perspective Based on Multi Agent Collaborative Innovation

中国财经出版传媒集团

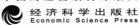

经济科学出版社
Economic Science Press

·北 京·

图书在版编目（CIP）数据

复杂新产品开发项目管理 ： 基于多主体协同创新的视角／杨筱恬，于淼，朱方伟著 . -- 北京 ： 经济科学出版社，2025. 2. --（大连理工大学管理论丛）.
ISBN 978 - 7 - 5218 - 6685 - 8

Ⅰ . F273. 2

中国国家版本馆 CIP 数据核字第 2025UH2555 号

责任编辑：刘　莎
责任校对：王京宁
责任印制：邱　天

复杂新产品开发项目管理
——基于多主体协同创新的视角
FUZA XINCHANPIN KAIFA XIANGMU GUANLI
——JIYU DUOZHUTI XIETONG CHUANGXIN DE SHIJIAO
杨筱恬　于　淼　朱方伟　著
经济科学出版社出版、发行　新华书店经销
社址：北京市海淀区阜成路甲 28 号　邮编：100142
总编部电话：010 - 88191217　发行部电话：010 - 88191522
网址：www. esp. com. cn
电子邮箱：esp@ esp. com. cn
天猫网店：经济科学出版社旗舰店
网址：http：//jjkxcbs. tmall. com
固安华明印业有限公司印装
710 × 1000　16 开　14. 5 印张　230000 字
2025 年 2 月第 1 版　2025 年 2 月第 1 次印刷
ISBN 978 - 7 - 5218 - 6685 - 8　定价：72. 00 元
（图书出现印装问题，本社负责调换。电话：010 - 88191545）
（版权所有　侵权必究　打击盗版　举报热线：010 - 88191661
QQ：2242791300　营销中心电话：010 - 88191537
电子邮箱：dbts@ esp. com. cn）

前　　言

在当今这个科技日新月异的时代，我们时常被国产大飞机、高速铁路、中国空间站、"华龙一号"核电站等一系列大国重器所震撼。这些技术成就不仅彰显了我国的技术实力，更是复杂新产品开发项目的杰出代表。这些项目跨越交通、电力、水力、能源、航天等多个社会经济领域，以高技术、高价值的技术密集型特征，成为了推动社会进步和产业升级的重要力量。但是，对于复杂新产品开发项目，如何进行有效管理、由谁来管理，以及选择何种管理策略等问题值得思考。

复杂新产品开发项目，是一个从概念萌芽到最终产品化的复杂过程，涉及多领域、多学科的异质性知识耦合，面临着技术实现产品化、产业化，以及多个创新主体之间的协同创新等多重挑战。在项目推进的过程中，如何让技术转化为实际生产力？如何协调并激发项目利益相关者的积极性与创造力？如何在知识共享中保持项目成员关系的动态稳定？这些问题不仅是理论界研究的热点，也是实践界亟待解决的难题。

本书正是基于这样的背景应运而生。我们深入剖析了复杂新产品项目的内涵、特征及其运行过程，将研究视野拓展至多主体协同合作的系统性研发项目。本书在第 2 章通过新产品开发、创新生态系统、社会网络理论以及项目利益相关者管理理论等多个视角，揭示了复杂新产品开发项目中多主体协同创新的必要性与复杂性。

在第 3、第 4、第 5 章中，分别从产学研协同、竞争者协同与供应商协同的角度，展开多主体协同创新的复杂新产品开发项目管理研究。在产学研协同方面，复杂新产品开发项目往往具有技术门槛高、涉及领域广泛、运行周期长等特点，需要企业、学术机构和研究机构之间建立紧密合作关系，共同参与科研项目、技术转移和成果转化的项目全过程。这种产学研深度融合的创新模式，已成为推动创新成果快速转化为新产品的重要途径。然而，实施过程中仍存在合作意愿、合作机制、利益分配和知识产权保护等诸多挑战，需要我们在实践中不断探索与优化。在竞争者协同方面，构建包含竞争者在内的多主体生态系统，成为有效管理新产品开发项目的关键。通过相似知识与互补资源共享、技术互通加速创新，有助于企业快速响应市场需求、推动项目成功。在供应商协同方面，供应商在复杂产品部件制造及新型复杂产品研发中扮演着重要角色。将供应商纳入协同体系，是推进复杂新产品开发项目的有效策略。然而，当前多数供应商在新产品开发活动中的融入成效尚待提升，面临着关系结构复杂、信息不对称、合同网络混乱等挑战。本书通过具体案例分析，提出针对性的解决策略，为实践提供有益的借鉴，同时通过具体的二手数据实证研究，验证部分协同策略对新产品开发项目绩效的影响作用。

本书在第 6 章以"华龙一号"重大工程项目为例，深入剖析了复杂新产品开发项目的实际运作过程，在展现我国自主研制的核电站如何"擎天而立"、屹立在世界核电"舞台"的同时，进行深入案例分析，剖析了复杂新产品开发项目中多主体协同网络的治理机制。

此外，本书在第 7 章对数字化情境下复杂新产品开发项目的新挑战进行了分析，提出了数字化转型对复杂新产品开发项目带来的新机遇与挑战，数字化平台用户主导的创新模式对新产品开发项目带来的新机遇与挑战，为未来的研究方向提供了一些思考。

整体而言，这是一部兼具理论深度和实践指导意义的著作，为我们提供了丰富的理论知识和实践案例，更为复杂新产品开发项目中的协同创新提供了新的思路和方法。希望本书的出版能够对推动新产品研发和技术创新有所贡献。

目 录

第 1 章

解读复杂新产品开发项目

随着科学技术的不断进步，复杂新产品的开发活动已经超越了单一企业的创新范畴，成为一个需要多主体深度协同合作的长期项目。面对这一转变，企业实践层面需要不断优化管理策略，以适应复杂新产品开发项目的更高要求；同时，在理论层面，构建全面且系统性的研究基础，旨在科学、有效地指导复杂新产品开发过程中的多主体协同实践。鉴于此，本章将探索管理实践中的复杂新产品及其开发项目，通过剖析典型案例，揭示复杂新产品开发项目的核心内涵、基本特征及其与传统产品相比存在的差异性，为后续理论研究、实证研究以及案例研究提供基础与铺垫，促进复杂新产品开发领域的知识积累与实践创新。章节结构如图 1 - 1 所示。

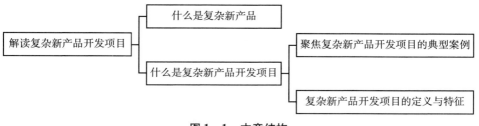

图 1 - 1　本章结构

1.1　什么是复杂新产品

我们经常被一些大国重器所震撼，例如三峡工程、"两弹一星"、东方红卫星、中国空间站、高速铁路、港珠澳大桥、"华龙一号"核电站、北京新机场、大飞机、盾构机等，涉及交通、电力、水力、能源、航天等各个社会经济领域。这些重大技术突破的过程就是复杂新产品的项目开发过程。

复杂产品是指具有高技术、高价值的技术密集型大型产品或系统。霍布迪（Hobday）作为复杂产品研究领域的先驱，提出复杂产品具有成本高、工程密集程度高的特点，例如大型建筑、航空航天产品以及复杂的工程系统等。根据霍布迪的定义，许多常见产品都可以被归类为复杂产品，例如长征系列火箭、飞机、高铁、核电站、盾构机、三峡大坝以及国家体育场等。

复杂新产品开发是一个从概念萌芽到最终产品化的复杂过程，通常包含新产品概念开发、详细规划与设计、生产开发、产品检测以及正式生产等多个阶段。由于产品本身的技术复杂性，涉及多领域、多学科的异质性知识耦合，为产品开发过程带来诸多挑战：如何让技术实现产品化、产业化，如何协调技术背后的多个创新主体开展协同创新，如何促进多个创新主体之间的知识流动与知识共享，在知识共享中如何管理创新专有性、如何保持创新网络的动态稳定等问题成为理论界和实践界日益关注的话题。

对于流程复杂、技术环节众多、需要依托工程项目开发的新产品，需要将复杂新产品的研究领域延伸至复杂产品系统。与传统的低成本、标准化、大规模生产的产品相比，复杂产品系统具有成本高、定制化程度高、小批量生产、技术密集、结构复杂等特征。

1.2　什么是复杂新产品开发项目

1.2.1　聚焦复杂新产品开发项目的典型案例

1. 高铁牵引系统项目①

牵引系统是轨道交通车辆机电能量转换的关键，被喻为高速列车"心脏"和动力之源，成为衡量制造企业核心创造能力的主要指标，是国家战略安全领域的关键核心技术。从占据主流地位的交流异步牵引系统到新一代永磁同步牵引系统，轨道交通车辆牵引系统经历两代技术变迁。交流异步牵引系统时期，经几代科研人员消化、吸收、再创新，已能根据列车速度等级对硬件电路、控制软件正向设计、试验验证和考核。对于高速列车最前沿、最具革命性的永磁牵引技术，我国始终处在领先地位，成功研制的高铁用大功率永磁同步电机牵引系统，打破了关键核心技术受制于人的被动局面（见图 1 – 2）。

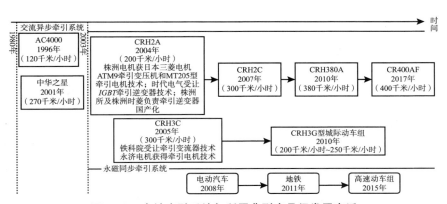

图 1 – 2　高铁牵引系统与所属典型产品促发展变迁

注：正方形边框内产品采用引进交流异步牵引系统（AC4000，中华之显 2001）；长方形边框内产品采用自主交流异步牵引系统（CRH2A，CRH2C，CRH380A，CRH00AF，CRH3C，CRH3G）；圆弧边框特指永磁同步牵引系统的产品升级变迁（电动汽车、地铁、高速动车组）。

---

① 宋娟，谭劲松，王可欣，等 . 创新生态系统视角下核心企业突破关键核心技术"卡脖子"——以中国高速列车牵引系统为例 [J]. 南开管理评论，2023，26（05）：4 – 17.

2. 蒸汽发生器开发项目

蒸汽发生器（steam generator，SG）是反应堆系统能量转换的枢纽，将堆芯热能转换为推动汽轮机发电的蒸汽能，是压水堆核电机组中的核心关键设备。

"华龙一号"ZH－65型蒸汽发生器是国内首型具有完全自主知识产权的第三代核电蒸汽发生器，也是"华龙一号"机组最核心的设备之一，被称为"核电之肺"。在"华龙一号"核电站的核岛里，压力容器周围有3个蒸汽发生器，外表看是3个白色的"胖子"，这便是我们自主研制的ZH－65型SG。在核电站所有主设备中，蒸汽发生器体积最大、个头最高、造价最高，结构复杂、技术集成度高。长期以来大型核电站蒸汽发生器的设计技术以及知识产权都掌握在美国、法国等少数几家设计公司手中。直到2017年11月，由中核集团核动力研究设计院自主研发设计的首台ZH－65型蒸汽发生器在"华龙一号"全球首堆示范工程福清核电5号机组建设现场成功结尾，我国核电站蒸汽发生器才打破了国外在这方面的技术垄断。

ZH－65型，ZH表示中国核电，65代表蒸汽发生器的总传热面积约为6 500平方米，ZH－65型蒸汽发生器是我国具有完全自主知识产权的蒸汽发生器，它的出现解决了"华龙一号"三代核电技术出口的瓶颈问题。

3. "华龙一号"开发项目

20世纪90年代，我国核电设备大部分依赖国外进口，国内无法自主研制，需要吸收国外先进经验的处境下只能按照国外要求进行技术引进，处于封锁下的自主创新阶段。2009年，中核集团延续自主核电技术的道路，决定部署百万千瓦核电技术CP1000，即中国压水堆，并以福清5号、6号为依托项目，即此后的"华龙一号"全球示范工程项目。但是在2011年受到日本福岛核电站核泄漏事件影响，第二代核电站在安全性方面存在不完善性，美国和欧洲率先提出第三代核电站的技术标准，但是对我国的一些核设备部件禁运，给第三代核设备关键部件制造带来了很大困难。

我国意识到"关键设备是买不来、要不来的"，必须要实现完全自主研制的第三代核电技术。2013年4月，国家确定中核集团公司与中广核集团联合开发"华龙一号"（HPR1000，Hua-long pressurized reactor）。2015 年 4 月，国务院常务会议决定核准建设"华龙一号"三代核电技术示范机组，即福清 5 号、6 号机组。同年 5 月和 8 月，"华龙一号"全球示范工程开工，自此，我国自主研制的第三代核电技术进入了应用阶段。

在示范工程项目之后，我国开启了"华龙一号"的批量化建设之路。作为国内首个"华龙一号"批量化建设项目，漳州核电承载着"华龙一号"批量化示范工程建设和后续华龙系列开发建设的重大使命，也承担着一批最新科学技术成果转化、推动创新技术成果在工程建设中首次应用的重任。漳州核电项目拟规划建设 6 台百万千瓦级华龙机型核电机组，并预留两台扩充建设机位，总投资超 1 100 亿元。项目全部建成后，预计年发电量为 720 亿千瓦时，对我国从核电大国走向核电强国具有重要意义。2024 年 10 月，漳州核电 1 号机组开始装载首炉核燃料，标志着机组进入主系统带核调试阶段，为后续机组临界、并网发电等工作奠定了坚实基础。2 号机组核岛内穹顶吊装完成，主设备已完成安装，正在进行主管道焊接工作，预计 2025 年 9 月建成投产。此外，漳州核电 3 号、4 号机组正加紧开工前准备工作，5 号、6 号机组正加快开展可行性研究工作。

1.2.2　复杂新产品开发项目的定义与特征

本书借鉴学者们先前的研究，将复杂新产品开发项目界定为开发成本高、技术密集、结构复杂、定制化程度高、小批量生产的产品或系统。与传统产品开发项目之间的差异：在技术应用方面，传统产品开发项目往往聚焦于单一或有限的几个技术领域，其系统架构相对简明，安全与可靠性标准虽不可或缺，但相较于复杂产品而言，其要求并不那么严苛。此外，这些项目所面临的法律法规和伦理问题通常较为直接明了，常见于家用电器、服装、食品等日常生活行业。然而，复杂产品开发项目则是多学科交叉融合的典范，其内部结构错综复杂，技术体系不仅多样且高度关联，展现出极高的复杂性。这类项目要求将多个学科领域的知识与高度集成的系统进行深度融合，同时必须满足更为严格的安全性与可靠性标准，还需审慎考量复杂的法律法规与伦理议题，如自动驾驶汽车、生物工程药物、人工智能医疗诊断系统等前沿领域。

在开发流程方面，复杂新产品项目的复杂性更为凸显。它们需要更为强大的跨学科协作能力、更为精细的项目管理技巧、更为严格的测试与验证流程，以及更长的开发周期。这一过程中，大量数据的收集与分析、算法的开发与优化、临床试验等环节不可或缺，每一步都需精心策划与执行。相比之下，传统产品开发流程则显得更为直接和简洁，协作范围有限，项目管理要求相对较低，测试与验证周期较短，整体开发周期也更为紧凑，如产品设计、生产、测试、营销等环节往往各自独立，协同作业的需求不高。

在团队建设方面，复杂新产品开发项目通常需要组建一支跨学科的专业团队，这支团队由工程师、科学家、数据分析师、软件开发人员、法律专家、伦理专家等多领域人才构成，共同应对多领域的技术挑战与复杂问题。而传统产品开发项目则往往由单一或少数几个部门的团队即可完成，如设计部门、生产部门、营销部门等，团队构成相对单一。

在风险管理方面，复杂新产品开发项目面临的风险更为多样且复杂（见表1-1），包括技术风险、市场风险、法律风险、伦理风险等，需要构建更为完善的风险管理体系，如进行风险评估、制定应急预案、建立风险监控机制等，以确保项目的顺利进行。而传统产品开发项目所面临的风险则相对集中且易于管理，主要关注技术风险和市场风险，风险管理体系相对简单。

表1-1　　　　　　　复杂产品开发项目与传统产品开发项目举例

部门	复杂产品开发项目	传统产品开发项目
航空	机场、空中交通控制系统、飞机、地面辅助工具	部分飞机零部件
铁路	车站、高架桥、机车、车体、电子信号系统	车轮
电信	移动电话系统、数字交换机、宽带网、军用中央控制系统	电话机、寻呼机
电子	半导体加工线、商用信息网	计算机、打印机、耐用耗品

复杂新产品开发项目具有以下特征:

第一,结构复杂,开发技术复杂多样,不同技术之间具有关联性。传统的简单产品开发通常局限于单一领域,研发人员只需掌握少量学科知识即可满足需求。而复杂产品的物理结构包含多个层级,尤其是软件科学的迅猛发展,对开发技术提出了更高的要求,需要研发人员综合运用机械、电子、软件、通信、力学等多学科知识,并将多种技术融为一体。传统产品开发项目各部分之间往往缺乏联系,并且一个项目仅限于对有限资源进行竞争。复杂产品开发则不同,项目各部分之间存在紧密联系。由于规模庞大,复杂产品开发通常采用分阶段、分层次的方式进行,不同阶段和层次的开发目标和技术要求存在重叠。因此,上游阶段的开发成果和技术手段可以为下游项目提供支持,从而缩短开发周期,降低开发成本。例如,在航空航天领域,飞行器的设计和制造需要综合运用空气动力学、结构力学、材料科学、电子工程等多个学科的知识。同时,飞行器的各个子系统之间联系密切,如飞行控制系统需要与导航系统、动力系统等协调开展工作。

第二,复杂新产品开发项目需要多个主体协调配合,开发周期长。复杂产品开发涉及的技术范围广,开发人员难以单独掌握全部技术,通常会采取按学科分类的方法将整个开发系统分解为多个分专业子项目,分别由各部门或者相关专业机构承担。各子项目被进一步分解为各种任务,形成串行迭代关系,各个子项目之间存在关联任务。例如上游项目开发周期的延长,会导致受其项目开发成果或技术手段直接影响的下游项目也要延期进行,增加整个项目的开发周期。

第三,复杂新产品开发项目具有关系多元性。关系多元性是指个人、团队或组织出于不同目的,与其他主体形成一系列不同类型的合作关系。核心企业需要在项目推进过程中,与上下游多个公司及用户构建研发和商业化网络。一方面,利用研发网络进行技术知识的交换、转移、共享,不断提高创新能力;另一方面,借助商业化网络,将蕴含创新技术和成熟技术的产品推向市场,在规模商用中持续优化完善,实现价值创造和获取(见图1-3)。

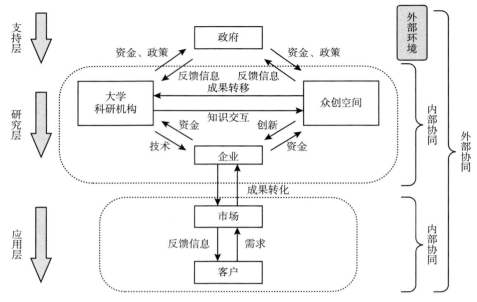

图 1-3　复杂新产品开发项目中多主体协同运行机制模型

资料来源：王昌森，董文静. 创新驱动发展运行机制及能力提升路径——以"多元主体协同互动"为视角［J］. 企业经济，2021，40（03）：151-160.

　　复杂新产品项目开发过程中不同参与个体之间形成了多主体协同创新系统。多主体协同创新是指在产品开发过程中多个创新主体共同参与、协同合作，以促进创新活动的开展和科技成果的转化。这种创新系统强调不同主体之间的合作与协调，包括政府、企业、高校、科研院所等，通过各自的资源和能力优势互补，在这一系统内部形成自发、持续的创新发展动力，并形成复杂的网络关系。协同创新系统的构建得益于一个有效的协同机制，确保各个主体能够充分发挥其作用和功能，共同搭建多学科、多领域技术的交流与共享平台，促进技术集成。

　　如此复杂的新产品开发项目是如何开发出来的？一般情况下会有哪些主要的创新主体参与到产品开发中？是否存在由核心企业牵头进行协同创新？这一系列问题在后续内容中会逐一为读者呈现。

　　本书在后续的章节中，将根据企业管理实践和现有理论研究，对三个主要的协同创新网络类型，系统梳理和分析如何开展复杂新产品开发项目，以及如何开展多主体协同创新。从创新主体来看，主要是由企业、高校、科研院所等不同主体构成的产学研创新网络。进一步聚焦在创新主体之间的关系，有同行业不同竞争者如何开展合作的协同创新，也有从供应链上下游角度对不同行业的竞争者如何开展合作的协同创新。在上述分类研究后，我们以"华龙一号"复杂新产品开发过程为例，将不同类型的协同创新机制和管理实践过程进行系列研究。最后，面对数字化情境下复杂新产品开发项目的变化，提出了面向未来的管理实践挑战。

第 2 章

复杂新产品开发中多主体
协同的相关理论

随着科学技术的不断发展，复杂新产品开发已不再是单一企业内部的创新活动，而是需要多主体协同创新的跨组织合作的项目。这一转变需要在理论层面构建一个全面而系统的框架，以指导复杂新产品开发项目中的多主体协同实践。

创新生态系统理论将复杂新产品开发的项目管理研究视野扩展到网络层面的多主体协同研究，强调企业与供应商、用户、科研机构等多个主体之间的紧密联系与互动，通过共同创造价值来推动产品研发、应用与迭代更新。其中，对于多主体协同的合作网络，可以从社会网络的角度进行系统性解构，包括协同创新网络中的网络结构、节点关系、知识传递与共享的网络路径等，为我们提供了优化协同过程、提升协同效率的实践启示。

同时，项目利益相关者管理理论也为跨组织合作的项目提供了一种科学视角，以全面识别并有效管理项目中的多元利益相关者诉求的角度探讨项目管理问题。该理论旨在构建一个利益共享的共同体，平衡各方利益，激发各方主体的积极性与创造力，共同推动新产品的成功开发。

因此，本章旨在系统介绍复杂新产品开发中多主体协同的相关理论，为后续章节更深入地探讨协同开发的内容奠定理论基础。本章结构见图 2-1。

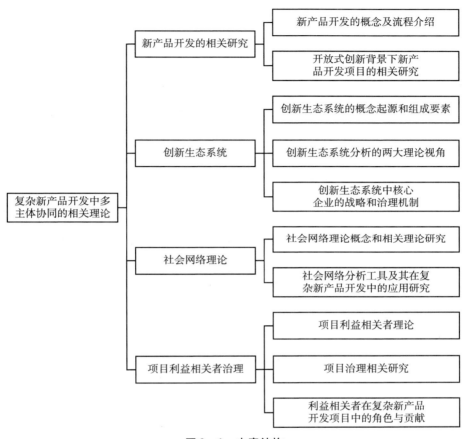

图 2 - 1　本章结构

2.1　新产品开发的相关研究

　　新产品开发作为企业持续创新与市场竞争力的核心动力，一直受到学术界和实践界的广泛关注。从创意的萌芽到产品的问世，新产品开发过程涉及市场需求分析、产品设计、技术实现、生产优化等多个关键环节，这些环节共同作用于整个研发链条，构成了新产品开发的复杂系统。为了深入理解这一系统的本质与规律，本研究对新产品开发的相关研究进行了系统的梳理与综述。

2.1.1　新产品开发的概念及流程介绍

新产品开发相关的文献强调了在市场中引入新产品对于企业持续创造价值、获取长远利益的重要性。新产品开发对于企业可持续发展、利润表现以及未来商业规划中的关键作用已经得到充分证明（Booz et al.，1982；Crawford，1987；Cooper，2001；Ulrich et al.，2011）。新产品与国家就业、经济增长、技术进步以及人们生活水平的不断提高都具有重要关联。在过去的几十年中，各个行业逐渐意识到新产品开发对于企业可持续性发展的重要性，带来新产品的开发数量急剧增加。企业在新产品开发的流程管理上所面临的挑战日益显著。新产品开发是一个复杂且多阶段的过程，远远超出了简单线性流程的范畴。它始于概念，经过一系列的探索、实验和优化，最终形成一个可以推向市场的成熟产品。

产品是企业实现其目标的主要手段（Inwood et al.，1993），因此，新产品开发被认为是企业所有业务中最重要的业务之一。库珀（Cooper，2001）的研究表明，许多不同行业的企业近 1/3 的收入都来自新产品，而且这些新产品在过去的五年内被引入市场。尤其是在一些动态性很强的市场当中，企业内部百分之百的收入可能都来源于新产品。由此可见，新产品开发在推动企业可持续性发展中扮演着至关重要的角色，然而，其难度也成为企业必须面对的一大挑战。

新产品的开发历程涵盖了从初步构想到最终推向市场的过程，涉及企业在起始阶段至正式发布新产品期间所执行的一系列活动。这些新产品在进入市场前，需历经概念评估、研发、测试直至形成可投放市场的初步产品形态的多个关键阶段（Booz et al.，1982）。实际上，随着新产品开发不断地试错发展，企业管理者对于市场上新产品的了解逐渐增加，并且他们能够根据收集到的信息以及试错过程中积攒的经验评估开发过程中的决定是否正确。遵循这一信息收集与不断纠偏的过程，通过限制风险以及最小化投入最终可能失败的产品的资源，可以帮助企业不断改进新产品决策。此外，虽然新产品开发的具体处理过程会根据不同的行业以及企业各有所不同，但为了满足企业的特定资源与需求，新产品开发流程应有一个标准制定来适应不同的行业和企业（Booz et al.，1982）。很多研究人员都试图开发一个模型来捕捉新产品开发相关的不同阶段（叶晓勇等，2024；李晓英等，2018；Ulrich et al. 2011；McNally R C et al.，2011；Cooper，2001）。多年来，不同的学者都已开发出许多详细的新产品开发模型，其中最著名的是布兹、艾伦和汉密尔顿（Booz，Allen & Hamilton，1982）模型（如图 2 - 2 所示），也被称为 BAH 模型，它是目前已经提出的大多数其他新产品开发系统的基础。

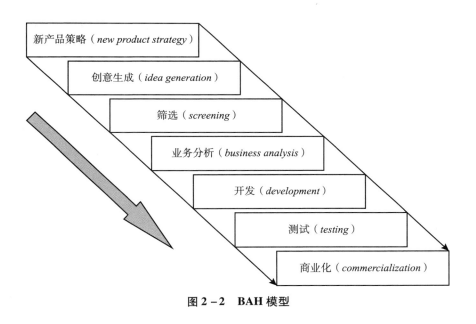

图 2 - 2　BAH 模型

BAH 模型的各个阶段如下：

➢ 新产品策略（new product strategy）：将新产品开发流程与企业目标相结合，为想法和概念的胜场提供重点方向，并为企业建立的新产品创意的筛选标准提供指导方针。

➢ 创意生成（idea generation）：寻找符合企业目标的产品理念。

➢ 筛选（screening）：初步分析，确定哪些想法是与企业目标相关的，值得进一步进行更加详细的研究。

➢ 业务分析（business analysis）：根据利润、投资回报（ROI）和销售额等定量因素，进一步评估这些想法。

➢ 开发（development）：将理论上的想法转化为可生产的产品。

➢ 测试（testing）：进行必要的商业实验，以验证早期的商业判断。

➢ 商业化（commercialization）：大规模推出新产品。

当前，众多研究正致力于识别影响新产品开发成功的决定性要素，并已明确了一系列能够区分成功与失败产品的关键因素，其中对商业成功至关重要的被称为关键成功因素。丹尼尔（Daniel，1961）与罗卡特（Rockart，1979）两位学者强调，组织管理者必须明确对组织成功至关重要的因素，并指出未能达成与这些因素相关的目标将直接导致组织失败。在此基础上，当前研究普遍认为，新产品开发能力是众多组织取得成功的核心驱动力，这一观点已广泛被接受，并促使研究者深入探索新产品开发中哪些因素是关键成功要素，以及如何量化这些因素对最终产品开发成功的影响程度。在这些探索中，如何构建一个高效的产品创新流程，确保新产品开发项目能够迅速且有效地从创意萌芽阶段过渡到产品成功上市，成为了一个典型的管理实践挑战。

2.1.2 开放式创新背景下新产品开发项目的相关研究

在开放式创新的背景下，企业推进新产品开发不再局限于内部资源，而是积极寻求外部合作，与多种主体携手共进。外部主体主要涉及企业上下游个人或组织（如供应商、客户）、研发机构、政府等，其中关于顾客和供应商参与对新产品开发的影响的研究成果较为丰富（Cui et al.，2016；Yeniyurt et al.，2014；Najafi et al.，2013；Freng et al.，2011；Wynstra et al.，2000）。具体来看，高校与科研院所——提供理论知识、前沿技术和专业人才支持，助力企业突破技术瓶颈，提升产品创新性（王少华，2015）。供应商——凭借丰富的生产经验和技术积累，提供高质量原材料、零部件和服务，降低生产成本，提升产品质量。企业可通过与供应商合作开发新产品或外包部分开发工作，提高生产效率（李随成等，2009）。客户——作为产品最终使用者，提供直接的需求和体验反馈（张辉等，2010）。

对于企业与客户协同新产品开发进行价值共创的过程，现有研究既关注了合作带来的优势，也有注意到知识共享中存在的机会主义行为等风险。在优势方面，有利于资源共享与成本分担，如共享研发资源、分担成本、降低风险等，加快研发和产品上市速度；以及在创新激发上，促进不同领域交叉融合，激发创新思维，提升产品竞争力等。然而，在激励与约束等机制不健全的合作网络中，会出现技术与知识产权风险，需谨慎选择合作伙伴，防止技术泄露和知识产权侵犯，以及沟通协调困境，难以实现"1 + 1 > 2"的协同效应。

1. 产学研协同

在快速迭代的科技发展浪潮中，企业面临着前所未有的挑战：如何快速将科研成果转化为实际应用，抢占市场先机？传统的产品研发模式，往往受限于企业自身资源和技术积累，难以应对瞬息万变的市场需求。因此，构建产学研协同创新体系，成为企业突破技术瓶颈、加速新产品开发的关键。产学研协同，意味着企业、高校和科研院所之间打破壁垒，形成优势互补，共同参与新产品研发全过程，从基础研究到技术突破，再到市场应用，实现协同共赢。产学研协同是市场经济与知识经济、创新系统与知识系统结合的必然产物，在现阶段已经成为国家创新体系极为重要的组成部分和国家教育、科技产业变革的重要途径与关键突破口（薛莉等，2022）。

我国学者对产学研发展过程进行了系统性的研究，龚红等（2014）详细探讨了我国产学研合作组织模式从联合开发、委托开发、建立大学科技园到共建实体、发展产业技术创新战略联盟、建立协同创新中心的结构化演进过程；王海军等（2019）在检索大量国内外文献的基础上，分类总结出了产学研在不同发展阶段理论基础、主要问题以及应用情景的变化情况，其中从理论基础来看，以熊彼特（Schumpeter，1934）的创新理论为起步，经历了包括经济变迁、螺旋创新、知识基础、技术溢出、创新网络以及开放创新理论等在内的多个演化过程，且相关理论基础不断深化，聚焦于知识、技术等基础层次。国内产学研协同创新领域研究热点主要归纳为产学研协同创新的内涵、模式和机制三类。实际上，研究其内涵是在解释"什么是产学研协同创新"，而对于模式和机制的讨论则是在回答"如何进行产学研协同创新"的问题（薛莉等，2022）。

早期国外研究中，波纳科西等（Bonaccorsi et al.，1994）便指出，产品开发的技术合作研究多聚焦于公司间合作，而较少关注大学间合作（Tassone，1997）。技术企业逐渐认识到自身在新产品开发中技术和资源的局限性，开始利用大学的互补性资源，与其他非营利技术机构联合开展项目（Bonaccorsi et al.，1994）。多项研究已证实产学研协作对产品开发绩效有正面影响（Aschhoff et al.，2008；Belderbos et al.，2004；Hanel et al.，2006；Maietta，2015）。然而，这种积极关联很大程度上依赖于大学学者的质量（Baba et al.，2009；Crescenzi et al.，2017）及其合作研究意愿（Libaers，2015）。

进一步研究表明，大学内部技术转让部门的存在及合作双方地理邻近性对产学研内部的产品创新绩效具有积极影响（Anderson et al.，2007；Bishop et al.，2011；Hewitt – Dundas，2013）。企业内部开放合作的态度也对产品开发绩效产生积极影响（Fey et al.，2005）。同时，大学因公共资金减少和竞争加剧，开始寻求新资金来源，与企业合作成为完成研究计划的可行途径，产学研协作被视为双赢战略（El – Ferik et al.，2021）。

技术快速发展和全球化迫使企业加速创新（Burnett et al.，2014；Isaeva et al.，2021），而大学能提供创新思路，企业则可将这些思路转化为实际商品推向市场（Prabhu，1999）。因此，产学研协作能弥补企业知识不足，创造突破性技术，帮助企业获取大学资源如高科技实验室，缩短产品上市时间，加速回报获取（Al – Tabbaa et al.，2016）。

2. 创新联盟的内部竞合博弈

新产品开发项目往往需要多方协同，创新联盟模式则为同行企业合作提供了有效途径。由于同类企业拥有共同的技术语言和相似的技术背景，彼此之间的沟通交流往往更为顺畅，能够有效克服信息壁垒。例如，一家企业可能拥有强大的研发实力，另一家企业则拥有丰富的市场经验和渠道优势。通过联盟合作，双方可以将各自的优势资源整合在一起，共同克服技术难题，拓展市场，最终实现共赢。所以，在开放式创新的背景下，企业倾向于与有相同技术背景的企业进行合作形成创新联盟，制定双赢战略。在创新联盟中，竞合关系为创新提供了相同的知识基础，但随之带来的机会主义隐患也会影响深入知识共享的意愿（Yang，2020）。因此，很多学者会引入知识管理的视角，为解释竞合关系对新产品开发项目创新绩效的影响机理提供新的思路。

竞合是基于竞争与合作结合的双赢经营战略，由竞争者间合作能够受益的思想衍生而来（Luo，2007），被广泛地定义为企业间同时存在的竞争和合作关系。在新产品开发中，可视为企业组建的创新联盟内部的竞合关系。基于博弈论，竞合关系中，合作能够将蛋糕做大，而竞争则使每个合作伙伴都试图争夺蛋糕中的最大份额（Nalebuff et al.，1996）。随着非零和博弈的提出，竞合被认为通过利用两者的优势超越竞争和合作的常规规则，能够创造双赢局面（Nalebuff et al.，1996）。对于竞合关系的争论一直扩展到了它对企业创新的影响研究中，呈现了不一致的研究结论（李晶钰等，2009）。从资源基础观的视角来看，从事新产品研发合作的竞争者拥有相似的知识基础和共同的市场视野。这有助于他们朝着共同的研发目标共同努力，也有助于他们增强相互的知识和能力（Ritala et al.，2009）。竞合关系的发展为联盟中的企业间知识共享、获取、吸收、整合和共同创新提供了渠道（Huang et al.，2011；Zhang et al.，2010）。然而，从交易成本经济学的视角，由于潜在的机会主义行为，创新联盟中的竞合关系被认为是一种极具风险的策略（Gnyawali et al.，2011）。意外的技术溢出、不可避免的泄漏会抑制企业对于产品创新的投入与产出（Jarvenpaa et al.，2016；Kang et al.，2010）。在与竞争者合作进行创新的需要与被剥夺更大份额合作价值的风险下，企业会陷入在合作中付出多少的困境（Gnyawali et al.，2009）。因此，竞合关系对企业创新的倒"U"形效应也被指出（Park et al.，2014）。

另外，随着创新联盟由简单的二元关系发展为多元网络，竞合关系的研究也逐步由二元拓展到网络层面的关系研究（万幼清等，2014；Yang，2020；

谭维佳，2021）。同时，竞争与合作之间的交互作用也被强调关注（Hoffmann et al.，2018）。综上所述，现有的文献主要聚焦于横向竞合在创新联盟中的作用，尽管存在不同的研究视角和不一致的研究结论，但二元竞合关系对新产品开发作用的研究为解开竞合与新产品开发之间更复杂的关系奠定了良好的基础。目前，纵向竞合与创新的关联研究相对较少。结合横向与纵向建立的复杂竞合关系对新产品开发的研究更值得被关注。

3. 产业链协同

新产品开发的成功，不再仅仅依靠企业自身的技术实力，更需要整合产业链上下游的资源和能力，形成协同创新模式。传统的单一企业主导的研发模式，难以应对市场需求的多样化和快速变化，也无法充分利用产业链各环节的优势。因此，将供应商、客户等链条上的关键角色纳入新产品开发流程，实现产业链协同，成为提升产品竞争力、加速产品迭代的关键。

（1）供应商参与

20 世纪 80 年代末，供应商参与新产品开发过程这一新颖想法被提出，其中重点强调了供应商在新产品开发项目中协同产品开发的作用（李随成等，2009；Johnsen，2009）。供应商更早、更广泛地参与新产品开发项目已逐渐成为改善新产品开发流程和提供创新绩效的最有效途径之一（Chiang et al.，2016；Picaud – Bello et al.，2019）。随着越来越多的企业将其新产品开发的部分活动外包给供应商，关于如何管理供应商参与新产品开发研究也在逐渐增加，最受关注的便是在新产品开发项目中供应商作出的贡献（Dowlatshahi，1998），能够在客户与自身的价值共创中推进产品开发的流程与完善后续服务（Van Echtelt et al.，2008）。因此，随着用户的需求不断变化以及产品的生命周期不断缩短，供应商所拥有的专门产品和工艺能力可以为企业提供高质量的原材料、零部件和生产服务，这使得供应商参与新产品开发的过程变得十分重要。

同时，在新产品开发中，由于不同产品的生产流程不同，开发过程中所需的知识结构也不一样。因此，供应商在新产品开发中的参与时机不同，企业对应采取的管理策略也不相同。供应商参与制造企业新产品开发的过程中，到底何时让供应商涉入以及供应商应涉入的程度，成为众多研究的争论点。一部分学者强调供应商应尽早参与新产品开发过程，以此来降低产品开发成本、缩短新产品开发时间，最终提高新产品开发绩效（Clark，1989；Hartly，1997；Kamath，1994），一些研究表明供应商更广泛且更早地涉入新产品开发过程能够降低成本、缩短产品进入市场的时间以及提高产品质量（Ragatz et al.，2002）。

另一部分学者则认为供应商参与新产品开发的最佳时间应视具体情况而定，他们研究认为新产品开发中技术以及环境的不确定性会使新产品开发过程产生许多变数。有学者认为应让关键的、掌握复杂技术的供应商在新产品的概念创意阶段或商业评估阶段参与进来，而次要的、技术简单的供应商则在样本测试或者生产阶段参与进来（Moaczka，2000）。但是也有学者指出当技术不确定性高时，供应商早期参与会使制造商受限于供应商（Handfield，1999）。麦金尼斯（Mcginnis，1999）则认为"供应商最好的参与时机应是当他们真正被需要时"。国内学者大多数认为供应商在新产品开发中参与得越早对制造商越有利，杨静和陈菊红（2010）提出供应商参与得越早，双方合作关系越紧密，供应商承担的设计责任越大，供应商与制造商的知识共享活动越多。谷珊珊和李随成（2010）认为供应商早期参与新产品开发对新产品开发绩效有显著的正相关关系。

供应商参与程度是指在新产品开发过程中，供应商所需承担的责任水平。温斯特拉（Wynstra，2000）提出，企业应针对不同类型的供应商采取差异化管理策略，因为不同原材料和零部件供应商在新产品开发中的责任与贡献各异。基于供应商与制造商的关系，可将供应商分为合作者、熟练者、跟随者和承包者四种角色，他们在新产品开发中的参与阶段、责任分担、沟通频率及信息开放度均有所不同。国内学者叶飞（2006）根据供应商在新产品开发不同阶段所承担的责任，将其参与模式划分为原始设备生产商、原始设计制造商、原始品牌制造商三种。侯吉刚等（2008）指出，新产品开发信息的不确定性、知识的隐性程度及制造商与供应商的沟通效率，均会影响制造商对新知识的识别速度，进而影响其创新活动。王文昊（2013）则进一步细化了供应商在新产品开发中的具体参与阶段。

尽管供应商参与新产品开发对企业具有显著益处，但该领域的研究仍显不足。尽管学者采用了多种研究方法，但对于供应商参与带来的预期绩效与利益仍存在较大不确定性。因此，约翰森（Johnsen，2009）等学者通过实证研究，分析了供应商参与新产品开发的预期效果。

（2）客户协同价值共创

20 世纪 80 年代中期以来，企业新产品开发中的客户参与研究不断增加（Takeuchi，1986）。库珀（Cooper，1999）声称"倾听顾客的声音"已成为新产品开发活动成功的一个重要影响因素。国内有学者进行客户参与新产品开发的研究，如汪涛等（2009）就分别从自我决定理论的视角探讨了客户参与新产品开发的动机及顾客依赖对顾客参与新产品开发的影响。在新产品开发研究领域，合并客户信息至开发过程也被证实是新产品绩效提升的一个非常有利的前置因素（Kahn，2001）。自此，客户参与企业的新产品开发活动及其对创新绩效的影响研究日益被国外学术界所重点关注。客户参与是指顾客卷入生产和传递相关的精神与物质方面的具体行为，顾客努力和卷入的程度（Cermak，1994）。以客户参与为基础，又可以把生产分为企业生产、共同生产和客户生产。客户参与新产品开发属于共同生产，指客户卷入新产品开发过程的宽度和深度（Fang，2008）。宽度指客户参与的范围，参与行为涉及产品开发全过程或部分过程。深度指客户参与的卷入水平，客户卷入产品开发过程水平的高低。

针对客户协同进行新产品开发学者们主要从两个视角来进行研究。首先，从客户参与新产品开发阶段的视角，里特和瓦尔特（Ritter & Walter，2003）将客户参与新产品开发定义为客户参与企业新产品开发过程的程度，反映的是客户是否为各阶段的产品创新贡献出自己的智慧与力量。克拉金（Cragin，2003）也对客户参与新产品开发进行了界定：在某种新产品的开发过程中，就新产品开发项目的交流而言，客户与企业之间的互动程度，因而它是一个项目层次的概念。从客户的视角，布洛克霍夫（Brockhoff，2003）对客户参与新产品开发进行了定性研究，研究结论表明在新产品开发的思想产生、概念生成、实验、规格检测、预先通知以及市场上市六个阶段中，顾客均可以参与进来，并且他们在每个阶段的具体参与活动还存在差异。其次，从客户参与新产品开发内容的视角，林和杰曼（Lin & Germain，2004）的研究虽然提到了这一概念，但也没有对它进行明确定义。从制度安排的理论视角来看这一内容，方等（Fang et al.，2008）研究了顾客参与对新产品价值创造与共享的影响。

客户协同的核心在于将客户需求与产品开发紧密结合，通过需求端导入市场趋势，并利用产品使用数据，加速新产品开发与技术迭代。这一理念源于早期营销领域从服务主导逻辑（Vargo et al.，2004）提出的"价值共创"，旨在引导消费者参与新产品开发，将个体用户参与升级为企业间客户协同的价值共创模式。在传统的营销模式中，企业往往是将产品和服务推向市场，等待用户反馈。而客户协同则打破了这种单向传播的模式，通过主动收集和分析用户需求，将用户置于产品开发的核心位置。价值共创不再仅仅是一个服务营销行业的观点概念（Saarijärvi et al.，2013），而是转变成了行业术语，通常用来描述人和组织共同参与且一起发展的意义（Ind et al.，2013）。诺曼和拉米雷斯（Norman & Ramirez，1993）研究认为价值创造的定义不再是制造过程，而是客户在自己的消费环境中进行管理的过程（Grönroos，2008；Vargo et al.，2008）。根据 S－D 逻辑，价值创造来自涉及企业和客户的联合生产过程（Prahalad et al.，2004a；Prahalad et al.，2004b），客户将他们的知识和能力应用到该产品或服务的日常使用中。因此，产品或服务通过其实际使用（使用价值）而不是其销售价格（价值交换）而纳入价值（Vargo et al.，2006），因此只有最终受益人（客户）能够决定其价值。

当前研究多聚焦于商家对客户情境下的企业与客户协同，而 B2B 情境下的企业客户协同研究相对匮乏（孙鑫，2020）。在 B2B 环境中，商业客户通常是拥有资源与技术的企业级客户、政府机构等（奚伟等，2000）。为促进持续对话，企业需自发建立客户调研团队、配置服务团队，并与客户共建跨界团队。B2B 互动形式包括简单交易、客户交流参与及跨界团队合作。跨界团队尤为关键，在提升信息、知识与技术的传递效率上发挥作用，成为连接企业内部知识创造与客户外部知识获取的桥梁。通过互动协作，两种知识体系得以融合，推动创新产品开发。鉴于创新过程与技术的复杂性，企业与客户在组建跨界团队时需不断尝试与迭代，以找到最佳合作模式。这种试错机制加速了创新技术迭代，为颠覆性产品诞生创造条件。跨界团队合作将企业与客户的协作提升至新高度，共同探索并创造颠覆性创新成果。

2.2　创新生态系统

在复杂新产品项目的研发历程中，我们面对的是一个由多个阶段和众多零部件构成的复杂系统，这些元素相互交织，共同作用于整个研发链条。该系统跨越了预研、立项、研发、测试、生产组装、商业化和运营等多个阶段，依赖于一个由原材料供应商、元器件制造商、零部件生产商、整装企业、高校与科研院所，以及最终用户等多元利益相关者组成的复杂网络。为了深入剖析这一复杂网络中的协同与演化机制，本书在此对创新生态系统的理论内容进行梳理与铺垫，旨在为后续研究提供理论基础。

2.2.1　创新生态系统的概念起源和组成要素

创新生态系统这一概念最早由詹姆斯·摩尔（James F. Moore）于 1993 年提出，将其定义为一个基于组织互动的经济联合体，类似于自然界中的生态系统，各组织在此类系统中通过相互合作和竞争共同创造和获取价值。穆尔（Moore，1993）指出，企业和其他参与者在一个共同的创新生态系统中共存共生，彼此协同，推动技术进步、市场扩展和新产品开发。安德（Ander，2006）将这一概念引入创新管理领域，将创新生态系统定义为协同进行价值共创的组织群体系统，这些组织之间通过复杂的相互联系与合作关系形成一个动态平衡的网络。创新生态系统不仅包含企业、供应商和客户，还涉及政府、金融机构、监管机构、科研机构等多种利益相关者（Jacobides et al.，

2018；梅亮等，2014；陈衍泰等，2021），不同参与主体之间通过人才、资金、技术和信息等资源进行互动，如图 2 - 3 所示。通过这种多维度的网络关系，创新生态系统展现出动态协同效应，不仅促进了技术的快速发展与应用，也加速了各类新产品的研发和市场化进程。复杂新产品的开发往往涉及诸多领域的交叉融合，如航空航天、汽车制造、智能硬件、医疗设备等。所以，这类产品的开发不仅需要强大的技术创新能力，还需要产业链各方的深度协同合作。

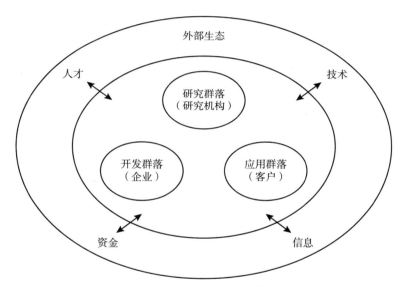

图 2 - 3　创新生态系统示意

创新生态系统由多个相互联系的要素组成，具体包括成员、位置和联系这三个核心要素。成员是指在创新生态系统中发挥作用的各种主体，如企业、供应商、科研机构、客户、政府等；位置是指这些成员在系统网络中的相对位置，也代表了其在生态系统中的影响力与功能；联系是指各成员之间的互动关系，包括合作、竞争、冲突与协作等，推动整个系统的动态演进。

首先，创新生态系统中的成员可以根据其在系统中的作用和影响力被划分为核心成员和外围成员。核心成员通常处于网络的中心位置，拥有较大的话语权和资源调配能力，他们通常是行业中的龙头企业或创新领导者（Moore，1993；Adner，2006；欧忠辉等，2017）。而外围成员则处于网络的边缘，尽管他们的影响力和资源较为有限，但在特定条件下，能够发挥重要的补充作用，甚至取代核心成员的位置（Adner et al.，2010；Adner，2017）。核心成员的角色可能在不同的发展阶段发生变化。例如，早期的核心成员可能因技术变革或市场变化而被边缘化，而原来的外围企业则有可能凭借创新或新的市场机会而进入核心层（Adner，2017；宋娟等，2019）。这种动态的角色变化是创新生态系统的一个重要特征，通过成员之间的合作、冲突和妥协行为实现，推动系统的整体升级（欧阳桃花等，2015；欧忠辉等，2017）。

其次，在创新生态系统中，成员的位置不仅决定了其在系统中的影响力，还决定了其获取资源和参与决策的能力。处于网络中心位置的核心成员往往拥有更大的议价权和信息控制能力，他们通过主导技术标准或整合资源来引领系统的发展方向（Moore，1993；Adner，2006）。外围成员则更多通过提供辅助性资源或补充性服务参与到系统中。然而，成员之间的相对位置并非固定不变。创新生态系统中的合作、冲突、妥协等动态行为，使得成员的地位不断发生变化。一些原本处于核心位置的企业可能在技术革命或市场变革中逐渐边缘化，而一些技术创新者或快速响应市场需求的企业则有可能迅速崛起，进入核心层。这种动态变化不仅是生态系统内部竞争的结果，也是整个系统自我调整与进化的重要机制（Adner，2017；宋娟等，2019）。

最后，联系是创新生态系统中成员之间的互动网络，决定了资源如何在系统内流动以及创新如何在不同组织间传播。成员之间的联系可以是合作、竞争或混合竞合关系。例如，供应商与核心企业之间可能存在紧密的合作关系，但在某些关键技术或市场领域也可能同时存在竞争。这种互动不仅限于企业之间，还包括科研机构、政府和其他利益相关者的参与。各方通过资源共享、技术协作和市场反馈共同推动创新的发生与扩散。核心成员与外围成员的良性互动，特别是通过互惠互利的合作关系，可以促进生态系统内资源的共享与价值共创，从而提升整个系统的创新能力和竞争力（欧阳桃花等，2015；欧忠辉等，2017；Jacobides et al.，2016）。

2.2.2　创新生态系统分析的两大理论视角

学术界针对创新生态系统的研究可以分为两个主要的理论视角：结构视角和成员视角（曾国屏等，2013；梅亮等，2014）。结构视角强调创新活动的系统性，认为任何创新都不是单个企业或组织的独立行为，而是生态系统中多方参与者共同协作的结果。安德（Adner，2010）等根据结构视角将创新生态系统划分为四类组织：核心企业、上游供应商、下游互补方和客户。核心企业通常承担着创新的领导角色，通过协调上下游供应商和互补方，确保整个创新流程的顺利进行，同时通过技术主导、标准制定或资源整合来引领创新生态系统的发展。供应商负责提供原材料或关键零部件，互补方则通过提供额外的功能或服务来增加产品的整体价值，而客户则直接反馈市场需求，从而推动产品改进（陈衍泰等，2021；柳卸林、王倩，2021；Adner，2006；Adner et al.，2010）。基于结构视角的研究大多聚焦于微观层面，旨在深入剖析核心企业如何与其他成员协同合作，共同创造价值。这些研究侧重于解析创新生态系统的构成要素及其相互间的动态作用机制。它们探讨的是不同种类的企业、机构、资源及活动如何交织成一个完整的创新生态系统，以及这些要素间如何通过相互影响和协同作用，推动创新进程。

成员视角更关注创新生态系统中各个成员之间的互动行为和整体特征。例如，探讨企业如何在创新生态系统中建立合作关系，如何获取资源，如何进行知识共享和学习，以及如何应对竞争与合作的挑战。这两个视角相互补充，共同构成了对创新生态系统研究的完整框架。与结构视角不同，成员视角认为创新生态系统是一个松散的网络结构，各成员之间既存在合作，也存在竞争。这个网络的特征包括网络密度、规模、结构洞和中心度等，这些因素共同决定了创新生态系统的运行效率和成员间的互动方式（宋娟等，2019；

Jacobides et al.，2016）。在成员视角下进行分析，创新生态系统不仅仅依赖于核心企业的引领，其他成员的自主创新能力和协作意愿也同样重要。例如，供应商可以通过自主研发提升产品质量或降低成本，互补方可以开发新的服务或功能来增强客户体验，客户的反馈也可以驱动创新方向的调整。这种视角更加关注的是宏观层面的网络关系，通过分析网络结构的特点来探讨生态系统的整体健康状况和创新能力（Adner，2017）。

2.2.3 创新生态系统中核心企业的战略和治理机制

在复杂新产品开发项目的背景下，核心企业的战略和治理机制至关重要。治理机制决定了创新生态系统的运作效率和成员之间的互动关系。而核心企业的战略不仅需要关注如何保持自身的主导地位，还需要通过合理的机制设计，促进生态系统的健康发展和成员间的协同合作（Adner，2017）。首先，核心企业要引领技术方向，核心企业通过技术创新来引领整个生态系统的发展方向。例如，在汽车行业，核心企业往往是新技术的发起者和推动者，通过开发新型动力系统、自动驾驶技术等，带动整个产业链的技术升级。其次，核心企业要通过主导行业标准的制定，有效提升其在生态系统中的控制力。标准的制定不仅有助于降低系统复杂性，还可以增强各方的协同效应。最后，核心企业应该通过整合资源、协调成员间的利益分配，确保生态系统的稳定运作。合理的资源分配机制能够有效激励成员持续创新，并维护生态系统的长期健康发展。

创新生态系统战略旨在通过协调各方资源和利益，促进成员之间的有效协同，从而提升整个生态系统的创新能力和竞争力。战略的实施不仅有助于各成员实现价值共创，还能确保系统的可持续发展（Jacobides et al.，2018）。创新生态系统的战略核心在于平衡各参与主体之间合作与竞争的关系，这种竞合关系通过多方利益相关者的共同参与得以体现。核心企业的创新策略需要兼顾产业链上游的供应商、下游的互补方，以及最终的客户需求，通过持续的价值共创和分配机制维持生态系统的平衡与健康发展（谭劲松等，2021；

Adner，2017）。

首先，促进成员间的协同合作，创新生态系统的一个重要特征是其高度依赖成员之间的协同合作。在复杂新产品开发过程中，各个利益相关者需要彼此紧密合作，共同应对技术挑战和市场变化。例如，核心企业可以通过开放平台或标准化协议，促进供应商和互补方之间的无缝合作。核心企业还可以通过资源整合或知识共享，帮助其他成员提升技术能力，从而增强整个系统的创新效能（谭劲松等，2021；Jacobides et al.，2016；Adner，2017；Jacobides et al.，2018）。

其次，提升核心成员的议价能力和影响力。在创新生态系统中，核心企业通常具有更高的议价能力和影响力，它们通过主导技术标准或垄断关键资源提升在生态系统中的主导地位。核心企业的强势地位不仅能够增强其市场竞争力，还可以通过推动技术创新、制定行业标准等方式引领整个产业的发展（Adner，2017）。此外，核心企业的战略要帮助推动创新生态系统的形成、转型与升级。创新生态系统的战略目标之一就是要确保其持续进化与升级。在复杂新产品开发的过程中，技术迭代与市场需求变化是常态，创新生态系统必须具备灵活适应和快速响应的能力。核心企业则需要通过协调内部外部的竞争与合作关系，确保创新生态系统的灵活性和适应性。

最后，核心企业还需持续关注价值共创和分配机制，以保持系统内部的长期稳定与活力（Adner et al.，2010；Adner，2017）。通过积极参与推动创新生态系统的形成和升级的这一过程，核心成员不仅能够有效应对市场变化，还能够持续引领技术和产业的发展方向，从而在竞争中保持优势。

随着技术迭代与市场需求变迁，创新生态系统持续进化。未来，数字化转型、人工智能及大数据技术的融入，将使生态系统变得更复杂、更具动态性。成员间互动将趋向灵活，创新流程日益依赖数据驱动与即时反馈。在此背景下，核心企业需灵活调整战略，有效应对外部环境变化。同时，生态系统治理机制也需革新，以确保成员在合作中共创价值。复杂新产品开发横跨多领域、多环节，涉及多方利益相关者，高度协同至关重要。创新生态系统理论为此类项目的管理与运作提供了关键支撑。通过精准的战略设计与高效的治理机制，核心企业能引领并协调各方，在复杂创新环境中推动项目成功与生态系统持续发展。

2.3　社会网络理论

对多主体协同的复杂新产品开发项目的研究，从组织结构的角度来看，实质上是对一个多主体协同网络的研究。在这个网络中，每个参与主体都作为一个节点存在，它们通过各种关系连接成网，共同作用于整个项目的研发过程。社会网络理论为我们提供了一个恰当的分析视角，用于审视这一复杂网络中的信息传播、资源获取、社会支持等关键过程。该理论不仅强调了节点、关系、结构和功能等核心概念在网络中的重要作用，也揭示了这些概念如何共同作用于网络中的动态演化过程。通过社会网络理论的视角，我们能够更深入地理解复杂新产品开发中的多主体互动行为、知识扩散和资源分配等现象，从理论的角度进行深入剖析与探究。

2.3.1　社会网络理论概念和相关理论研究

社会网络中"关系"表现为一种"网络关系"，克诺克和库克林斯基（Knoke & Kuklinski，1982）提到"关系"是网络分析的中心概念，不同形态的网络关系会形成不同的网络形态（图2-4）。网络关系泛指网络中各个结点之间的联结关系，它是网络活动的基础（任志安等，2007）。在集群产业中，新产品开发并非单打独斗，而是建立在与上下游企业、同行、科研机构、金融机构等多方合作的网络关系之上。这种关系涵盖技术研发、生产工艺、管理、战略规划等各个方面，通过资源共享和信息互动，共同推动新产品的诞生与发展。这种网络关系能够整合资源、促进协同创新、降低风险，最终提升新产品的市场竞争力（谢洪明等，2007）。国内外关于网络关系的定义，总结如表2-1所示。

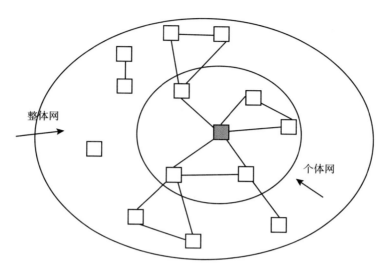

图 2 - 4　社会网络示意

表 2 - 1　　　　　　　　　　　　　网络关系的定义

代表人物	网络关系的定义
威廉姆森（Williamson，1979）	两个相互独立的组织之间的关系，如合同、相互信任、授权等形式的相互关系，其介于市场和组织之间
约翰逊和马特森（Johnson & Mattson，1987）	指建立在专业分工基础上，某一特定群体内部成员间为更好地从对方获取资源、销售产品与服务、进行技术交流并维持相互竞争与互补关系稳定发展的一种相互沟通、依赖与协调的关系
迈尔斯和斯诺（Miles & Snow，1992）	指一群为了共享资产、信息等资源，而通过市场机制彼此积极联系起来的企业间相互关系
卢东斌、李文彬（2005）	网络节点之间以及网络间边缘的互相融合、互相作用
任志安、毕玲（2007）	指网络之间的联结关系
王娟（2008）	指产业集群行为主体在资源交换和传递过程中发生联系然后建立的各种关系的总和
简兆权、刘荣、招丽珠（2010）	基于专业分工与资源互补，与多家企业建立长期合作关系
王发明、于志伟（2015）	指行为主体之间的关系，其中包括经济关系和社会关系

社会网络理论的研究起源于国外，自 20 世纪 70 年代以来，国内外学者进行了诸多讨论，各种观点视角不断涌现。社会网络的概念最早由英国著名人类学家布朗对结构的关注而提出来。较成熟的社会网络的定义是韦尔曼（Wellman）于 1998 年提出，他指出社会网络是由某些个体间的社会关系构成的相对稳定的系统，即把网络视为连接行动者的一系列社会联系或社会关系，它们相对稳定的模式构成社会结构。社会网络是由多个社会行动者及它们间的关系组成的集合。

社会网络嵌入包括三个维度：结构维度、关系维度和内容维度（Nahapiet，1998）。结构维度主要关注网络中个体的位置以及网络整体的连接性，其中个体网结构包括中心度、结构洞等，整体网结构包括网络密度、中心性、派系数量、最大连通子图等。关系维度主要关注连接的紧密程度，即强关系和弱关系。内容维度则将网络行动者作为异质的个体，关注个体的属性特征差异，如技术多样化、技术距离、校企合作关系等。目前国内外认可度较高的社会网络研究理论包括弱关系理论和结构洞理论。

美国学者伯特于 1992 年提出结构洞的概念（Burt，1992），结构洞是指网络中某些节点与其他节点不存在直接连接，网络中存在关系断裂的现象，从网络整体上看，网络结构中出现洞穴，因而称作"结构洞"。伯特认为，结构洞能够为中间人获取"信息利益"和"控制利益"提供机会，从而比网络中其他位置上的成员更具有竞争优势。对于结构洞位置和闭合网络结构相关的社会网络最优结构的讨论仍然是理论和实证研究的热点话题。结构洞位置的支持者认为，结构洞能够带来信息控制优势，处于结构洞位置的行动者能够优先获取知识和机会（Burt，2004）。处于结构洞位置的开放网络中，连接通常是弱连接，更可能连接具有不同兴趣和多样化视角的个体，获取异质性资源和知识，因此在产品创新过程中更具有创造性。此外，由于他们占据两个未连接的团体之间，因而可以利用和操纵信息的流动从而为自身带来利益（如图 2-5 中 A 和 G）。与之相反，闭合网络中的节点与节点之间都发生连接，不存在关系断裂的现象（如图 2-5 中 A、B、C），闭合结构的支持者是建立在科尔曼（Coleman）的社会资本的概念基础之上的，他们认为，闭合结构能够促进个体之间更大的信任，冗余的信息路径，并共担风险（Reagans，2003；Uzzi，2005）。

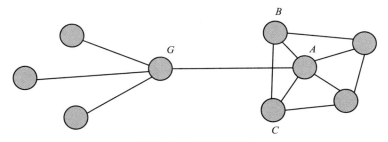

图 2 - 5   结构洞示意

美国社会学家格兰诺维特（Granovetter，1983）在研究找工作过程中发现，提供工作信息的人往往是弱关系。据此，格兰诺维特于 1973 年在《美国社会学期刊》（*American Sociology Journal*）发表《弱连接的力量》（*Strength of weakties*）一文，最先提出关系强度的概念。他将关系强度定义为时间、情感强度、亲密度和互惠服务的线性组合。关系强度的大小用亲近程度和信任程度两个特点加以表征。其中，亲近程度是指个体间的熟悉程度，体现为对主体间关系的情感连接和情感投入；信任程度是指基于先前合作经历，主体对伙伴可靠性、可信性和未来有利行动预期的认可程度。

网络关系强度的大小直接影响主体间传递的信息质量和类型。格兰诺维特将关系连接分为强关系和弱关系，从互动频率、情感力量、亲密程度和互惠交换四个维度来进行区分（Granovetter，1983）。他认为充当信息桥的关系必定是弱关系。强关系维系组织内部的关系，弱关系则是在群体中建立了纽带。通常来讲，强关系获取的信息和资源通常重复性很高，而弱关系更能跨越其社会界限获取信息和其他资源。弱关系是获取非冗余、异质性知识的重要渠道，但是资源不一定总能在弱连接中获取，强关系往往是个体与外界发生联系的基础和出发点。网络中经常发生的知识流通往往发生在强关系之间。强关系包含信任、合作与稳定，能传递高质量的、复杂的或隐性的知识（Hansen，1999；Hansen，2005）。

2.3.2 社会网络分析工具及其在复杂新产品开发中的应用研究

社会网络分析（SNA）是分析复杂新产品开发项目管理中网络的重要工具，它研究参与者在迭代和交互社会结构中的相互依赖性，它也可以用于非社会结构分析（Cen – Ying Lee et al.，2016）。网络的节点、边和结构是社会网络分析中的三大主要组成要素。在复杂新产品开发的网络中，参与的多方主体中企业、政府等作为了网络的节点。而不同主体之间的联系构成了网络的关系，常见的关系有竞争关系、合作关系以及竞争和合作同时存在的竞合关系，不同主体之间的资源流动可以通过关系进行，不同的主体在网络中也可以扮演不同的角色，例如中介商可以扮演结构洞的角色。

作为一种网络分析工具，SNA 适用于分析复杂新产品开发项目中涉及多个对象及其相互依赖关系的网络的复杂性迭代和交互式的过程（Pryke，2012）。社会和商业网络的研究表明，网络整合了各种信息和新资源（Gnyawali et al.，2001），它们可以实现有效的知识转移（Uzzi，1997）并促进组织学习（Barringer et al.，2000）。因此，网络可以通过各种方式用于价值创造，例如通过促进公司内部网络的创新（Tsai et al.，1998），以提高管理绩效和企业提供客户特定解决方案的绩效（Frankenberger et al.，2013），或者是更加有效地管理买方 – 供应商关系（Villena et al.，2011）。尽管不同企业之间存在差异，但这些研究表明，关系网络构成了执行不同任务、实现不同目标或应对与项目前端相同的挑战的宝贵资源。

项目汇聚了众多相互依赖的参与者，构建了一个活跃的组织间项目网络（Hellgren et al.，1995；Ruuska et al.，2011）。这一网络中的复杂新产品开发项目所形成的关联结构，对其绩效具有重要影响。具体而言，该理论将社会关系视为一种网络架构，通过分析节点（如个体、部门、供应商、客户等）之间的连接（如信息交流、资源共享、合作关系等）来洞察群体行为和互动模式。如图 2 – 6 所示，这些节点与连接共同构成了复杂新产品开发过程中的核心网络，对项目的顺利推进起着重要作用。

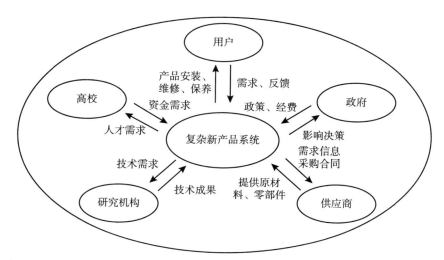

图 2 - 6　复杂新产品系统社会网络

通过分析团队成员间的互动关系，我们能够识别出诸如信息中心、意见领袖及桥梁角色等关键主体，在产品开发中扮演不同角色。我们可以通过社会网络分析工具识别不同创新主体在网络中的位置、主体之间的关系等要素，深入了解知识资源在网络中如何流动、如何交换与共享。通过优化沟通渠道与协作流程，我们能够有效提升团队协作的效率。此外，该技术还能帮助我们识别出知识底蕴深厚、创新能力突出的团队成员，并促进他们之间的紧密合作与知识共享，从而激发团队的创新潜能，加速产品开发进程。进一步地，社会网络分析还能有效识别项目中的潜在风险，如沟通不畅、信任缺失、资源匮乏等问题。通过对网络结构中的薄弱环节进行深入分析，我们能够及时采取针对性措施进行风险管理，确保项目平稳推进。

社会网络分析作为一种有效的评估工具，对于全面审视团队绩效的关键维度，包括团队协作的紧密度、沟通效率以及知识共享的深度，具有不可替代的作用。同时，它还能够深入分析团队网络结构的动态演变，从而精准把握团队的发展趋势。以一家专注于全新新能源电动汽车研发的汽车企业为例，该项目横跨设计、工程、制造及营销等多个关键业务领域。借助社会网络分析，该企业揭示了设计部门与工程部门间联系薄弱的问题，这一问题严重阻碍了设计方案向可制造产品的有效转化；同时，制造部门与营销部门间的沟通障碍也导致了产品开发与市场推广之间的不协调。基于这些深入的洞察，该企业迅速采取了一系列针对性措施，包括组建跨部门协作团队以增强设计与工程、制造部门间的沟通与协同，举办跨部门知识分享活动以促进部门间的相互学习与交流，以及优化信息系统以确保信息在各部门间的高效流通。这些策略的实施显著提升了团队协作的效率，加速了新产品的开发进程，缩短了产品从研发到市场的周期。

随着大数据和人工智能技术的不断发展，社会网络分析将会更加精准、高效。未来，社会网络理论将在复杂新产品开发中得到更广泛的应用，例如利用大数据分析技术，对团队网络结构进行更深入的分析，识别更细致的互动模式和潜在问题；利用人工智能技术，自动识别关键角色和影响力，并自动优化团队结构和沟通渠道；将社会网络分析与其他理论和方法结合起来，例如知识管理、风险管理、项目管理等，构建更完整的复杂新产品开发理论框架。综上所述，社会网络理论将继续在复杂新产品开发中发挥重要作用，帮助企业更好地理解和管理团队合作，提高新产品开发的效率和质量。

2.4　项目利益相关者关系治理

在复杂新产品开发项目的实施过程中，多个利益相关者共同参与了项目的研发、生产、商业化等关键环节。这些利益相关者之间的关系错综复杂，如同一张由知识流动牵动的多主体关系相互交织而成的网络，既紧密相连又相互制约。为了确保项目能够顺利实现预期目标并提升整体绩效，项目利益相关者关系治理的相关理论更加重要。这些理论不仅关注项目内部团队的协同与沟通机制，还涉及外部供应商、合作伙伴、政府机构以及社会公众等多个群体的利益平衡与需求实现。通过总结这一理论，我们能够更深入地理解项目利益相关者关系治理的复杂性、动态性和差异性，为后续的理论与实践研究提供有益的参考与借鉴。

2.4.1　项目利益相关者理论

项目治理作为项目管理的重要组成部分，定义为项目组织与其内部和外部利益相关者之间的互动与控制机制，旨在确保项目目标与组织战略的一致性。利益相关者理论在此基础上进一步扩展，特别是在复杂新产品开发项目中，项目的成功不仅依赖于技术创新，还需要有效的利益相关者管理，以应对不同利益相关者的需求和期望。

1984 年，弗里曼（Freeman）出版了其代表性著作 *Strategic Management: A Stakeholder Approach*（《战略管理：基于利益相关者方法》）提出了广义的利益相关者理论，指出组织不仅应为股东创造价值，还应关注所有对组织或项目产生影响或受其影响的群体。这一理论打破了传统的"股东至上"观念，认为组织在决策和管理过程中必须平衡各方利益（Freeman，1984）。该定义大大扩展了利益相关者的内涵，将当地社区、政府部门、环境保护主义者等实体都纳入了利益相关者的范畴。遵循这种逻辑，随着科技的发展与现代生活的普遍国际化，企业生产经营活动可能影响的每一个人、团体、地区、竞争者都将是企业的利益相关者（Sternberg，1997）。

万建华将企业的利益相关者划分成了两个层级：第一级利益相关者与企业之间拥有正式的、官方的或者契约关系，其中包括财务资本所有者、人力资本所有者、政府、供应商和顾客等；其他的利益相关者则被划入第二级，包括社会、市场中介组织、新闻媒体等（万建华等，1998）。李心合则是从合作性和威胁性两个维度对利益相关者进行了划分（见表 2 - 2），共细分为了四种类型：支持型、边缘型、不支持型、混合型（李心合，2001）。

表 2 - 2　　　　　　　　　利益相关者四种类型

类型	具体种类	采取战略
支持型	股东、债权人、员工、顾客、供应商	参与
边缘型	雇员的职业联合会、消费者利益保护组织	监控
不支持型	存在竞争关系的相关企业、新闻媒体	防备
混合型	紧缺的雇员、顾客	协作

在复杂新产品开发项目中，利益相关者通常包括供应商、关键客户、政府部门、金融机构、科研机构等，如图 2－7 所示。这些利益相关者在项目生命周期的不同阶段发挥着不同作用，他们的参与和合作对于项目成功至关重要。利益相关者理论的核心观点是，项目或组织与其利益相关者之间的关系不是单向的，而是双向的互动过程。项目管理者不仅要从利益相关者那里获取资源，还要回应他们的需求和期望。因此，利益相关者管理的目标在于通过有效地沟通和协调，确保各方利益的平衡。利益相关者治理不仅需要考虑内部利益相关者的需求，还必须有效管理外部利益相关者的参与和贡献。利益相关者可以分为内部利益相关者和外部利益相关者（张进发，2009；张兰霞，2011）。内部利益相关者包括项目团队、管理层和股东，他们直接参与项目的管理和决策过程。内部利益相关者的需求通常与项目的技术目标和商业目标紧密相关。现代企业两权分离条件下，经理人控制企业成为常态，一方面对股东承担社会责任，另一方面及时向外界传达有关企业良好运营的信息，从而使新的股东和社会敏感度高的投资者不断加入，改变企业的现金流现状（Barnett et al.，2006）。

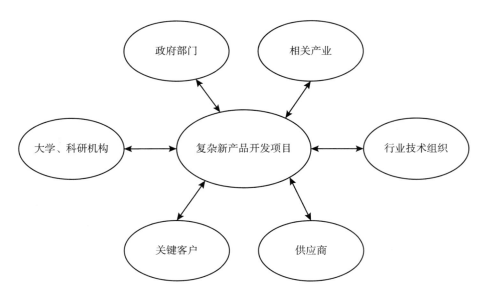

图 2－7　复杂新产品开发项目涉及的利益相关部门

外部利益相关者包括供应商、客户、政府机构、社会公众和科研机构等，他们对项目的成功有重要影响，但不直接参与项目的日常管理。外部利益相关者的需求和期望往往涉及项目的合规性、社会影响和长期可持续性。其中供应商作为企业上游的利益相关者，克鲁兹和刘（Cruz & Liu，2011）提出企业对供应商承担社会责任，有利于形成持续稳定的供求关系，规避供应链脱节的风险，及时获得优质原料和配件，从而在一段时间内提高企业利润。消费者作为企业下游的利益相关者，有学者提出对消费者承担社会责任可以提高他们对产品的满意度和认可度（Sen，2001）。另外，当消费者对不同企业的产品感知差不多时，履行社会责任较好的企业往往能传递出产品是高品质的信号，增强消费者的购买意愿。从社会环境层面来看，企业积极主动参与环保公益活动可以赢得道德资本和提高自身声誉（Arikan et al.，2014）。

每个利益相关者都有自己的目标和诉求，如何协调好这些利益关系，确保项目顺利进行，是项目管理的关键。有效的利益相关者治理需要识别和分析每个利益相关者的诉求、影响力、风险态度，并制定相应的沟通、参与、合作和激励策略，建立沟通机制、治理结构和风险管理体系，并定期评估和调整，才能有效协调各方利益，推动项目成功。

此外，复杂新产品开发项目不可避免地存在风险，风险的管理和责任的分配是项目治理的核心问题之一。通过合理的风险分担机制，项目管理者可以确保各方利益相关者在项目中承担适当的责任，从而降低项目执行中的风险。制定风险评估方案、风险预案和应急预案等，并定期进行风险评估和调整，确保项目安全运行。最后，建立有效的监督机制，定期评估项目进展，并对各方的行为进行监督和问责，例如设立独立的评估机构，定期对项目进行评估，并根据评估结果进行调整和改进，可以保证项目的顺利进行。有效的治理机制可以帮助复杂新产品开发项目更好地整合各方资源，协调利益关系，提高项目效率和成功率。

2.4.2　项目治理相关研究

项目治理领域主要有两种解读模式，一种是来源于公司治理，主要涉及公司层与项目层的代理关系，对项目是否能够实现公司战略目标进行治理；另一种是从跨组织协作的角度解读项目，涉及多个不同组织作为项目的利益相关者参与到项目中，各方利益诉求各不相同，关系错综复杂，需要对他们的关系进行治理。（Ahola et al.，2014）。本书主要涉及从跨组织协同项目的多利益相关者角度研究项目治理。此外，本节还介绍了几种主要的理论框架帮助分析利益相关者关系及其在复杂项目管理中的应用。

1. 跨组织协作利益相关者治理

传统的利益相关者理论认为，企业试图通过治理利益相关者关系来保护自己的形象免受负面影响。而在这个社会目标不断变化的时代，几乎所有类型的企业都尝试去拓宽传统的界限，寻找跨组织合作的价值。如今，利益相关者治理变成了一种关于与利益相关者群体采取协作的方式，并将其视为新的机会的来源，即一个企业应当建立在与他的利益相关者群体建立了积极关系并且发生了协同效应时（Svendsen，1998）。一种新的管理哲学认为，一个企业能够与其有利益冲突或价值观冲突的利益相关者群体建立联盟，进行协作。这种"全系统"的协作方式将所有的利益相关者都置于一个关系网络中，而非传统的碎片化的组成部分。利益相关者之间将会思考他们应如何融入系统，并且如何通过跨组织组成的团体之间的价值观和行动来构建积极的关系、建立一致的标准（Svendsen，1998）。积极参与的利益相关者对自己的企业甚至所在的群体都会产生变革性的影响，他们通过跨组织协作的联盟的活动改变了所处的环境，外界环境的变化反过来又改变了他们自身（Welsh，1997）。尽管如此，随着环境的发展和新问题的不断涌现，利益相关者的组成以及如何维持协作的稳定成为了一个持续存在的问题。

外部利益相关者的参与对于跨组织协作的项目中为不同的利益相关者提供价值是至关重要的，例如一些监管机构和当地政府，他们可能与项目企业没有官方的或者合同的联系，但也会受到项目的影响或是一定程度上影响项目的进行，这对于跨组织协作项目的成功以及价值创造非常重要（Bayiley et al.，2016；Oppong et al.，2017）。同时，外部利益相关者应当能够参与项目的运营和决策，包括组织活动和安排（Greenwood，2007）。但在具体的实践当中，外部利益相关者的参与是具有高度挑战性的（Eskerod et al.，2014），尤其是在跨组织协作项目当中，这种情况下的利益相关者冲突很常见（Derakhshan et al.，2019；Jepsen et al.，2009）。研究表明，内部利益相关者与项目组织有着正式、官方或者合同性的关系（Winch，2017），他们会组织并治理外部利益相关者参与跨组织协作的项目，这要求多个自主的内部利益相关者要在有限的时间内共同努力实现一个共享的项目目标（Jones et al.，2008），但由于存在相互竞争，所以对于外部利益相关者的要求则各不相同（Aaltonen et al.，2015）。

在项目利益相关者管理的研究中，跨组织协作背景下外部利益相关者的主动规划与管理活动正逐渐受到重视（Eskerod et al.，2015；Oppong et al.，2017）。然而，实证研究表明，这些活动往往局限于与项目经理的互动，项目经理通常负责开发利益相关者参与流程与计划（Olander et al.，2005）、阐释利益相关者环境（Aaltonen，2011）及处理外部利益相关者间的关系（Gil，2010）。在如基础设施建设项目等跨组织协作环境中，项目所有者负责为外部利益相关者参与活动分配资源（El – Sawalhi et al.，2015），但利益相关者的参与常被狭义地视为客户的能力与责任（Winch，2017），从而在一定程度上忽视了供应商的角色。对此，部分实证研究提出了异议，指出在遭遇意外利益相关者事件时，客户与供应商的联合治理对于管理外部利益相关者的参与过程至关重要（Aaltonen et al.，2010），这表明跨组织协作中利益相关者管理的复杂性和全面审视不同利益相关者角色与责任的必要性。

2. 项目治理研究相关理论

（1）代理理论

代理理论描述了项目所有者（委托人）与项目经理（代理人）之间的关系，关注如何通过合同和激励机制来控制代理人行为，从而减少因利益冲突而产生的风险。代理理论认为，项目管理者作为代理人，其目标可能与项目所有者（委托人）存在分歧，这种分歧通常源于信息不对称。因此，项目所有者通过制定合同或采用激励和监督机制，确保项目管理者朝着预定的项目目标努力。在复杂新产品开发项目中，代理理论可以用于解释项目管理者与股东或项目所有者之间的关系。然而，该理论的局限性在于，它主要集中于组织内部的治理，而对外部利益相关者的管理则缺乏足够的指导。因此，在复杂新产品开发项目中，代理理论的应用通常与其他治理理论结合使用，以解决外部利益相关者管理的挑战（Davis et al.，1997）。

（2）交易成本经济学

交易成本经济学着眼于组织与外部合作伙伴（如供应商和承包商）之间的关系（Winch，2001），强调通过减少交易成本来提高项目的执行效率。交易成本经济学的核心观点是，组织在与外部合作时，必须通过合理的合同和合作机制，降低合作中的不确定性和风险，确保资源的有效利用。在复杂新产品开发项目中，外部供应商和承包商的参与往往对项目的成功起到至关重要的作用。通过交易成本经济学的视角，项目管理者可以更好地管理外部合作伙伴，确保供应链的稳定性和效率，减少合作中的潜在风险。此外，从交易成本经济学的视角还可以帮助项目管理者选择合适的合作伙伴，优化资源分配（Williamson，1979）。

（3）资源依赖理论

资源依赖理论指出，组织的成功很大程度上取决于其外部资源的获取和合理配置（Clarke，2004）。在复杂新产品开发项目中，项目管理者不仅依赖内部资源，还依赖外部的技术、原材料、资金和专业知识。因此，管理外部利益相关者成为项目成功的关键因素之一。资源依赖理论强调，组织与外部利益相关者之间的关系是一种相互依赖的关系，组织需要通过合理的策略和合作方式，获取外部资源以确保项目的顺利进行。该理论在复杂新产品开发项目中得到了广泛应用，特别是在处理供应商和技术合作伙伴的关系时，资源依赖理论为项目治理提供了有力的支持（Pfeffer et al.，1978）。

2.4.3　利益相关者在复杂新产品开发项目中的角色与贡献

利益相关者在复杂新产品开发项目中不仅是项目的支持者和合作伙伴，还是价值创造的关键力量。在项目的各个阶段，不同的利益相关者通过他们的贡献影响项目的进程和结果。

1. 价值创造与捕获

在复杂的新产品开发项目中，利益相关者的贡献对项目成功起着至关重要的作用。他们不仅提供资金、技术、知识和能力等必需资源，更以其专业知识、对市场需求的精准洞察以及战略意识，影响着项目收益。

为了最大化项目价值，有效的项目治理机制需要纳入利益相关者管理，确保其价值得以有效捕获和充分利用。项目管理者需构建畅通的沟通渠道，与利益相关者保持定期交流，深入了解其需求、期望与关切。这包括定期召开会议、发布项目进展报告及组织专题研讨会等，确保信息流通顺畅，沟通高效。同时，应积极吸纳利益相关者的见解与反馈，将其专业智慧融入项目决策，确保项目目标与利益相关者期望高度契合。

此外，项目管理者还需确保利益相关者能从项目中获得合理回报。供应商可借此获得长期合作机遇，提升技术与品牌影响力；客户则能享受更优产品与服务，增强市场竞争力；政府与社会公众则能通过项目成功获得社会经济效益，如新增就业机会、税收增长及环境改善等。为此，项目管理者需设计公平的利益分配机制，并明确纳入项目协议。利益分配应考虑利益相关者的贡献度、风险承担及预期收益，确保分配比例的合理性与公正性。

综上所述，在复杂的新产品开发项目中，有效管理利益相关者是确保项目成功的核心。通过积极沟通、深度协作、公平回报及合理的利益分配，项目管理者能够充分激发利益相关者的积极性与创造力，携手推动项目迈向成功，实现多方共赢的局面。

2. 长期合作关系的建立

在复杂的新产品开发项目中，与外部利益相关者建立长期合作关系是确保项目成功的关键因素之一。这种合作关系不仅能够为项目提供持续的资源支持，还能够为项目的创新和长期发展提供不竭动力。

通过持续的协同合作，利益相关者可以共同克服技术难题、开拓新市场、应对外部挑战，并最终实现项目目标。供应商可以通过与项目团队的紧密合作，不断优化产品设计和生产流程，提高产品质量和效率；客户可以通过参与项目研发，提供宝贵的市场反馈和使用体验，帮助项目团队改进产品功能和用户体验；而政府和社会公众则可以通过政策支持、资金投入和舆论引导，为项目提供必要的外部环境和资源保障。

长期合作关系还可以为项目管理者提供更多的资源和机会，确保项目的持续成功。项目管理者可以通过与外部利益相关者的合作，获得新的技术和知识，拓宽项目合作范围，并提升项目的市场竞争力。同时，长期合作关系还可以为项目管理者提供更稳定的资金来源和更广泛的市场渠道，确保项目的长期可持续发展。

通过创新生态系统框架，项目管理者可以更好地理解和管理利益相关者之间的关系，确保各方能够在项目的不同阶段中共同创造价值，并在项目完成后继续保持合作关系。创新生态系统强调合作、共赢、价值共创和持续创新，这与复杂新产品开发项目的长期成功目标高度契合。然而，复杂新产品开发项目中的利益相关者治理是一个多层次、跨领域的复杂过程。传统的治理理论（如代理理论、交易成本经济学和资源依赖理论）虽然为内部利益相关者的管理提供了有效的框架，但在处理外部利益相关者的复杂性时存在局限性。这些理论通常侧重于企业内部的利益分配和控制，而对外部利益相关者之间的合作和协同创新关注不足。创新生态系统理论为复杂新产品开发项目的利益相关者治理提供了一个全新的视角，强调通过协同创新和价值共创，实现项目的长期成功。它强调利益相关者之间的互惠互利、资源共享、共同成长，以及通过合作来实现整体价值的最大化。

随着项目复杂性的增加，利益相关者治理的理论和实践也需要不断演进。未来的研究应进一步探讨如何通过创新的治理机制提升外部利益相关者的参与度和贡献捕获能力，从而确保复杂新产品开发项目的长期成功。需要进一步研究利益相关者之间的合作机制、信任机制、价值分配机制和冲突解决机制，为复杂项目的长期成功奠定坚实的理论基础。

第 3 章

产学研协同的复杂新产品
开发项目管理

　　复杂新产品开发项目通常具有技术门槛高、涉及领域广泛、项目持续周期长等特点，单一企业主体通常难以独立完成关键技术突破的环节。因此，在复杂新产品开发项目中产学研协同作为一种有效的、普遍的创新模式应运而生。产学研协同是指企业、学术机构和研究机构之间建立紧密合作关系，共同参与科研项目、技术转移和成果转化的过程。党的十九大报告首次明确提出，要"建立以企业为主体、市场为导向、产学研深度融合的技术创新体系"，标志着我国迈入了产学研融合新阶段。习近平总书记也在党的二十大报告中强调："加强企业主导的产学研深度融合，强化目标导向，提高科技成果转化和产业化水平"。产学研协同模式通过将企业的市场敏感性、科研机构的技术前瞻性以及高校的理论创新相结合，推动创新成果快速转化为新产品。传统的产学研合作通常以项目合作、技术转让为主要形式，如今在多主体协同创新的框架下，这种合作模式进一步演变为一个多元化、全方位的创新网络。这一过程不仅涉及跨组织、跨学科的知识和技术的集成，更要求在创新目标、战略规划、资源配置等方面进行深度协调和协同运作。然而，良好的产学研协同并非一蹴而就，其实施过程中仍存在诸多问题亟待研究与解决，例如各主体合作意愿不足、合作机制的有效性、利益分配的合理性以及知识产权保护等方面的挑战。

鉴于此，本章将探讨产学研协同合作在复杂新产品开发中的关键作用，通过典型案例解析协同合作的成功路径，同时揭示这一过程中面临的挑战和问题，根据理论和案例研究提出解决建议。本章结构见图3-1。

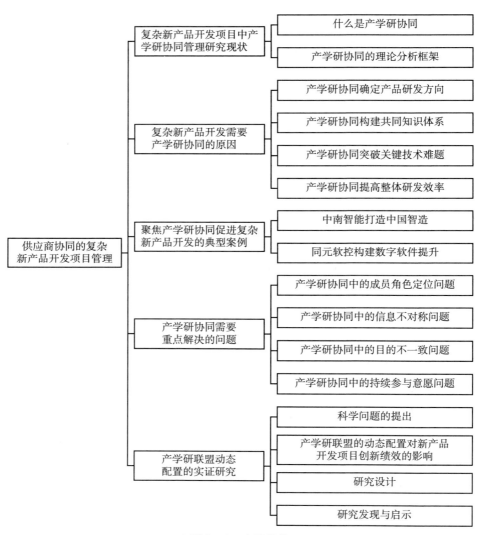

图3-1 本章结构

3.1　复杂新产品开发项目中产学研协同管理研究现状

3.1.1　什么是产学研协同

产学研协同理论来源于 20 世纪 90 年代提出的大学、产业、政府三重螺旋创新模型（Etzkowitz et al.，1995）。该模型利用生物学中有关三螺旋的原理解释政府、大学和企业之间的相互依存的互动关系，指出在以知识为基础的社会中，"大学—产业—政府"三者之间的相互作用是改善创新条件的关键。大学、产业和政府在相互结合和作用中，各自保持价值和作用，同时又在一定程度上承担着其他机构的部分功能，从而形成知识领域、行政领域和制造领域的三力合一。该理论强调大学、政府和企业的交互是创新系统的核心环节，三方螺旋共生合作共同推动创新螺旋的上升，促进创新价值的最终实现（洪银兴，2014）。

在这一理论基础上，现代产学研协同进一步发展，成为一种通过技术、信息的交互以及人员的流动所形成的一种联盟或者动态网络系统（谢科范等，2008）。协同创新的概念提出后，从外部获取资源推动创新的研究得到整合，产学研协同创新被视为协同创新在宏观层面的运作形式（张力，2011）。基于此，学者们从不同角度对产学研协同进行了深入探讨，研究主要集中在三个方向，即战略协同、知识协同、组织协同（何郁冰，2012）。下面将详细介绍产学研协同的基础理论——三螺旋理论与协同创新理论。

3.1.2　产学研协同的理论分析框架

三螺旋理论强调大学等科研机构、企业和政府在创新过程中通过紧密合作和相互作用，构建一种动态的协同关系。该理论吸收了国家干预主义创新模式与自由放任主义创新模式的优点，注重三方在创新功能上的交叠与互补（柳岸，2011）。我国的三螺旋模式起源于国家干预主义创新模式的演变，逐步发展为以产学研协同为核心的创新体系。在这一体系中，国家主要承担宏观指导角色，被视为产学研结构中的环境力量，对创新的推动具有重要作用（柳岸，2011）。随着创新环境的日益复杂，政府、金融机构等作为创新环境力量的作用愈加凸显，逐渐形成了"政产学研金服用"七位一体的创新推动模式，政府的职能也从过去的宏观指导转变为引导、评价与激励（庄涛等，2013；吴洁等，2019）。此外，随着这一模式的发展，使用方逐渐参与到产学研的研发过程中，从而提高了研发的效率与质量。在这一创新框架下，产学研协同主体成为研发活动的直接执行者。三螺旋理论及其后续发展为厘清产学研合作中的各方角色提供了坚实的理论基础，有助于更好地理解与优化协同创新中的复杂互动关系。三种创新模式见图 3 - 2。

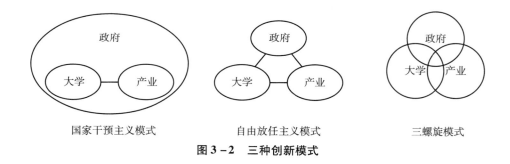

图 3 - 2　三种创新模式

　　2003 年，开放式创新理论被提出，并进一步发展为协同创新理论，强调企业应与外部知识源广泛合作，以促进创新效率与效果的提升（何郁冰，2012）。协同创新作为一个广泛的概念，涵盖了多方主体的合作，特别是在产学研合作框架下，重点关注知识的有效转移与成果的高效转化。产学研协同创新旨在解决技术供给与技术需求的错位问题，促使学术价值与生产价值实现有机结合，从而推动技术突破与市场应用的同步发展。

　　然而，要实现产学研协同创新的目标，关键在于提升各参与方之间的协同水平。协同不仅仅是资源的简单整合，更是战略规划、知识共享与组织运行等多个维度的深度合作。首先，战略协同要求各方在目标、资源与长期规划上达成一致，以确保协同创新具备明确的方向和持续性。其次，知识协同关注知识的流动与共享，尤其是如何通过科研与产业的紧密合作，实现技术创新的突破与知识的有效应用。最后，组织协同则涉及各方在组织结构、运行机制与沟通渠道上的协调与优化，以确保创新合作顺利推进。因此，本章将从战略协同、组织协同与知识协同三个视角展开详细论述，探讨如何在这些维度上提升产学研合作的有效性，推动协同创新的顺利实施。

在产学研协同研究中，战略协同主要体现在三个方面，即文化协同、愿景协同、风险与利益协同（何郁冰，2012）。文化协同主要指学研机构的学术型文化与企业的应用型文化的融合。愿景协同特别要求各方找到自身在创新链中的定位，可以将自身嵌入创新链中，承担相应责任与义务，在各方都能准确匹配自身能力优势与产学研联盟的需要的基础上，达成关于"联盟能做到什么"的愿景共识。风险与利益协同关注利益分配，保证各方的投入及承担的风险准确得到回报。总体上，战略协同强调了产学研协同中目标一致性的重要性。

组织协同重点关注产学研协同中的结构、过程及协调机制，特别是跨组织架构的设计与优化。在合作中，企业常为主导，主动寻求学研机构的技术和专家支持。然而，这种合作常止于表面，学研机构仅回应企业提出的具体需求，双方因组织差异难以深入沟通，导致信息不对称。因此，产学研协同需超越技术和知识合作，建立更紧密的组织协同机制，可加深理解，缓解信息不对称，促进深度合作，提升创新成果转化效率。在复杂新产品开发项目中，合作网络复杂，组织结构网络化、动态化，组织协同更需强调网络化和动态化特征，以确保各方在高度复杂的合作环境中协调一致、有效运行。

在组织协同的基础上，知识协同作为战略协同与组织协同的结果，是复杂新产品开发的核心目标。知识协同不仅是各方合作的驱动力，也是确保复杂产品开发过程中创新能力得以持续提升的关键环节。其基础理论源自资源基础观与知识基础观，强调知识在合作组织间的转移、吸收、共享与再创造（Koschatzky，2002）。在复杂新产品开发中，知识的流动与整合至关重要，特别是如何将不同主体的技术与研究成果转化为实际产品，推动市场应用。在复杂新产品的开发过程中，隐性知识的传播加速了各方对彼此技术与经验的内化和应用，缩短研发周期，增加产品开发的成功率。通过深入理解知识协同机制，产学研各方在复杂新产品的开发过程中能够通力协作，加速创新成果的商业化进程，实现研发到市场推广的全流程优化。

3.2　复杂新产品开发需要产学研协同的原因

　　复杂新产品的开发具有高成本、大规模、技术含量高、系统关联性强等特点，每个部件的研发都需要从系统科学的角度进行思考。在研发的早期阶段，充分考虑各种潜在问题并进行预研与验证显得尤为关键。产学研协同作为复杂新产品开发中的重要推动力量，能够为研发项目提供全方位的支持。企业在项目初期依赖学研机构提供前期的研究和理论验证，通过协同合作，产学研各方不仅能够建立共同的知识背景，还能够有效提升沟通与协作效率。一方面，学研机构凭借其在特定技术领域的深入研究，帮助企业克服技术难题；另一方面，企业利用自身在生产实践中的经验，推动研发过程的优化和效率提升。因此，产学研协同是实现技术突破和提高产品研发效率的多方共赢模式。本节将从研发方向的确定、共同知识的建立、技术难题的突破以及研发效率的提升等方面，详细探讨复杂新产品开发中产学研协同的必要性。

3.2.1　产学研协同确定产品研发方向

　　复杂新产品的开发因其技术复杂性、系统关联性和高昂的成本，要求关键部件的研发方向必须精准、清晰。在此过程中，虽然企业在生产和市场方面具有优势，但对前沿科技的发展和应用往往缺乏足够的理解和认知。因此，企业需要依托学术机构和研究院所的支持，确保研发方向既具前瞻性，又符合实际需求。

在这个协同框架中，高校作为学术机构，专注于基础研究和前沿理论，能够为复杂新产品开发提供必要的知识储备和理论支持。而研究院所则负责将这些前沿研究成果转化为实际生产力，确保技术从实验室走向工业化应用，推动理论创新的落地实施。然而，企业在这个过程中同样扮演着不可或缺的角色。作为新产品的最终应用方，企业更加了解市场需求、用户反馈以及生产过程中的具体限制条件，通过反馈市场信息和生产要求，为高校和科研院所提供技术研发方向。同时，企业通过对研发方向的优化调整，确保技术不仅具有前瞻性，还能兼顾成本效益和生产效率。这种多方协同合作不仅有助于确定一个先进且可行的研发方向，还能有效避免研发过程中技术供需的错位。

天喻信息作为产学研协同的成功典范，充分展示了高校、研究院所与企业合作的实际效果。作为孵化于华中科技大学科技园的高新技术企业，天喻信息从创立之初便依托高校团队的科研能力，保证其在数据安全领域保持前沿地位。天喻信息的研发团队最初集中在小规模的核心团队，依赖高校背景进行前沿技术研究。然而，随着市场需求的增加，研发团队的能力无法支撑业务扩展的需求，天喻信息通过将技术验证工作从研发部门中分离出来，专注于技术转化，以确保研发工作的高效性。当"互联网＋"概念在2015年兴起后，天喻信息把握机遇，进入成熟发展阶段。为应对新的研发需求，公司重组了研发架构，将研发和技术验证团队重新整合为中央研究院，并采用矩阵式项目管理架构，通过职能和业务的划分提升研发效率。这一架构调整不仅推动了内部产学研协同的进一步深化，也保证了公司在复杂技术环境下的持续创新。

天喻信息的发展历程展现了产学研协同在研发方向确定中的重要性。高校提供前沿知识，研究院所负责技术转化，企业依据市场需求进行优化调整，各方通过紧密合作，确保复杂新产品的研发方向既符合技术发展趋势，又能满足市场需求。这一过程表示产学研协同在复杂新产品开发中的不可或缺性，同时为其他企业在研发方向的选择和把握上提供了宝贵经验。①

3.2.2 产学研协同构建共同知识体系

产学研协同模式不仅聚焦于成员间的合作框架构建，更强调成员间建立紧密联结与实施高效的知识协同管理策略，旨在通过有效的协同机制促进各方实现价值最大化。这一模式不仅倡导跨越组织界限的联合研发与资源共享，同时也注重维护各参与方的相对独立性，确保它们在自主获取创新资源的同时，能够充分汲取并利用其他成员的知识与技术资源。然而，尽管协同合作在促进资源优化配置与创新效率提升方面展现出显著优势，但组织边界的固有属性依然构成了对各方知识深度共享与高效利用的一个障碍。为了有效破解这一难题，构建共同知识体系成为产学研协同实践中的一项核心战略举措。

共同知识，作为一种被所有参与方共同掌握并认知的知识状态，其定义源自吉纳科普洛斯（Geanakoplos, 1992）的论述，强调知识共享的全面性与共性性。在复杂新产品的开发场景中，隐性知识的有效传播与共享构成了协同合作的基石。它不仅在沟通环节中扮演消除歧义、纠正误解的关键角色，还促进了各协同主体行动上的高度协同，激发了协同创新的内生动力。鉴于复杂新产品开发项目往往涵盖多个子任务，参与者众多，沟通中的疏漏或误解在所难免，而逐一确认不切实际。通过协同机制构建共同知识，能够有效解决这种大型项目中的沟通障碍，提高协同效率，确保各方目标和行动的一致性。

通过产学研协同构建共同知识体系，不仅降低了组织边界带来的知识利用限制，还为复杂新产品开发中的各参与方提供了更有效的沟通和资源共享机制。这一机制确保各方在协同合作中始终保持一致的目标与行动，最大化

---

① 资料来源：中国管理案例共享中心。

创新资源的利用效率，提高新产品开发的成功率。

3.2.3　产学研协同突破关键技术难题

企业在突破关键核心技术的过程中，基础研究与应用技术的融通至关重要（余江等，2019）。通过与高校和科研院所的深入合作，企业能够利用学术机构的基础研究资源，结合自身的生产实践，实现技术突破。在我国制造业关键核心技术被"卡脖子"的背景下，产学研融合成为越来越多领军企业突破技术瓶颈的首选策略（张羽飞等，2023）。通过协同创新，企业能够在学术界的理论支持下，结合实际生产需求，攻克技术难关。

永新光学的案例充分展示了产学研协同在关键技术突破中的作用。作为一家专注于光学仪器行业的后发企业，永新光学在创立初期由于技术和产品线单一，导致其面临市场困境。为了提升技术水平，企业与宁波大学和浙江大学共建技术中心，在特定产品开发和成熟技术合作领域积累了丰富经验。这一阶段的产学研协同帮助永新光学快速赶超国际先进水平。随着转型的深入，企业进一步扩展与11家高校和科研机构的合作，包括复旦大学附属中山医院等用户单位，合作范围涵盖技术开发、共建研究院、博士后流动站以及共同承担国家重大科研项目等多种形式。通过这一协同模式，永新光学不仅进入了超高分辨光学仪器等新兴技术领域，还为我国的登月工程研制了落月相机镜头，为空间站研制了太空显微镜，并参与制定国际显微镜标准。产学研协同的深度合作促使永新光学在关键技术领域实现了从跟跑到领跑的跨越。

这一案例说明产学研协同在突破技术难题中不可或缺的作用。通过联合高校和科研院所，企业能够从基础研究中汲取理论支持，并在协同合作中加速技术转化，最终掌握关键核心技术。[①]

---

① 资料来源：中国管理案例共享中心。

3.2.4　产学研协同提高整体研发效率

在复杂新产品的开发过程中，产学研协同通过加强资源共享与整合，提高创新活动的效率。产学研协同能够充分整合企业、学术界和科研机构的资源，包括技术、人才和设施，从而提供更为全面、专业的研发支持。通过合作，参与各方能够避免重复投入，节约研发成本，同时加速研发进程，缩短产品的上市周期，提升整体研发效率。

天准科技的案例是产学研协同提高研发效率的典型代表。天准科技是一家专注于影像测量领域的"专精特新""小巨人"企业，于 2019 年在中国科创板上市。凭借融资优势，天准科技迅速扩展了业务领域，从最初的视觉测量装备发展到为消费电子、半导体、PCB、光伏、新能源汽车和智能驾驶六大领域提供制程解决方案。然而，这些领域的技术复杂性极高，技术转移困难且创新风险大。为了在这些技术蓝海中脱颖而出，天准科技认识到仅凭自身的技术积累不足以应对高风险的创新挑战，必须展开广泛的外部合作。天准科技选择了"网"合作模式，横向跨行业、纵向跨机构展开多维度的产学研协同。通过这种动态管理方式，企业不仅能够充分发挥自身在影像测量领域的技术优势，还能通过协同迅速引入外部行业的专业技术者参与研发，增强创新能力。在这一过程中，产学研协同不仅帮助天准科技抓住政策机遇，更通过高效的资源整合与协同创新，使其迅速进入多个新兴技术领域，实现了高效率的研发布局。

天准科技的发展历程表明，产学研协同通过共享资源、人才与技术，不仅避免了资源的浪费，还大幅缩短了研发周期，提升了新产品开发的效率。通过这种跨行业、跨机构的协同模式，企业能够高效地利用外部技术资源，快速应对复杂技术的创新挑战。[①]

---

① 资料来源：中国管理案例共享中心。

3.3　聚焦产学研协同促进复杂新产品开发的典型案例

3.3.1　中南智能打造中国智造

湖南中南智能装备有限公司成立于 2017 年 12 月，是湖南省综合性智能制造平台，以数字技术为核心，依托工业互联网，主攻超精激光加工装备的攻关及产业化，致力于成为全球领先的工业智能产品研发中心。中南智能的前身长沙长泰机器人有限公司，成立于 2008 年，曾是国企中轻集团的子公司。2017 年末，长泰机器人借助中轻集团改革的机会，团队建立了独立持股平台，并与湖南省国资委旗下的华升集团及雨花经济开发区合资成立了中南智能，随后通过收购实现了长泰机器人的改制重组。

中南智能的发展历程充分展示了产学研协同在复杂新产品开发中的重要性。公司早期主要从事铁路运输铸件制造的自动化生产，尽管中国铁路铸件生产已具备较大规模，但铸件生产后的表面处理仍然需要依赖人工操作，特别是在处理铸件毛刺等瑕疵时，工人不得不在恶劣的生产环境中使用角磨机进行二次加工。中南智能意识到这一流程不仅影响工人健康，还限制了生产效率的提升。面对此类技术瓶颈，中南智能通过产学研合作，与高校及科研机构协同开展技术攻关。通过学习国外先进技术，并结合自主研发，中南智能成功突破了在重粉尘环境下实现自动化作业的技术难题，建立了国内首条自动化生产线，并成功打开了俄罗斯、澳大利亚等国际市场。这一经验凸显了产学研协同在推动复杂新产品开发中的不可替代作用。

随着企业改制重组的完成，中南智能迅速与国内工业巨头（如潍柴动力、保利民爆、中国中车等）签署合作协议，进一步稳固了其在行业内的技术领先地位。然而，中南智能并未停留在既有的技术成果上，而是继续通过产学研协同合作，拓展产品类型和市场需求。例如，与清华大学合作开发的精密打磨机床填补了国内这一领域的技术空白，与中南大学和湖南大学共建机器人技术创新实验室，进一步推动了机器人技术的应用和创新。此外，中南智能还与湖南商学院的陈晓红院士工作站签订了战略合作协议，通过校企合作，推动科研成果的市场化和应用化。正是由于这种广泛而深入的产学研协同，中南智能得以加速复杂新产品的开发，进入更加多元的市场领域。

2019 年，中南智能牵头国家重点研发计划"智能机器人"专项，联合中南大学、长沙理工大学、北京航天控制仪器研究所等多家科研院所，共同研发大型铸造机器人自动化生产线。这一项目的成功不仅提升了企业的技术实力，还显著增强了我国在智能制造领域的国际竞争力。通过产学研合作，中南智能在大型铸造机器人等复杂新产品的研发中取得了多项国际领先的技术成果，进一步印证了协同创新对推动技术突破的重要性。

在攻克关键技术瓶颈方面，中南智能通过产学研协同不断迈向更高层次。高端振镜技术是导弹制导、激光武器等关键领域的核心技术之一，其水平直接影响相关产业的发展。面对这一"卡脖子"难题，中南智能在 2019 年牵头成立了高端振镜国产化项目攻关协调小组，联合清华大学、中国科学院、深圳先进技术研究院等科研机构，组成产学研用联合攻关团队。通过持续的技术攻关与协同创新，项目在 2021 年实现了三轴振镜的中试成功，填补了国内技术空白，进一步增强了我国在高端装备制造领域的自主研发能力。[①]

中南智能的发展历程表明，产学研协同是推动复杂新产品开发、解决技术难题的重要手段。通过将高校、科研机构的前沿技术与企业的市场需求相结合，企业不仅能够加快技术的突破，还能够快速将科研成果转化为实际生产力。这种模式提升了中南智能在多个行业的技术竞争力，使其能够灵活应对不同市场的需求，并为我国复杂新产品的开发与创新提供了宝贵经验。此外，中南智能在选择产学研合作伙伴时，特别注重技术契合度、资源互补性以及合作伙伴间的信任度。通过有针对性的合作伙伴选择（见表 3 - 1），中南智能能够确保产学研协同的高效开展，并根据不同行业和市场的需求，快

---

① 　资料来源：中国管理案例共享中心，中南智能官方网站。

速进行技术调整和产品优化。正是这种有战略眼光的合作模式，使得中南智能在多个新兴领域取得了技术领先地位，并为复杂新产品的开发提供了持续的创新动力。

表3-1 中南智能选择合作伙伴的考虑因素

合作伙伴	相互信任	技术吻合	资源优势互补
国内工业领域客户	国内外高端企业知名院校及机构	智能化改造需要	丰富的工业应用场景
西门子公司		缺乏应用场景	数字孪生技术
高校及科研机构		科研方向	研发实力

中南智能的成功不仅在于其自身技术能力的提升，更在于其通过产学研协同，实现了从技术开发到产品落地的全流程优化。通过与高校、科研院所的紧密合作，企业得以掌握核心技术，攻克技术难题，加快新产品的开发速度，并在多个新兴市场领域占据先机。产学研协同为中南智能带来的不仅仅是技术突破，还为其在全球产业链中的竞争力提供了坚实保障。

3.3.2 同元软控构建数字软件提升

同元软控由华中科技大学 CAD 中心主任陈立平教授创立，自成立之初便与学术机构保持密切合作，为产品开发奠定了坚实基础。作为一家技术导向型企业，依托陈教授及其团队在学术界的资源，同元软控能够迅速在航空航天、汽车等领域开展产品原型验证，并逐步进入军工领域进行工业场景应用的验证。产学研协同不仅推动了技术落地应用，还为复杂新产品开发中的技术积累和市场拓展提供了强有力的支持。

2016 年，同元软控进行了战略调整，开始将产品推广至民用领域，这一调整带来了显著的业绩增长，营业收入连续几年保持高速增长。其核心产品MWorks 平台在此期间不断完善，涵盖了建模语言、可视化框图建模、模型库等多项功能，逐步形成了自主的复杂工业建模和仿真技术体系。MWorks 的开发过程充分展示了产学研协同在推动复杂新产品开发中的关键作用。

MWorks 的目标是通过对标美国的 MATLAB，成为中国领先的数学仿真设计软件平台。该平台的核心技术路线基于 Modelica 多领域物理统一建模与仿真技术，而这一技术的开发离不开高校、科研机构和企业的多方协同。早在 2001 年，陈教授团队便着手预研 Modelica 技术。2008 年，科技部决定开发下一代仿真设计软件，希望借此突破国外对该领域的技术垄断。同元软控作为牵头单位，联合天喻软件、同济大学、中国科学院等科研力量，开展了多领域建模技术研究。由于项目涉及大量理论研究和工程应用，产学研协同便成为了该项目成功的关键。

项目各方根据各自的专长进行了精准分工，确保了理论研究、软件开发和应用验证同步进行。同元软控的成功不仅仅是企业自身的技术实力体现，更是各合作方通过产学研协同，加快了复杂新产品开发进度的最佳实践。通过与三一重工等企业的合作，同元软控不仅了解了机械企业的实际需求，还通过协同研发，成功填补了国内机械系统动力学 CAE 平台的空白。MWorks 项目于 2009 年推出了亚太地区首个基于 Modelica 语言的系统仿真产品，并在 2012 年被科技部评为"十一五"期间 15 个亮点成果之一。该项目的成功验证了产学研协同在复杂新产品开发中的效率提升作用，特别是在推动中国自主技术体系的构建过程中发挥了至关重要的作用。

然而，项目的成功并未使同元软控止步不前。公司在与合作伙伴的长期互动中发现，尽管 MWorks 已在部分工业应用场景中取得进展，但要实现 MATLAB 那样的广泛应用，仍需大幅提升其在不同工业场景下的适用性。因此，MWorks 从"可用"向"好用"进一步迈进。在这一过程中，同元软控通过与航天客户的合作，再次展示了产学研协同在复杂新产品开发中的独特价值。

在与航天相关院所合作开发供配电信息流仿真验证平台的过程中，同元软控意识到仿真软件的核心不仅是模型的精确性，更是将仿真结果直观可视化，以便于工程师在设计过程中发现问题并加以改进。通过这一合作，同元软控完善了 MWorks 的功能，使其不仅能够适用于复杂航天项目的仿真需求，还能够动态呈现供配电系统中的关键信息，提高了设计验证效率。这一合作过程表明产学研协同在软件开发中的作用，不仅让技术开发与实际需求深度结合，还通过不断迭代提升了产品的应用适应性。

MWorks 在航天领域的成功应用促使同元软控进一步将其技术推广至液体火箭发动机仿真、运载火箭仿真、嫦娥系列卫星及空间站全数字仿真等多个国家重大项目中。通过产学研合作，同元软控为这些复杂的新产品开发项目提供了强有力的仿真支持，并积累了丰富的工程经验。这种深度协同不仅加速了新产品的研发进程，还使得 MWorks 在复杂系统的数字化设计与仿真领域迅速成长，成为国内领先的软件解决方案。

此外，MWorks 的应用场景不仅限于航天领域，还被成功应用于核能、航空等领域，成为大飞机、大型运载火箭、核动力工程等项目的指定仿真平台。通过与学术界和工业界的广泛协同，同元软控不断完善其产品功能，扩大了其应用场景，推动了中国在多个高端装备制造领域的自主创新能力。[①]

同元软控的协同研发过程体现了产学研协同在复杂新产品开发中的重要作用和实践价值。通过与学术机构和科研院所的紧密合作，同元软控不仅加快了其核心产品 MWorks 的开发进度，还通过这种合作模式提升了产品的市场化与适应性。在产学研协同的框架下，学术机构的理论研究为同元软控提供了前沿技术支撑，科研院所则在技术转化和工程应用中扮演了桥梁角色。企业通过与这些学研机构的协同合作，结合市场需求对技术进行实时调整与优化，最终实现产品的快速迭代与推广应用。这种协同模式对于复杂新产品的开发具有重要启示意义，尤其是对于需要多学科交叉、技术复杂度高的新产品而言，产学研协同能够极大缩短产品研发周期并提高创新效率。

具体到 MWorks 的开发过程中，产学研协同所展现出的核心优势之一是能够在理论研究和实际应用之间实现无缝衔接。该平台的研发依赖于 Modelica

---

① 资料来源：中国管理案例共享中心，同元软控官方网站。

技术，这种基于多领域物理建模与仿真的技术在理论上要求极高，但同元软控通过与华中科技大学、同济大学、中国科学院等学研机构的合作，实现了从基础理论研究到实际工程应用的高效转化。这种协同关系不仅加快了技术从实验室走向市场的步伐，还确保了 MWorks 在实际应用中的适用性，成功填补了国内复杂机械系统动力学 CAE 平台的技术空白。

此外，同元软控在与航天、核能等领域的合作中，展现了产学研协同在跨领域复杂新产品开发中的巨大潜力。通过与航天相关院所合作开发供配电信息流仿真验证平台，同元软控不仅完善了 MWorks 的功能，还在航天应用中实现了从"可用"到"好用"的飞跃。这一过程中，学术机构提供的建模算法和基础研究成果，与企业在实际生产中的需求相结合，极大地提高了MWorks 的工程适应性与实践价值。在航天、液体火箭发动机仿真等领域的成功应用，进一步证明了产学研协同在复杂系统仿真中的独特优势。

然而，产学研协同在同元软控的项目推进过程中也暴露了一些问题，特别是在学术机构与产业界的文化差异方面。学术机构往往更加关注技术的精确性与学术高度，而企业则更关心产品的市场适应性与实用性。在与航天院所的初期合作中，双方对于软件开发的期望不尽相同，曾导致协同效率的短暂下降。这种差异揭示了产学研协同中各方合作的复杂性——不仅是技术层面的整合，还包括文化与理念上的深度契合。通过持续的沟通和调适，双方最终实现了对彼此需求的理解与融合，使 MWorks 成功应用于航天领域的多项重大工程中。由此可见，产学研协同不仅需要合作各方在技术上进行合作，还需在文化和战略层面达成共识，才能实现真正的协同效应。

同元软控的成功也为其他企业提供了重要的参考，在开发复杂新产品的过程中，产学研协同是应对技术挑战、缩短研发周期和提升产品市场化能力的有效路径。通过整合学术界的前沿理论、科研机构的技术转化能力以及企业的市场敏感度，产学研协同不仅能够推动技术创新，还能够确保创新成果快速转化为实际生产力。MWorks 作为中国自主开发的高端仿真平台，能够快速迭代并广泛应用于航天、核能、航空等多个高技术壁垒行业，充分证明了产学研协同在复杂新产品开发中的优势所在。

3.4　产学研协同需要重点解决的问题

传统的企业间或校企合作模式，通常聚焦于企业的具体项目需求，具有较强的结果导向。这一模式倾向于将合作重心局限于项目本身的执行与完成，忽视合作各方间沟通机制的深化、相互理解的增进以及长期合作关系的培育。而产学研协同模式强调产学研各方之间的深度融合与协同发展，不仅要求各参与方清晰界定并认同自身及合作伙伴的角色定位，还需要解决合作过程中普遍存在的沟通不畅、信息不对称等核心问题，以确保知识资源能够在协同网络中实现自由、高效的流动与共享。同时，为了维系合作的稳定性与长期性，各方需在战略愿景与目标设定上寻求共识，建立长效机制，抑制机会主义行为。

鉴于此，本节内容将深入剖析复杂新产品开发项目中产学研协同所面临的常见问题及其深层次原因，进而探索并提出具有针对性的解决策略与实践路径，旨在推动产学研协同机制的不断完善与优化，促进复杂新产品开发项目的成功实施。

3.4.1　产学研协同中的成员角色定位问题

在复杂新产品开发项目中，产学研三方的角色定位至关重要，既要适应项目的高度不确定性，又要有效整合资源和知识，灵活应对技术复杂性与市场需求的变化。由于复杂新产品开发涉及多领域学科交叉，产学研三方需在项目的不同阶段充分发挥各自的优势，并通过动态的协作机制确保创新成果顺利转化为实际应用。需要构建清晰合理的组织架构，明确产学研各方的职责与作用，保障各方能动性的充分发挥。

1. 企业在复杂新产品开发项目中的角色

在复杂新产品开发项目中，企业通常担任项目的牵头单位，核心职责是项目的总负责方和执行方。企业的主要任务是对使用方的需求进行深入分析，整合可用资源，确保将创新技术转化为具有商业价值的产品。企业通过资金投入、资源整合、市场对接等手段，保证技术创新与市场需求的无缝衔接，从而推动科研成果的顺利落地。

企业的角色在不同阶段有所不同。在项目初期，企业扮演"负责人"的角色，首先通过与使用方和学研机构的沟通，理解各方需求，结合自身的技术能力与实践经验，进行项目的总体协调，组建一支具备协同能力的项目团队。在项目执行阶段，企业的角色转变为"资源整合者"，通过资金、人才、供应链的调配，确保各项研发任务顺利推进。在此过程中，企业不仅需要协调学术机构的基础研究工作，动态调整研发方向，确保技术开发符合市场预期。

以特斯拉通过产学研协同模式实现 Model S 开发为例，作为牵头企业，在项目的早期阶段通过广泛的市场调研和技术路线评估，确定了电动汽车的发展方向。面对技术和市场的双重不确定性，创新主体相互协同，持续评估多个电池技术方案，最终选择锂离子电池的技术路线和产品开发策略。[①] 在不同细分领域的企业支持下，完善了电池管理系统和充电网络的相关布局，针对市场痛点进行精准开发，让产品具备更强的市场竞争力。该案例表明，企业不仅要深入了解客户需求，积极协调各方资源以推动科研成果转化，还需通过市场导向将技术转化为符合实际需求的产品。企业作为项目的执行者，需要在整个过程中确保技术突破能够有效与市场需求对接，实现商业化目标。

2. 高校在复杂新产品开发项目中的角色

在复杂新产品开发中，高校扮演着至关重要的角色，其责任聚焦于基础研究与理论创新的深度探索。高校的核心职能，在于通过跨学科的深度交叉研究，挖掘并提炼前沿技术，为项目的技术路径构建坚实的理论基础。尤其在面对复杂新产品开发的挑战时，高校的创新能力成为影响项目整体技术突破的关键因素，影响着产品创新的深度与广度。

---

① 资料来源："为什么这么火？特斯拉 Model S 技术揭秘"，搜狐网，2016 – 06 – 11.

高校的核心任务在于以基础研究为引擎,驱动前沿技术的持续进步。复杂新产品的开发,往往伴随着一系列技术难题与尚未攻克的科学问题,高校作为学术研究的主力,通过深入的基础理论研究,为企业与科研机构提供技术发展方向上的战略指引。这包括但不限于开展广泛的多学科合作,促进知识的深度交流与共享。在实践中,企业可能难以全面准确地识别复杂新产品开发所需的关键技术,而高校凭借其广泛的知识网络与交流平台,能够为企业精准定位技术需求,不仅在单一技术领域提供精准的技术支持,更通过跨学科的综合研究,推动技术的交叉融合与创新发展。

此外,高校还承担着技术风险评估的重要职责。通过实验室的精密研究与理论验证,高校对创新技术的可行性与潜在风险进行全面评估,并向企业与科研机构提供宝贵的反馈意见。这一反馈机制,如同项目前期的"预警系统",能够在技术开发初期及时发现并纠正可能存在的技术隐患,有效避免后期开发过程中的大规模调整与返工,从而显著提升项目开发的效率与质量。以"华龙一号"核能技术开发为例,高校通过早期的技术评估,提出了对反应堆材料选择的优化建议,帮助企业规避潜在的技术风险。

3. 科研机构在复杂新产品开发项目中的角色

科研机构作为技术转化的桥梁,致力于将高校的基础研究成果转化为实际生产力。通过一系列精密的实验室原型验证和深入的工程应用研究,科研机构不仅检验了技术创新的实际效用,更确保了这些创新能够精准对接企业的实际需求。以 Model S 动力电池的开发为例,科研机构通过详尽的电池性能测试与生产工艺优化,成功推动锂离子电池技术的规模化应用,实现从实验室原型到大规模量产的跨越,推动了技术从实验室、成果转化到技术产业化的实现过程。

进一步地,科研机构还承担着中试平台的角色,这是技术成果从实验室走向市场的关键过渡阶段。中试平台不仅为高校的基础研究成果提供了全面测试与验证的平台,还通过构建高标准的中试环境,确保技术成果在实际应用前的充分准备。在新能源汽车动力电池的研发中,科研机构的中试平台进行了电池性能、安全性、循环寿命等多维度的严格测试,同时模拟真实的驾驶场景与充电环境，对电池系统的综合性能进行全面评估。具有中试能力的科研机构，能够验证电池技术的先进性，通过与实际需求的对接，发现技术瓶颈与改进空间，为后续技术迭代与升级提供关键的数据支持。

综上所述，科研机构在复杂新产品开发项目中，不仅扮演着技术转化的桥梁角色，还承担着中试平台的重任，通过实验室原型验证、工程应用研究、中试环境测试以及市场反馈沟通等多维度的工作，确保技术成果从实验室到市场的顺利转化与深度应用，为产学研协同创新的成功实施提供强有力的支撑与保障。

4. 产学研协同中厘清各方角色

在复杂新产品开发的探索性实践中，产学研合作模式的成功运作依赖于各方主体角色的清晰界定与组织架构的有效构建。企业、高校与科研机构作为产学研协同创新的三大支柱，各自承担相应的职责与使命，共同推进技术的产业化发展。企业作为市场导向的引领者与资源整合的核心，不仅负责主导项目的整体进程，确保技术创新与市场需求的有效对接，还承担着资源整合与项目执行的重任，为项目的顺利推进提供坚实的物质基础与管理保障。高校等学术机构为产学研协同提供基础理论与实验室技术。科研机构作为理论与实践之间的桥梁，承担着技术转化与工程化设计的双重任务。

产学研三方在协同过程中的角色并非固定不变，而是随着项目的推进而动态调整、紧密交织。明确各方在产学研协同中的角色与责任，有助于构建清晰的责任体系，确保项目在面临挑战时能够迅速定位问题所在，找到解决问题的关键路径，从而保障复杂新产品开发项目产学研协同的顺畅进行。

此外，学术机构与研究机构在产学研协同中也各有侧重。学术机构在理论与学术体系的构建上更具优势，而研究机构则擅长将前沿理论与实际生产相结合，将理论成果转化为具有实用价值的现实生产力。产业方作为项目的牵头与执行单位，不仅提供从"理论可行"到"实际应用"的实践经验，还负责总结复杂新产品开发的宝贵经验，提炼可复制、可推广的产品开发模式，为技术迭代与升级提供后续动力。

整体来看，通过明确各方的角色与责任，构建高效协同的机制，产学研合作能够充分发挥各方的优势，共同推动复杂新产品开发的成功实施，为技术演进和产业转型升级提供持续动力。

3.4.2　产学研协同中的信息不对称问题

在复杂新产品开发的产学研合作过程中，信息不对称问题是一个显著且复杂的现象，它直接影响了合作伙伴间的技术沟通与知识协同效率，进而对新产品开发的项目绩效产生不利影响。

首先，在产学研协同中，主要存在以下信息不对称问题。高校与企业之间：高校拥有丰富的学术资源和理论研究能力，可能缺乏对市场需求的深入了解。而企业则更贴近市场，了解消费者的真实需求，双方在技术转移和市场应用方面存在信息不对称。高校与科研机构之间：尽管高校和科研机构都致力于科学研究和技术创新，但它们的研究方向、研究方法和研究成果可能有所不同，导致双方在研究成果的共享、互补和整合方面存在信息不对称。究其原因：一是制度体制不完善。我国产学研合作体系尚未形成完善的信息共享机制，各方之间缺乏透明的交流平台，政策法规对信息共享的引导和监管不足。二是文化差异。科研机构和企业之间的文化背景、思维方式存在差异，导致双方对彼此的沟通需求和方式缺乏共识。三是利益驱动。产学研各方在信息披露上有时受到自身利益的影响，选择性地隐藏或公开信息，加剧信息不对称。

其次，信息不对称问题对技术成果转化产生了一些不利影响。例如技术需求不明确：由于信息不对称，合作伙伴难以准确了解对方的技术需求，导致研发方向偏离市场需求，影响技术成果的市场接受度和商业化进程；研发进展不透明：信息不对称会导致合作伙伴对研发进展的掌握不够全面，无法及时评估项目进展和成果质量，从而影响项目决策和资源配置；成果预期不一致：由于信息不对称，各方对技术成果的预期可能存在差异，导致在成果验收和利益分配方面产生分歧，影响合作的稳定性和持续性。

为有效解决产学研协同中的信息不对称问题，可以采取以下措施：建立信息服务平台：通过搭建信息共享平台、定期召开项目进展汇报会等方式，促进合作伙伴之间的信息交流，提高信息透明度。加强沟通与协作：建立有效的沟通渠道和协作机制，鼓励各方积极参与项目讨论和决策过程，共同制定研发计划和成果预期，确保各方对项目目标有清晰的认识。借助数字化手段：联合各方创新主体建立大数据分析和智能化信息平台，实时共享技术进展和市场反馈，缓解信息不对称带来的问题。加强人才培养与引进：通过培养和引进具有跨学科背景和丰富实践经验的复合型人才，提高合作伙伴在技术研发和市场应用方面的综合能力，有助于更好地理解和应对信息不对称问题。

3.4.3 产学研协同中的目的不一致问题

在复杂新产品开发项目的产学研协同中，目的不一致是合作中的一大挑战，主要体现在利益分配和目标差异上。各方在产学研合作中的核心目标存在差异：高校主要追求学术突破和科研成果，科研院所侧重于技术转化与应用，而企业则希望通过技术创新实现商业利益。这种目标不一致可能导致各方在合作中的动机、期望和行为有所偏差，从而影响合作的深入发展和整体效率。

首先，高校在产学研协同中主要关注基础研究的进展和前沿科学领域的突破。复杂新产品开发中的一些技术往往处于学术研究的前沿，高校通过产学研协同，寻求在这些领域取得创新性成果。然而，学术前沿的突破并不总是能够与实际应用需求匹配。比如在商用大飞机的选材上，碳纤维复合材料虽然技术先进，但企业缺乏大规模生产的经验和条件，因此无法实现全面应用。为了在前沿技术和可行性之间找到平衡，产学研协同需要对高校的目标进行适当引导，通过求同存异的方式，使得高校的科研突破既能够满足学术需求，又能推动技术的实际应用。

其次，科研院所在产学研协同中的角色是技术转化的执行者，目标通常是通过科研成果的应用化来获取经济回报。然而，科研院所在转化过程中面临着技术验证的风险，可能承担时间和资金的成本，最终却无法获得预期的成果。这种风险与回报的不对等，导致科研院所在协同中的参与积极性降低。为此，企业和高校需要在项目的技术验证阶段给予科研院所更多的支持，包括通过模拟仿真等手段减少验证过程中的技术风险，并在经济上给予科研院所一定的补偿，以提升其参与高风险项目的意愿。

最后，企业在产学研协同中的核心目的是获取经济利益，特别是在复杂新产品开发中，企业的投入通常与预期的市场回报直接相关。因此，企业倾向于要求学研机构的研究方向与其商业目标高度契合，甚至有时会干预技术开发的细节。这种目的的差异可能导致科研方受到不必要的负担，尤其是企业过度干预技术方案的修改，可能造成科研成果的创新性受限。此外，一些国企在产学研协同中还负有社会责任的目标，可能要求通过项目实现更大的社会价值。这种额外的目标可能对项目的成本和进度产生影响，增加了合作的复杂性。

解决产学研协同中的目标不一致问题，首先需要通过各方的沟通和协调，形成共同的合作愿景。在利益分配上，需要建立更加公平的机制，确保各方能够根据各自的贡献获得合理的回报。此外，政府和相关机构也应当加强对产学研合作的监管和引导，避免合作中出现机会主义行为，确保项目顺利推进。同时，鼓励各方通过价值共创等方式，将不同的目标转化为共同的合作动力，进而推动合作的顺利进行。

3.4.4　产学研协同中的持续参与意愿问题

在复杂新产品开发的产学研协同中，持续参与意愿问题是合作成败的关键因素之一。尽管企业、科研机构和高校在协同创新中有各自的角色和职责，但由于利益诉求差异、沟通机制不完善、激励机制不足等问题，合作各方往往难以保持长久的积极性，影响了创新成果的有效转化和项目的整体推进。要解决这些问题，需要从利益分配、沟通机制、激励措施等多个维度入手，确保各方的持续参与。

首先，利益分配的差异是导致产学研协同中持续参与意愿不足的主要原因。企业往往以商业化收益为导向，期待通过技术创新提升市场竞争力并获取经济回报；科研机构希望借助产学研合作获取技术转化成果，并通过项目积累科研经费；高校更关注学术成果的发表和科研突破。这种不同的利益诉求在项目推进过程中容易引发矛盾，尤其是在涉及高风险、高投入的复杂新产品开发项目中，利益分配的失衡会直接削弱各方的合作热情。

解决这一问题的关键在于建立合理的利益分配机制。在项目初期，产学研各方应就项目成果的分配进行明确约定，确保各方根据其贡献获得相应的回报。可以通过合同条款约定科研成果的知识产权归属、技术转化收益的分成比例等方式，避免因利益不明确而导致合作中断。例如，在涉及高科技产品开发时，企业可以为科研机构提供长期收益分成的保障，或者通过联合持有知识产权的方式，确保高校和科研机构在技术转化中能够持续获得回报。这样的利益分配机制可以有效增强各方的持续参与意愿，避免因利益诉求的差异致使合作中途夭折。

其次，沟通机制的不完善是产学研协同中常见的阻碍。复杂新产品开发通常涉及多学科、多领域的交叉合作，而企业、科研机构和高校之间由于工作模式、组织文化和思维方式的差异，沟通不畅往往会导致信息传递的断层或滞后，进而影响合作的效率和效果。企业在技术需求表达和市场需求传递上可能难以与学研机构有效对接，而学研机构在技术研究与开发过程中则可能无法全面理解企业的实际商业应用场景。

因此，建立有效的沟通机制对于提高各方的协同效率至关重要。企业作为项目的主导方，应主动推动沟通渠道的建立。通过定期召开项目进展会议、使用统一的项目管理平台、搭建联合开发管理工具等方式，促进企业、科研机构和高校之间的信息共享和实时沟通。尤其是在复杂新产品开发的不同阶段，如概念设计、原型开发、测试优化等环节，各方应及时沟通各自的进展和需求，确保信息对称，减少因沟通不畅导致的项目延误。这种持续、有效的沟通机制不仅能够提升合作效率，还能增强各方的信任感，进一步提高持续参与的意愿。

最后，激励机制的不足也是导致产学研协同中持续参与意愿不强的重要原因。复杂新产品开发项目时间周期长、风险高，科研机构和高校在项目初期的投入往往无法在短期内获得明显的回报。如果缺乏有效的激励机制，科研人员和学术机构可能会因短期内看不到成效而逐渐失去参与动力，进而影响项目的整体进展。

为此，政府和企业应共同设立合理的激励机制，以确保各方的长期积极性。政府可以通过提供专项科研资金、税收减免、成果转化奖励等政策，支持科研机构和高校的长期参与。例如，政府可以设立专门的基金，支持长期的产学研合作项目，减少科研机构因经费紧张而中断参与的可能性。此外，企业也应在项目中设立阶段性成果激励机制，根据科研机构和高校的贡献进行适当的经济奖励和技术支持。这样，不仅可以帮助科研机构克服资金瓶颈，还能激发其创新积极性，增强长期合作的动力。

同时，项目的灵活性与动态调整机制也在维持各方参与意愿中起着至关重要的作用。复杂新产品开发项目具有高度的不确定性，技术路线可能随时发生变化，市场需求也可能出现波动。如果缺乏灵活的管理和调整机制，各方在面对技术和市场变动时可能无法及时作出响应，进而失去合作的信心。因此，在产学研协同中，应建立灵活的管理框架，确保各方能够根据项目进展和市场变化灵活调整开发计划。

具体而言，企业应与科研机构和高校共同制定风险预警和调整机制，对技术风险、市场变化进行定期评估，并通过协商对项目路线和目标进行调整。比如，当市场需求发生显著变化时，企业应及时与科研机构沟通，调整技术开发方向，避免项目因不符合市场需求而停滞。这种灵活的动态调整机制能够确保项目在不确定性环境中保持持续推进，并提高各方的参与信心。

绩效考核与反馈机制也是提升持续参与意愿的有效手段。在复杂新产品开发项目中，各方的贡献往往难以直接量化，缺乏明确的绩效评价标准会影响参与方的积极性。为了确保各方的持续参与，企业应与科研机构和高校共同设立科学的绩效考核体系，根据项目各阶段的目标达成情况，对参与方的贡献进行定期评估与反馈。通过这种动态反馈机制，各方可以及时了解自身的工作进展及改进空间，保持对项目的持续关注与投入。

总之，产学研协同中的持续参与意愿问题是一个复杂而多层次的挑战，需要从利益分配、沟通机制、激励政策、管理灵活性和绩效考核等多个维度进行系统设计与优化。通过合理的利益分配确保各方的回报，通过有效的沟通机制确保信息的透明与共享，通过灵活的激励机制增强长期合作的动力，通过动态调整机制应对项目的变动和不确定性，企业、科研机构和高校才能在复杂新产品开发的协同创新中保持持续参与的热情与动力，从而确保项目的顺利推进和创新成果的最终实现。

3.5　产学研联盟动态配置的实证研究

3.5.1　科学问题的提出

产学研联盟作为联结创新资源与产业资源的"桥梁"，通过资源共享、优势互补和协同创新机制，为新产品开发提供了强大的技术支持和知识保障。这种合作模式有助于企业突破技术瓶颈、跨越技术障碍，加速技术的成果转化和商业化应用。

尽管产学研联盟被视为推动复杂新产品开发的关键合作模式，但其构建速度及规模需要合理控制，并非越快越多为最优。迅速扩张虽有助于企业迅速吸纳外部知识与资源，并快速适应外部环境变迁，但可能引发管理费用激增、资源分配紧张及潜在的高组织风险等弊端。反之，扩张过缓也会带来不确定性，一方面，为企业提供了充裕时间细致规划与管理每个联盟，确保资源有效利用；另一方面，却可能使企业难以及时捕捉市场与技术的新趋势，错失发展良机，甚至落后于竞争对手。尤其，复杂新产品开发项目面临较高风险，技术研发成功率相对较低，且技术路径与市场需求的不确定性较高，对产学研联盟的应变能力提出了更高要求，也给创新主体间的持续合作带来了严峻挑战。

在理论研究中，这种对扩张速度的控制和规划可以用"战略节奏"来解释，即企业为了应对外部环境的不确定性，同时避免频繁切换不同活动带来的高组织风险，而有意制定的联盟扩张模式，其核心体现在企业设立联盟的节奏把握上，旨在平衡对外部环境变化的敏捷响应与组织风险的规避。在复杂新产品开发项目的情境下，参与创新的各主体对战略联盟的扩张主要表现在战略行动的频率和可变性上，例如，联盟扩张的频率、联盟数量在不同年份之间的变化率、联盟规模的大小等多个方面，这些都对产品开发项目的创新绩效产生不同程度的影响。

但是，什么因素会影响到产学研联盟的扩张速度？尽管产学研联盟的重要性显而易见，但何时加快或减慢产学研联盟扩张的节奏，以及何种因素会影响决策者为产学研联盟投资组合扩张制定不同战略策略的决策过程，仍然没有清晰的解答。

3.5.2　产学研联盟的动态配置对新产品开发项目创新绩效的影响

1. 产学研联盟动态配置的原因探析

企业行为理论能够解释决策层在产学研联盟规模调整方面的决策。其建立在有限理性的假设之上，表明决策者在制定战略决策时，主要依赖启发式方法。启发式方法在战略决策过程中扮演着关键角色，表明组织的行动往往是由特定的触发因素，如绩效反馈所驱动的，而非对所有潜在因素进行全面且细致的评估。

绩效反馈涉及组织将实际成果与预设的期望水平进行对比的过程。从决策者的角度来看，这些期望水平被设定为衡量最低可接受成果的基准，即"决策者认为令人满意的最小结果"。当实际成果未能达到这些期望时，组织会启动问题搜索机制，积极寻找问题根源，并采取相应措施以改善绩效。为了弥补这些负面差异，搜索过程通常始于本地解决方案的探寻，随后逐渐扩展到更广泛的非本地搜索和探索，包括在组织内部的不同部门乃至公司外部寻找解决方案。这一方法的理论基础在于：当前业绩与期望之间的差距越大，微小的调整就越难以实现理想的结果。

在企业行为理论框架下，当组织绩效低于目标水平时，会表现出风险寻求行为。当公司未能达到其期望时，更倾向于追求新的机会和计划，以期将性能提升至所需水平。然而，当实际表现超过期望水平时，现有文献中的观点存在分歧。一方面，企业为避免风险，可能会减少战略行为，以保持其良好的表现趋势；另一方面，企业也可能会利用闲置资源来从事高风险战略行为，以寻求更大的发展。对此，我们通过实证研究对上述不一致的结论进行检验。

2. 低期望创新绩效反馈对产学研联盟动态配置的影响

技术密集型企业在面临低期望创新绩效反馈时，会产生变革的动力，促使其寻求解决方案以缩小创新绩效差距，进而倾向于形成更多的产学研联盟。创新绩效与期望水平之间的差距越大，企业改变现状的迫切性就越强。

通过高频次的产学研联盟扩张，企业能够从其他创新主体获取更多的知识和资源，从而开展更多的新产品开发项目，提升创新能力。此外，高频次地建立产学研联盟也被广泛视为企业获取实践经验、保持对有用信息警觉性的重要途径，有助于企业随时获取来自学术机构的前沿技术信息。尽管一些学者指出了高频节奏可能存在的潜在弊端，比如缺乏时间吸收从积累经验中获得的知识，但我们认为，在面临低期望创新绩效反馈时，高科技公司将更愿意承担风险以应对这些挑战，因为产学研联盟的迅速扩张能够帮助企业更迅速地获取新资源、利用外部知识和信息，并从联盟伙伴那里学习更先进的技术。因此，我们提出以下假设：

假设 3-1a：一个创新型企业，它的绩效反馈越低于创新期望时，企业越有可能增加产学研联盟扩张的频率。

联盟投资组合扩展的可变性不仅涉及频率的变化，还涵盖了重复活动节奏之间的微妙差异，这些差异体现了企业在抓住时间窗口、利用有利的政策和政府资金支持等方面的灵活性。当企业面临创新绩效不足时，它们更倾向于采用更为多变和灵活的策略来适应外部环境。例如，当政府推出特定的产学研项目、提供激励基金或发布关键指导时，企业需要迅速与拥有特定技术的大学和研究机构建立联盟。这种产学研联盟扩张的不规则策略赋予了企业更高的灵活性。

此外，在创新绩效较低的情况下，企业的决策者拥有更大的裁量权，可以作出更具适应性的决策，提升创新绩效。因此，当创新绩效反馈低于期望时，企业更有可能采取冒险精神，采用这种可变的节奏来扩大产学研联盟，以便及时从大学和研究机构获取先进的技术信息和独特的资源，从而摆脱路径依赖，提升创新绩效。因此，我们提出以下假设：

假设 3 - 1b：一个创新型企业，它的绩效反馈越高于创新期望时，企业越有可能增加产学研联盟扩张的频率。

3. 高期望创新绩效反馈对产学研联盟动态配置的影响

当一家公司的创新业绩超出其预期目标时，公司往往倾向于维持当前的良好状态，缺乏冒险的动力，也缺乏迅速扩大产学研联盟投资组合的迫切需求。尽管研究机构能够提供宝贵的技术洞见，但有效的产学研合作需要双方付出诸多努力，以实现需求的相互理解和协调。过往研究表明，联盟组合扩张的加速可能会给现有管理团队带来压力，影响他们识别协同效应和与不同合作伙伴建立联系的能力。因此，快速的创新联盟扩张要求管理者投入大量精力，也会增加公司的管理成本。有鉴于此，当公司面临高于期望的创新绩效反馈时，它们更倾向于减少 IUR 联盟的扩张频率，以此作为降低管理成本的一种策略。因此，我们提出以下假设：

假设 3 - 2a：一家高科技公司的表现越高于其创新期望水平，该公司就越有可能减少扩大产学研联盟的扩张频率。

当企业的创新业绩达到或超过既定期望时，它们更倾向于采取稳定的战略路径，而非追求具有高风险且快速变化的产学研联盟扩张策略。由于过往联盟形成的经验已经验证了绩效反馈的有效性，公司更可能依据这些成功经验来稳步前行。维持一定节奏的产学研联盟扩张，不仅能满足高科技公司持续获取研究机构先进知识和技术的需求，还有助于有效管理风险。随着企业性能超越期望水平，它们往往基于过往经验，习惯于以特定频率参与新联盟的建立。可变性的潜在风险和弊端，如过快反应可能导致的时间压缩不经济以及吸收能力下降等，都会让创新绩效已达标或超标的企业缺乏通过改变产学研联盟数量寻求发展的动力。因此，我们提出以下假设：

假设 3 - 2b：一家高科技公司的表现越高于其创新期望水平，该公司就越有可能减少扩大产学研联盟的可变性。

4. 高层管理团队规模的调节作用

高层管理团队作为承担公司主要战略决策责任的核心团队，其规模对于提升决策过程的理性程度具有重要影响。更大的产学研规模有助于使决策过程更加全面和深入。鉴于每位高层管理者都拥有独特的知识和见解，产学研规模的扩大能够增加战略决策过程中的信息可用性和信息处理水平。一个规模更大的产学研能够更有效地获取知识、专业技能和关键资源，从而助力公司在制定产学研联盟投资组合扩张节奏时作出更加理性的决策。此外，纳入多个具有不同背景的经理参与决策，可以提供多元化的视角，帮助公司更全面地理解内部和外部环境，弥补首席执行官可能存在的视野局限。这种方法能够减少对有限理性个体行为启发式的依赖，进而调节创新绩效反馈对高科技企业联盟形成节奏决策的影响，无论创新绩效是高于还是低于预期。

基于以上分析，我们提出以下假设：

假设 3 - 3a：高层管理团队的规模对创新绩效低于预期水平与扩大产学研联盟频率之间的正相关关系具有负向调节作用。即高层管理团队规模越大，创新绩效低于预期时增加联盟扩张频率的倾向越弱。

假设 3 - 3b：高层管理团队的规模对创新绩效低于预期水平与扩大产学研联盟可变性之间的正相关关系具有负向调节作用。即高层管理团队规模越大，创新绩效低于预期时增加联盟扩张可变性的倾向越弱。

假设 3 - 4a：高层管理团队的规模对创新绩效高于预期水平与扩大产学研联盟频率之间的负相关关系具有正向调节作用。即高层管理团队规模越大，创新绩效高于预期时减少联盟扩张频率的倾向越强。

假设 3 - 4b：高层管理团队的规模对创新绩效高于预期水平与扩大产学研

联盟可变性之间的负相关关系具有正向调节作用。即高层管理团队规模越大，创新绩效高于预期时减少联盟扩张可变性的倾向越强。

3.5.3　研究设计

（1）研究问题：创新绩效反馈如何影响产学研联盟的扩张节奏，以及科技型企业如何通过有效的产学研联盟扩张提高新产品开发项目的创新绩效？

（2）数据来源：本研究收集了 211 家医药行业的科技型上市公司作为研究样本，包括 97 家主板上市公司、59 家中小型企业上市公司和 55 家成长型上市公司，在剔除缺失值的数据后，从 113 家公司获取了 770 个企业年观察数据作为最终的数据样本。采用一个为期三年的窗口期构建产学研联盟。首先，我们利用 Wind 数据库全面检索并收集每家公司的产学研联盟相关信息，确保所获取的公司基本信息详尽且完整。其次，我们确定了产学研联盟，编码"大学""学院""研究所""合作"等关键词，并通过百度搜索引擎进行数据搜索。最后，我们通过浏览每个公司官方网站上的视图来完成这个数据库。

（3）数据选取的原因：一方面，我国制造行业最近几年的创新研发水平呈现明显的上升趋势，近年来，我国制造业企业的研发投入持续增加，专利申请数量与授权量均实现了增长，进一步印证了制造行业创新研发水平的上升趋势。与我们关注的新产品开发项目研究情境相一致。另一方面，制药行业的企业对创新需求较高，在高校、科研院所等不同创新主体之间具有较频繁的联系、呈现出较高的竞争动态性，为我们研究产学研动态联盟对产品开发项目的创新绩效有何影响的问题提供了具有启发性的研究样本。

（4）数据测量：

创新绩效反馈。创新绩效反馈表明了一个公司的创新产出与其目标期望水平之间的差异。这种反馈通过公司的专利申请活动进行量化。根据先前的研究，专利可作为创新能力的外部验证指标。期望基准是基于历史表现或比较社会绩效标准来设定的。为了精确地衡量目标绩效，我们使用行业同行的绩效（社会期望）和公司先前的创新产出（历史期望）进行计算。

社会期望下的创新绩效反馈评估方法是将所有公司的专利申请与公司指定年份的实际专利申请进行比较。

历史期望下的创新绩效反馈是考虑了企业从过去的实践中获得经验，以此建立合理的组织期望水平。因此，基于历史比较的绩效缺陷被视为实际绩效和期望绩效之间之差的绝对值来衡量。利用现有的研究作为参考，我们计算了基于历史比较的绩效期望，作为历史创新绩效的指数加权移动平均数。

$$A_t = \alpha \times A_{t-1} + (1 - \alpha) \times P_{t-1}$$

其中 A_t 为公司在 t 时刻的期望水平，P_{t-1} 为公司在 $t-1$ 时刻的实际业绩，A_0 是抽样期间第一年的公司业绩。期望是基于上一个时期的表现，回归系数 α 表明之前的实际表现和之前的愿望水平的相对重要性。α 越大，说明实际表现的反馈在期望水平中的作用越大。参考鲍默等（Baumet et al.，2005）研究，我们将 α 确定为 0.75。

高层管理者团队规模。高层管理者团队是由企业中主要承担战略决策职责的高层管理者组成的团队，决定企业发展和影响企业绩效的核心群体。高层管理团队的战略决策会影响到企业是否在某个时间节点或某个关键事件上要组建某一新产品的产学研联盟，或者对现有产品的产学研联盟进行扩张或收缩等。高层管理团队的规模大小用来表示成员数量的多少，通常情况下，成员的数量与高层管理团队作出战略决策的客观性可能存在正相关关系，但具体如何影响决策的合理性与科学性，如何促进产学研联盟对产品开发成功率的影响还需要通过实证数据进行检验。

战略节奏。我们通过产学研联盟扩展的频率和变异性来测量产学研联盟的动态变化节奏。频率是由一个公司在焦点期间和过去两年中形成的联盟的平均数量来衡量的。平均值越高，表明联盟扩张速度越快，反映出建立战略伙伴关系的积极态度。考虑到产学研联盟扩张的可变性，我们参考现有研究，利用在焦点年和前两年形成的联盟数量的标准偏差。较高的标准差意味着联盟活动的变异性越大，表示一种不规则的扩张模式。相反，较低的标准差表明产学研联盟的扩张速度更加一致和可预测。

控制变量。近年来，在一些复杂产品的研发上，尤其是关系社会利益、人民利益的制药领域新产品开发上，政府的政策支持力度逐渐增加，对创新绩效会产生一定影响，所以我们将政府层面的相关指标纳入控制变量。此外，参考现有产学研联盟类的学术研究，引入了一些企业层面控制变量。具体包括：国有产权份额、资产回报率、企业年限、企业规模、企业无形资产、研发人员比例、研发强度、董事会规模和独立董事规模。

3.5.4   研究发现与启示

在深入探索复杂新产品开发项目的管理策略时，我们特别关注了高科技公司如何依据创新绩效反馈来调整其产学研联盟的扩张节奏。同时，鉴于高层管理团队的多样性和规模对企业信息获取及决策质量的重要影响，我们也详细探讨了高层管理团队规模在这一动态过程中的核心作用。

当企业处于创新绩效低于期望的情况时，通常表明复杂新产品开发项目正面临技术瓶颈或创新困境。为了迅速克服这些难题，企业倾向于产学研联盟的构建步伐，通过引入外部知识和资源来增强项目的多样性和灵活性。这一策略能助力企业迅速获取前沿的科研成果和技术解决方案，从而加速复杂新产品开发项目的进程。

然而，当创新绩效超出预期时，企业则需更为审慎地考虑 IUR 联盟投资组合的扩张问题。此时，企业可能会选择放缓新联盟的形成速度，并优化现有的联盟关系，以巩固创新成果并提升产品开发的成功率。这一策略能帮助企业避免过度扩张和资源浪费，确保在寻求更多合作伙伴之前能充分利用现有的合作关系。在此过程中，高层管理团队的规模和多样性发挥重要作用。高层管理团队规模较大意味着企业拥有更多具备不同背景和专业知识的高层管理者，有助于企业获取更多元化的信息和资源，进而作出更为理性的决策。同时，高层管理团队的多样性也有助于减少由 CEO 有限理性所带来的管理偏见，提升决策的质量和准确性。

对于复杂新产品开发项目的管理者而言，这些研究结果为其提供了宝贵的启示。在面临新产品开发挑战时，战略性地进行产学研联盟是快速获取外部知识和资源、突破技术瓶颈的有效途径。同时，管理者还需平衡新联盟带来的潜在收益与相关风险，确保这些合作不会危及公司的整体稳定性和项目的可持续性。此外，管理者还应该充分利用高层管理团队的多样性和规模优势，通过增加具有异构知识的高层管理者数量来拓宽企业的信息渠道和决策视野，从而帮助企业作出更加明智的决策，提高复杂新产品开发项目的成功率。

表 3 - 2　　　　　　　　绩效反馈与产学研联盟扩张频率之间的关系

产学研联盟扩张频率	Model 1	Model 2	Model 3	Model 4	Model 5	Model 6
低于期望水平		0.070 *** (0.009)		0.067 *** (0.009)	0.063 *** (0.010)	0.064 *** (0.010)
高于期望水平			-0.003 *** (0.001)	-0.003 *** (0.001)	-0.005 *** (0.002)	-0.005 *** (0.002)
高管团队规模				0.001 (0.012)	-0.003 (0.013)	-0.004 (0.013)
低于期望水平 × 高管团队规模				-0.007 ** (0.003)		-0.006 ** (0.003)
高于期望水平 × 高管团队规模					0.000 * (0.000)	0.000 (0.000)
国有产权份额	0.151 (0.208)	0.060 (0.201)	0.103 (0.206)	0.011 (0.200)	0.030 (0.200)	0.015 (0.200)
投资回报率	0.452 (0.385)	0.531 (0.372)	0.427 (0.381)	0.542 (0.369)	0.546 (0.370)	0.574 (0.369)
企业年限	-0.002 (0.006)	-0.007 (0.006)	-0.005 (0.006)	-0.010 (0.006)	-0.009 (0.006)	-0.009 (0.006)
企业规模	0.055 (0.042)	0.060 (0.040)	0.087 ** (0.042)	0.084 ** (0.041)	0.090 ** (0.041)	0.090 ** (0.041)
董事会规模	0.008 (0.024)	0.019 (0.023)	0.012 (0.024)	0.023 (0.024)	0.021 (0.024)	0.023 (0.023)

续表

产学研联盟扩张频率	Model 1	Model 2	Model 3	Model 4	Model 5	Model 6
独立董事规模	0.010 (0.060)	− 0.003 (0.058)	− 0.007 (0.059)	− 0.015 (0.057)	− 0.013 (0.057)	− 0.014 (0.057)
无形资产	0.034 (0.029)	0.058 ** (0.028)	0.043 (0.029)	0.068 ** (0.028)	0.066 ** (0.028)	0.070 ** (0.028)
研发人员比例	− 0.018 * (0.010)	− 0.015 (0.010)	− 0.019 * (0.010)	− 0.016 * (0.010)	− 0.016 * (0.010)	− 0.017 * (0.010)
研发强度	− 0.001 (0.011)	0.012 (0.011)	0.006 (0.011)	0.018 (0.011)	0.019 (0.011)	0.020 * (0.011)
年度虚拟变量	Yes	Yes	Yes	Yes	Yes	Yes
常数	− 1.486 ** (0.642)	− 1.947 *** (0.623)	− 2.277 *** (0.670)	− 2.617 *** (0.683)	− 2.708 *** (0.693)	− 2.794 *** (0.692)
观测值	770	770	770	770	770	770
企业数	113	113	113	113	113	113

注：Standard errors in parentheses； *** $p < 0.01$， ** $p < 0.05$， * $p < 0.1$。

第 4 章

竞争者协同的复杂新产品
开发项目管理

在复杂新产品开发项目中，竞争者协同是另一种常见的合作创新模式，旨在通过存在竞争关系的企业在新产品开发项目中发展深度合作，打破传统企业界限，实现异质资源的优化配置与同质知识的深度融合，共同应对市场与技术环境的快速变迁。在知识密集型行业中，复杂新产品的研发项目更加突出其跨学科性与多主体参与性。同行业竞争对手间形成的战略联盟，成为应对技术挑战、缩短研发周期的有效途径。这种合作模式不仅促进了高效的知识共享与学习交流，加速了技术创新与产品开发进程，也为实现多方利益共赢提供可能。然而，由于竞争对手间固有的利益冲突和潜在的竞争关系，合作过程中不可避免地伴随着机会主义风险，例如"搭便车"行为和核心知识泄露等。这些因素可能对项目合作关系的稳定性和创新绩效产生不利影响。

鉴于此，如何在竞争者协同的框架下有效管理复杂新产品开发项目，合理平衡合作与竞争的双刃剑效应，最大化企业的长期利益，成为当前企业实践与学术研究中亟待解决的关键议题。本章深度剖析了复杂新产品开发项目中竞争者协同策略的必要性、实践案例及其面临的挑战，强调了竞争者协同作为应对技术复杂性与市场动态性的关键策略，在获得各自价值增量、实现价值共创等方面的积极作用。本章结构见图 4 – 1。

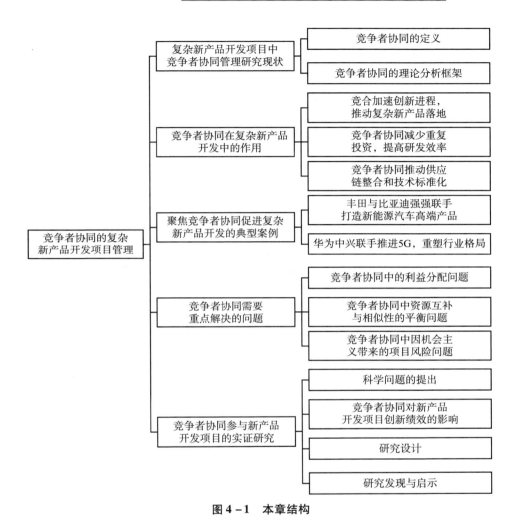

图 4 - 1 本章结构

4.1 复杂新产品开发项目中供应商协同管理研究现状

4.1.1 竞争者协同的定义

竞争者协同是指两个或多个存在竞争关系的企业，为了共享资源、共同创新，在新产品开发项目中进行的合作。这种模式打破了传统的企业边界，意味着企业不再局限于单独运作或仅与供应商、客户等传统合作伙伴合作，而是与竞争对手展开协作。企业通过这种合作，不再单纯依赖自身的资源和技术，而是共享关键资源和知识，共同应对市场变化和技术升级带来的挑战。竞争者协同的核心在于竞争与合作并存，通过整合彼此的异质性资源和知识，企业可以增强创新能力，加快研发进程。然而，这种合作也伴随着风险，比如信息泄露和竞争优势的损失。因此，企业在协同创新中需要平衡合作中的资源共享和知识保护，避免损害自身的市场地位。研究表明，适度的竞争者协同能够最大化创新成果，既能加速创新，又能保持竞争优势。

在传统企业关系研究中，企业间的合作关系可以划分为四种类型，如图 4 - 2 所示。这四种关系包括竞争关系、竞合关系、合作关系和弱关联关系，分别代表企业在合作与竞争强度上的不同组合。图中显示，竞争者协同属于合作强度高、竞争强度也高的"竞合关系"，这种关系表明企业在高度竞争的同时，也具备高度的资源互补性。因此，竞争者协同的最直接的优势在于，能够充分利用市场重叠度与资源互补性，帮助企业在复杂的新产品开发中打破技术和市场壁垒。

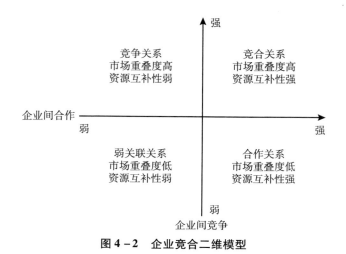

图 4 - 2　企业竞合二维模型

竞争者协同的背景源于企业在复杂且动态的商业环境中，越来越依赖合作以获得竞争优势。许多企业采用竞合策略，通过与竞争对手合作，共同开发新产品、开展创新项目。这种合作建立在共同利益之上，而竞争则基于利益冲突，二者并存形成了竞合关系。随着市场复杂性增加，企业之间的合作不仅限于简单的双边关系，还逐步扩展到多方参与的联盟网络中，尤其是在复杂新产品开发项目中。

4.1.2　竞争者协同的理论分析框架

在当今高度竞争和快速变化的商业环境中，企业在复杂新产品开发过程中越来越依赖于竞争者协同（竞合）策略。这种策略涉及竞争对手之间的合作，以共同开发新产品和技术，从而应对市场的挑战。通过协同合作，企业能够在竞争中实现共赢，共同开发新产品、共享资源和技术，有效应对市场变化。这种合作关系不仅能提升企业的创新能力，还能提高市场竞争力，为复杂新产品的成功奠定基础。

为了解释竞争者协同的现象，现有研究从多个理论视角展开分析，包括博弈理论、交易成本理论、社会资本理论、资源基础观、资源依赖理论、战略选择、组织学习、知识管理和关系视角等。这些理论为我们研究和理解竞合机制提供了丰富的理论支持。竞争者协同在复杂新产品开发中发挥重要作用，通过多种机制的相互作用，企业能够在合作中实现创新成果的最大化。然而，协同过程并非没有挑战，企业在建立和维持合作关系时，需谨慎应对涉及成本分配、资源共享、知识保护、信任构建和权力平衡等方面的难题。通过采取有效的管理策略，企业可以在复杂的市场环境中实现合作共赢，促进行业的整体发展。本章依托理论基础从以下四个视角分析竞争者协同中可能面临的关键问题及解决策略，总结研究现状（见表 4-1）。

表 4 – 1　　　　　　　**复杂新产品开发中竞争者协同的五种视角**

视角	关键问题	解决策略
成本视角	监控成本和协调成本的增加	建立有效的管理机制，确保成本透明与合理分配
资源视角	资源互补与相似性的平衡	关注资源的多样性与相似性
知识管理视角	知识共享与保护之间的冲突	制定知识保护协议，确保信息安全
社会资本视角	信任建立与机会主义行为的平衡	引入第三方监控，保障合作的公平性

从成本视角来看，成本分摊被认为是企业参与竞争者协同的主要动机之一（Sakakibara，2002；Belderbos et al.，2018）。对于小型企业而言，由于高额资本投资和长周期开发的要求，独立进行创新变得尤为困难（Gnyawali & Park，2009）。在复杂的新产品开发项目中，企业通常需要大量资金投入和资源配置，而这些投入往往难以在短期内带来显著回报。因此，通过竞争者协同，企业能够共同分担研发成本，减轻各自的财务压力。对于初创企业和小型企业来说，这种模式尤为重要，因为它们的资金和技术资源相对有限，通过协同可以分摊成本并更有效地利用资源。在复杂的新产品开发项目中，尤其是互为竞争者的企业，通过参与创新网络，能够共同承担高风险、高成本的项目，降低开发失败的风险。然而，尽管成本共享理论上可以减少企业的总投入，实际上还存在监控成本和协调成本的挑战。由于信息不对称，参与企业可能面临额外的研发支出（Caner & Tyler，2016）。因此，在合作过程中，互为竞争者的企业各方需要建立有效的管理机制，减少因协作带来的额外成本，确保信息共享的同时保护核心机密，从而最大化协同效益。

从资源视角来看，在复杂的新产品开发项目中，资源通常指企业所拥有的技术、研发能力、市场渠道、人才以及知识产权等。当竞争者之间存在资源重叠时，资源共享和共同创新成为企业选择协同的关键动机（Sakakibara，2002；Belderbos et al.，2018）。通过竞争者协同，企业可以将各自的重叠资源结合，充分利用彼此的技术专长、市场洞察和研发成果，从而加速创新进程，提升项目的成功率。然而，资源重叠也带来了挑战。首先，竞争者共享相似资源时，可能面临对专有技术、核心知识和知识产权保护的顾虑。这会使得企业在协作过程中保持警惕，限制信息的流动，进而阻碍协同创新的深入。此外，由于资源相似，企业可能在如何区分自身竞争优势与共享资源的边界上产生冲突，特别是在合作结束后如何保持独立创新能力方面。因此，虽然资源重叠可以通过协同优化企业的创新能力，但过度的相似性也可能导致资源同质化，抑制创新的多样性和差异化竞争力（Caner & Tyler，2016）。企业在合作时需要精心设计资源共享的方式，既要确保协同能够推动创新，又要保护关键资源的独立性，防止核心竞争力的流失。

从知识管理视角来看，复杂新产品开发项目中的多主体参与，尤其是有互为竞争者的企业参与的协作网络，为知识的创造、共享、吸收和整合提供了有效的途径（Huang & Yu，2011）。通过知识的流动与整合，这些网络能够显著提升创新效率。然而，这一过程也伴随了一系列挑战。首先，尽管知识流动可以促进创新，但同时带来了技术溢出和敏感信息泄露的风险（Jarvenpaa & Majchrzak，2016）。如何在知识开放与保护之间取得平衡，既推动创新又维持企业的竞争优势，成为了知识管理中亟待解决的重要问题。其次，信任与知识保护机制在竞争者之间的协同中尤为关键。企业不仅需要确保信息的有效共享，还必须防范核心技术的泄露（Caner & Tyler，2016）。为此，建立稳固的信任关系以及合理的知识保护协议，是保障协作创新成功的重要前提。此外，资源相似性可以促进企业之间的技术沟通与合作，而知识多样性则为创新提供了新的动力（Caner & Tyler，2016）。如何在协同中有效平衡知识的多样性与相似性，以实现创新成果的最大化，例如实现复杂新产品开发项目的成功落地，成为未来研究的重要方向。总体来看，知识管理为竞争者协同创新提供了理论基础，但在实践中，仍需进一步探索如何优化知识共享、保护与创新之间的关系，从而确保复杂新产品开发项目的成功。

从社会资本视角来看，社会资本理论是研究社会网络中成员如何通过相互联系获取和利用资源的一种重要理论框架，强调了个体和组织在社交网络中所形成的信任、规范、关系和互惠行为对于资源获取、信息流动以及行为协调的深远影响（Coleman，1988；Castañer & Oliveira，2020）。以信任为例，在社交网络中被视为形成有效关系的基础。信任能够减少不确定性和交易成本，同时提升信息和知识的流动效率（Coleman，1988；Castañer & Oliveira，2020）。在竞争者协同中，高水平的企业间信任可以显著增强网络内的信息流动，降低交易成本，从而提高协作创新的效率（Beamish & Lupton，2009）。互为竞争者的企业在建立合作关系时，通常会通过透明的沟通、共同的价值观和目标来构建这种信任关系。虽然这种信任关系的建立可能需要时间，但一旦形成，便能为双方的长期合作奠定坚实的基础。然而，过度依赖高度信任的网络也可能产生负面影响。虽然强联系有助于信息和知识的流动，但可能导致信息固化，进而抑制创新行为（Uzzi，1997）。在网络中，成员可能会过度依赖已有的知识，忽视外部新信息的引入，从而阻碍创新的灵活性和动态性。因此，企业在追求信任的同时，也需要警惕潜在的机会主义行为。为应对这种风险，企业可以引入第三方监控机制，以保障合作的公正性和透明度，减少因信任缺失而带来的风险。在社会资本视角下，如何平衡信任、创新和知识流动之间的关系，是当前竞争者协同研究中的重要课题。这一视角不仅为理解竞争企业间的协同创新提供了独特的理论框架，同时也为优化协作机制、推动创新提供了实践指导。企业在实践中应充分认识到社会资本的重要性，并在构建和维持信任关系的同时，注重信息的多样性和开放性，激发创新活力，保持竞争优势。

4.2　竞争者协同在复杂新产品开发中的作用

4.2.1　竞合加速创新进程，推动复杂新产品落地

新产品开发对创新周期的要求越来越短，而复杂新产品开发项目，特别是涉及高科技和复杂技术整合的新产品，其开发过程通常需要跨越多个学科和技术领域的合作。复杂新产品的开发不仅需要强大的资源支持，还要求企业具备足够的技术积累和创新能力。然而，单一企业即使拥有丰富的资源和

强大的研发团队，也往往难以在有限的时间内掌握所有必要的技术，尤其还要面对市场的快速变化和不确定性。因此，企业应该通过与自己的竞争者协同，利用竞争者相似的技术积累和创新能力，共同参与到复杂新产品开发项目中，加速创新进程和推动新产品的落地。

复杂新产品的开发过程中，由于涉及高难度技术，且创新要求高，会导致技术难度与时间压力双重叠加。特别是在一些高科技行业中，技术的进展往往会受到未知领域研发的阻碍，单靠一家企业难以在短期内实现技术突破。例如，在智能手机市场，苹果和三星两个竞争者之间的合作是典型的竞争者协同案例。尽管苹果和三星在智能手机市场上处于直接竞争关系，但两者在技术上却有着紧密的合作，特别是在 OLED 显示屏领域。OLED 屏幕的开发涉及复杂的材料科学、光学和电子工程技术，其研发过程极为耗时且资源密集。苹果没有选择自行研发 OLED 显示屏，而是利用三星的技术支持，通过与其合作获取全球领先的显示技术。这不仅帮助苹果节省了大量的研发时间，还让其在新款 iPhone 的推出中占据了时间和技术的双重优势。这种竞合关系加快了苹果产品的研发速度，实现产品迭代和升级，保持了其在全球智能手机市场的竞争优势。

特斯拉与松下在电池技术行业的合作也是竞争者协同在新能源电池这类新产品开发项目上的成功范例。电池是电动汽车的核心技术之一，高性能电池作为一种复杂新产品开发项目，需要丰富的技术积累和资源投入。特斯拉虽然在电动车制造和创新方面表现出色，但要在短期内开发出高效、稳定的电池技术，面临巨大的技术和成本挑战。通过与松下的合作，特斯拉能够在相对较短的时间内推出具有竞争力的电动汽车，而松下则通过这一合作不断提升其在电池技术领域的全球领先地位。这种协同关系不仅加速了特斯拉新产品的开发，还推动了整个电动汽车行业的创新步伐。特斯拉和松下的竞合合作表明，企业通过协同创新，能够在技术领域内实现优势互补，加快研发进度，从而在全球市场中占据有利位置。

除了上述典型案例外，在生物医药、航空航天、半导体等行业，技术的复杂性和跨学科的需求，对企业如何看待竞争关系，如何发挥竞争之间具有的相似市场促进知识交流的优势，以及如何避免合作过程中出现的知识泄露等带来的竞争问题等，提出了更高挑战。从长远来看，竞争者协同不仅加速了产品研发，还推动了行业整体发展。当企业之间的技术合作与信息共享能够减少冗余，优化资源配置时，整个行业的技术水平和创新能力都会得到一定提升。

4.2.2 竞争者协同减少重复投资，提高研发效率

在竞争者协同进行复杂新产品开发的过程中，由于竞争者通常所处的行业具有高度相似性，会存在某些技术环节的重复投资情况，不仅浪费资源，还可能对整体的研发效率构成负面影响。企业在相似技术领域各自为政，独立开展研发活动时，缺乏有效的协同机制，导致各企业均致力于通过自主研发来抢占技术优势。然而，这种过度竞争不仅分散了资源，而且在资源本就稀缺的情况下，重复投资进一步加剧了资源的紧张状态，严重降低了创新的效率。面对这一困境，竞争者之间的协同合作成为了破解难题的关键所在。通过协同，企业能够规避在相似技术领域的重复投资，从而将有限的资源聚焦于核心技术的突破与创新。这种协同不仅优化了资源的配置，还促进了技术信息的交流与共享，加速了技术创新的步伐，显著提升了整体的研发效率。

在前面提到的苹果和三星两个竞争者之间开展协同研发的案例中，也存在两者在减少重复投资上的举措。在 OLED 显示屏技术的发展过程中，三星已经掌握了全球领先的技术水平，苹果选择与三星合作，借助其先进的技术，而不是自行投入大量资源进行技术研发。这种选择不仅节省了苹果的研发成本，还让其能够将更多的资源投入到其他核心技术领域，如芯片设计和操作系统的优化。通过这种合作，苹果避免了在显示屏技术上的重复投入，提升了研发效率，确保了其在其他领域的创新能力和市场竞争力。再如在半导体行业，台积电作为全球领先的芯片制造商，与其竞争对手在基础技术研发方面保持高度合作。这种协同合作确保了各企业在芯片制造技术上的资源不被

浪费，集中精力于各自的核心技术突破，提高研发速度、促进行业的整体技术升级。

4.2.3 竞争者协同推动供应链整合和技术标准化

复杂新产品的开发不仅依赖于技术的创新与突破，还需要在产品投放市场前解决供应链整合和技术标准化的问题。供应链的高效管理对于新产品的生产和交付至关重要，而不同企业、不同区域的技术标准差异常常成为技术推广和产品落地的障碍。通过统一行业竞争者之间的合作，企业不仅能够实现该行业的供应链高效整合，还能够共同推动行业技术标准的制定，确保新产品能够快速进入市场并占据领先地位。

供应链的整合在复杂产品开发过程中起着至关重要的作用。以全球汽车行业为例，复杂的新车型开发通常需要数百个供应商提供零部件。由于汽车产品的技术复杂性和全球化生产模式，供应链的管理成为企业在新产品开发中面临的主要挑战之一。竞争者之间的协同合作可以帮助企业更好地整合供应链资源，提升生产和交付效率。宝马和丰田在氢燃料电池技术领域的合作是这一协同的典型案例。通过共享供应链资源，宝马和丰田不仅降低了开发成本，还加速了这一新技术在全球市场的推广。这种协同合作确保了两家公司能够更快速地响应市场需求，推出符合全球标准的创新产品，从而在全球汽车市场中占据有利位置。

在航空航天领域，波音与洛克希德·马丁通过联合发射联盟（ULA）的合作，共同应对高昂的研发成本和复杂的供应链管理挑战。航空航天领域的新产品开发涉及大量的技术集成和供应链环节，任何一个环节的延误都会影响整体的生产进度和技术推广。通过协同合作，波音和洛克希德·马丁能够共享供应链资源，优化研发与生产流程，从而提升整体的生产效率。这种协同不仅加快了新技术的应用，还帮助两家公司在复杂的市场环境中维持了强劲的竞争力。

除了供应链整合外，技术标准化也是推动市场扩展的重要因素。在复杂新产品的开发中，统一的技术标准对于开发的新产品快速推广至关重要。技术标准化不仅有助于减少跨区域推广的阻力，还能增强企业在全球市场中的主导地位。5G通信技术的发展就是一个典型的例子。全球主要的电信公司虽然在市场上存在竞争关系，但在制定5G技术标准的过程中，它们开展了紧密合作。通过联合制定行业标准，爱立信、华为和高通等公司加速了5G技术的商用化。这种协同合作既推动了5G技术在全球范围内的快速推广，也确保了企业在行业中的技术领先地位。

4.3　聚焦竞争者协同促进复杂新产品开发的典型案例

在全球汽车行业转型和5G技术快速发展的时代浪潮中，中国科技巨头们展现出积极的合作姿态。华为与中兴联手推动5G技术标准制定，共同开发5G应用场景，比亚迪与丰田强强联手，共同打造新能源汽车高端产品。这些案例并非简单的资源共享，而是将竞争对手的优势整合，形成协同效应，最终推动新产品开发与行业发展。这种竞争者之间的合作模式体现了科技巨头们对未来市场趋势的敏锐洞察，以及共同应对挑战、创造共赢的战略眼光。通过整合各自的优势技术和资源，他们不仅加快了新产品开发和商业化进程，也为中国科技企业在全球竞争中占据优势地位奠定了坚实基础。

4.3.1　丰田与比亚迪强强联手打造新能源汽车高端产品

2019年7月，比亚迪股份有限公司（以下简称"比亚迪"）发布公告宣布与丰田汽车有限公司（以下简称"丰田"）达成合作，共同探讨纯电动车及动力电池的开发。同年11月，双方就成立纯电动车的研发公司签订合资协议。2020年3月，比亚迪与丰田合资公司——比亚迪丰田电动车科技有限公司正式注册成立。合资公司经营范围为纯电动车及其衍生车辆，包括纯电动汽车以及衍生车辆用零部件的设计、开发。据了解，比亚迪丰田合资公司注册资本为 3.45 亿元，比亚迪和丰田各持股 50%。按照此前双方签订的合约，未来双方将共同开发轿车和低底盘 SUV 的纯电动车型，以及上述产品等所需的动力电池。车型将使用丰田品牌，产品计划于 2025 年前投放中国市场（见表 4－2）。

表 4－2　　　　　　　　　　　　合资公司概况

公司名称	比亚迪丰田电动车科技有限公司
公司地址	广东省深圳市
公司体制	董事长：岸宏尚（丰田汽车研发中心（中国）有限公司高级执行副总经理） 总经理：赵炳根（比亚迪） 董事 6 名（其中丰田 3 名，比亚迪 3 名） 监事 2 名（其中丰田 1 名，比亚迪 1 名）
业务内容	纯电动车及该车辆所用平台、零件的设计、研发等相关业务
出资比例	丰田、比亚迪各出资 50%
员工人数	约 300 名

资料来源：比亚迪丰田电动车科技有限公司正式成立. 新华网，2020－04－02.

新公司的正式注册，标志着比亚迪与丰田在新能源汽车领域的合作进入实质性阶段。尽管 2020 年初汽车行业因疫情遭受重创，但比亚迪与丰田的合资计划并未因此推迟。这为本已竞争激烈的亚洲电动车市场增添了更多变数。如果两者的合作顺利推进，特斯拉将在亚洲迎来一位真正的本土对手。此次合作对于双方都是利好，比亚迪现有的电动平台技术和零部件将为新公司提供支持，并融入丰田的品质和安全标准。丰田则借此机会进一步巩固其在全球最大新能源汽车市场——中国的电动车领域布局。

随着中国成为全球最大的新能源汽车市场，自主品牌车企已经走在了电动化的前沿。比亚迪作为全球唯一掌握电池、电机、电控和 IGBT 等核心技术的车企，早在国内推出了新能源汽车，并积累了丰富的经验。自 2015 年起，比亚迪连续四年在全球新能源汽车销量中名列前茅，成为这一领域的领导者。正因比亚迪在电动化技术上的突出表现，吸引了国际汽车巨头如戴姆勒和丰田选择与其合作，共同进军电动车领域。然而，从2019年第三季度的财报来看，比亚迪的汽车产销分别为32.29万辆和33.12万辆，同比有所下降。这种下滑促使比亚迪寻求通过合作进行转型升级，以推出更符合市场需求的车型。比亚迪高级副总裁廉玉波表示，通过此次合作，比亚迪将在纯电动车市场上提升竞争力，并与丰田在品质与安全方面形成优势互补，满足消费者需求。而丰田副社长寺师茂树则对双方合作充满期待，希望此次合作不仅能推进电动化发展，还能通过新公司深化双方的业务合作。

丰田与比亚迪的合作是丰田电动化战略中的重要一环。尽管丰田在混合动力车市场占据主导地位，但其纯电动车型尚未正式推出，依赖混合动力车已无法维持过去的市场优势。此次合作的契机在于，丰田在混动技术上的长期积累与比亚迪在纯电动汽车研发上的多年经验有着相似的目标和战略。比亚迪的"e平台"作为全球首个可开放共享的纯电动汽车平台，不仅为比亚迪的多款车型（如秦、唐、宋、元系列）提供了技术支持，也成为此次合作中的重要技术支柱。该平台集成了比亚迪的电池、IGBT、电机和电控等核心技术，极大地优化了整车性能和能效，并提升了驾驶体验。正是这一领先的技术优势，使丰田选择与比亚迪展开合作。

不同于以往的中外合资合作，此次比亚迪与丰田的合作建立在技术对等的基础上，这种强强联合的模式在国内车企中较为少见。比亚迪国际合作事业部总经理舒酉星指出，这种技术上的合作不仅是对比亚迪20多年自主创新的认可，也是中外车企合作模式的创新。新公司将充分利用比亚迪的电动平台技术和零部件，结合丰田的品质和安全标准，开发出符合丰田品牌要求的纯电动汽车。此次合作再次证明了比亚迪在电动汽车领域的专业性和领先地位。比亚迪掌握的领先技术已成为其在全球竞争中的重要力量，相信此次合作将促成更多技术上的创新和突破，双方也将共同打造更多优质车型，满足市场和消费者的需求。①

---

① 资料来源：新华网、新浪财经、中国经济周刊、《汽车与配件》电子杂志、中国管理案例共享中心。

从比亚迪与丰田竞争者之间进行协作的案例中，我们可以看到在全球汽车行业转型的背景下，电动汽车的迅速崛起对传统汽车制造商提出了新的挑战。在这一背景下，比亚迪与丰田的合作案例凸显了竞争者之间的协作如何有效推动新产品的开发，并为双方创造竞争优势的过程。首先，合作的背景为新产品开发提供了必要的条件。比亚迪作为全球电动汽车的领导者，掌握了电池、电机和电控等多项核心技术。丰田在混合动力领域拥有丰富经验，但在纯电动汽车市场上相对滞后。两者之间的技术互补性，促使双方在合作中共同开发新车型，以应对日益增长的市场需求。其次，在动因分析中，市场变化和技术优势的结合成为重要驱动力。随着消费者对电动汽车需求的上升，比亚迪与丰田的合作正是为了解决这一市场缺口。比亚迪的"e平台"技术为新车型提供了开放共享的基础，而丰田则带来了在安全性和质量管理上的深厚积累。双方共同开发的电动车型，将融合比亚迪的创新技术与丰田的品牌声誉，创造出更具市场竞争力的产品。值得一提的是，合作模式的独特性在于双方的技术对等。这种合作不仅是资源的共享，更是技术的整合与创新。比亚迪与丰田共同开发的纯电动车型，旨在整合双方的研发力量，从而实现快速市场响应与产品上市。这一模式的成功，将为电动汽车行业树立新的合作范例。然而，尽管合作带来了许多机遇，双方在新产品开发过程中仍面临挑战。例如，如何协调各自的研发策略和市场定位，确保新产品在技术与市场上的一致性，是未来合作的关键考量。此外，如何在快速变化的市场环境中，保持灵活性与创新性，也是双方需要共同面对的问题。

综上所述，比亚迪与丰田的合作不仅强调了竞争者之间的协作开发新产品的重要性，更为双方在激烈的市场竞争中提供了新的生机。这一案例表明，通过共同开发新产品，竞争者能够实现资源共享与技术整合，从而提升各自的市场地位和竞争力。

4.3.2　华为中兴联手推进 5G，重塑行业格局

2024 年 9 月 10 日，中国电信发布了"2024 年 5G 增强通话能力建设项

目"的单一来源采购公告，华为技术有限公司（以下简称"华为"）和中兴通讯股份有限公司（以下简称"中兴"）成功中标。这一消息引起了广泛关注，尤其是在当前5G技术不断演进的背景下，这一合作备受瞩目。该项目不仅与5G基础设施建设息息相关，还涵盖了超清视话、智能翻译和视频彩铃等一系列新兴应用的整合。这意味着，两家技术巨头在国内5G市场的地位将进一步得到巩固，同时也预示着未来更加激烈的行业竞争格局逐渐展开。

5G增强通话技术的核心是通过5G VoNR（新无线语音通信）技术，结合AI技术和专用数据通道，为用户提供更加智能化、多元化的服务。例如，用户可以借助AI享受实时翻译服务，或体验更加清晰、流畅的视频通话。与传统语音通话相比，这些新功能不仅大幅提升了通话质量，还为用户带来了更便捷、更丰富的沟通体验。此外，随着5G技术的加速普及，用户对于通话质量和稳定性的要求日益提高，这也推动了供应商之间竞争的加剧。华为开发5G技术的时间轴与阶段划分见图4-3。

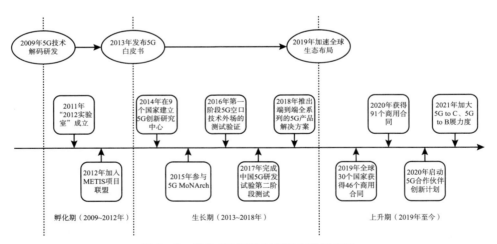

图 4-3 华为 5G 开发时间轴与阶段划分

回顾华为与中兴的合作历程，这段合作可以追溯至2016年。这一年，双方积极参与了国际标准化组织的5G标准制定，并在3GPP（第三代合作伙伴计划）框架下展开了多次会议，专注于为5G网络技术架构的建立奠定基础。

两家公司在会上频繁交流，共同探讨如何实现更高的数据传输速率和更低的网络延迟，以应对未来通信发展的需求。这种深入的讨论为 5G 统一标准的确立铺平了道路。到了 2018 年，华为和中兴在世界移动通信大会上首次联合展示了各自的 5G 技术解决方案，华为展示了其先进的 5G 基站和核心网设备，而中兴则展示了其在网络切片和智能终端技术方面的创新成果。这次合作不仅吸引了业界的广泛关注，也展现了双方在推进 5G 生态系统建设中的协同愿景。

进入 2019 年，华为与中兴在"智慧城市与工业互联网项目"中展开进一步合作，在智能交通和远程医疗等具体领域的 5G 应用上进行了技术交流与分享。通过这一合作，双方借鉴彼此的经验，加快了这些技术解决方案的落地进程，为推动 5G 技术的实际应用奠定了坚实基础。2020 年，华为和中兴共同参与了多个 5G 产业联盟，例如 5G 应用创新联盟，双方致力于推动 5G 技术在不同领域的应用场景开发。合作发布的一系列行业白皮书详细阐述了 5G 技术在各个行业的商业潜力和未来应用前景，不仅促进了技术的进一步成熟，也帮助行业客户更好地理解 5G 技术带来的巨大价值。

2021 年，华为与中兴在 5G 设备供应上仍然保持竞争关系，但在一些地方政府的 5G 项目中，双方仍展开了不同程度的技术合作。例如，在智慧城市建设项目中，华为和中兴各自提供了不同的设备，并通过技术对接，确保了网络的兼容性和稳定性。这种合作在实际应用中取得了良好的效果，提升了项目整体效率。通过多年的合作与持续交流，华为和中兴不仅推动了彼此在 5G 技术领域的进步，也为整个行业的健康发展提供了动力，展示了中国通信行业在全球 5G 布局中的关键地位。

在当前的市场环境下，华为和中兴凭借其深厚的技术积累和丰富的市场经验，在 5G 建设领域占据了重要份额。相比之下，尽管国际竞争对手（如爱立信等）也在寻求合作和技术创新，但在这些单一来源的采购项目中表现相对逊色。国内电信运营商选择本土供应商，不仅反映了对本国技术的认可，也在推动国内供应链的进一步发展。因此，未来的市场竞争不仅局限于技术层面的较量，还将包括整合能力、交付效率等多方面的综合服务能力。随着国内电信市场竞争的加剧，5G 与 AI 技术的结合势必会推动行业快速前进。华为和中兴的崛起不仅代表了企业的成功，也在国家层面上强化了自主创新的能力，推动科技自立的进程。然而，在这一过程中，仍需保持警惕，以防止技术垄断和信息孤岛等问题的出现。①

华为和中兴共同开发 5G 的案例充分展示了竞争者之间进行协作的重要意义。当今时代科技发展迅速，在快速发展的 5G 领域，标准化则显得尤为重要。作为行业的龙头企业，华为和中兴通过共同参与国际标准化组织的活动，推动了有关 5G 技术标准的制定。这种合作不仅有助于降低行业内的技术壁垒，还确保了不同设备和网络之间的互操作性，从而在后续产品研发过程中加速了 5G 的商业化进程。从市场推广的角度来看，企业在新兴市场中面临着高昂的推广成本与风险。华为与中兴的合作使双方能够共享资源与经验，获取异质性资源和知识，更高效地开发和推广 5G 应用场景。这种合作模式能够使双方共同承担市场开发以及新产品研发的风险，从而进一步增强在市场中各自的竞争优势。

此外，竞争者协作也能够促进创新效率的提升。在竞争环境中，企业通常因受到激励而进行创新，而通过竞争者之间的合作则能进一步加速这一过程。技术的交流与联合研发能够帮助华为和中兴共享研发成果与创新思路，从而推动新产品和服务的快速落地。同时，对于 5G 这样的复杂新产品开发项目来说，它的成功仅仅依赖于单一企业的努力完全不够充足，更需要的是在研发过程中一个完整的产业生态。华为和中兴双方都投入推动 5G 生态系统的建设当中，能够吸引到更多合作伙伴与应用开发者，从而形成良好的生态圈。这一协作模式不仅有助于自身的发展，也能带动整个行业的进步。

从国际视角来看，华为和中兴通过合作能够共同提升在国际市场中的竞争力。在面对其他国家和企业时，联合推动 5G 技术的推广和应用，将有助于提升中国企业在全球通信领域的话语权和影响力。在国际形势复杂多变的背

---

① 资料来源：走深向实：中国 5G + 工业互联网应用再加速. 网易，2023 - 06 - 02. 5G 应用创新联盟. 百度百科. 华为与中兴联手推进 5G 增强通话能力，重塑行业格局. 搜狐网，2024 - 09 - 18.

景下，华为和中兴的合作也显示了中国企业共同应对外部挑战的必要性。面对贸易壁垒和政策限制，竞争者之间的合作可以帮助企业共同应对国际市场的不确定性，保持中国在该行业稳定的发展，以更从容的姿态来面对欧美国家针对"卡脖子"技术的封锁。华为和中兴的竞争者协作案例充分表明，竞争者协同不仅能够推动技术和市场的快速发展、提高复杂新产品的研发效率，还能在激烈的市场竞争中寻找到共赢的机会。这种协作模式为行业的健康发展奠定了基础，也为其他领域的竞争者提供了有益的借鉴。

4.4 竞争者协同需要重点解决的问题

前文详细阐述了竞争者协同在推动企业创新与新产品开发中的诸多优势，然而，协同的企业毕竟是竞争对手，这种合作形式必然伴随着一系列复杂的问题。特别是在共同开发复杂新产品的过程中，企业不仅要应对技术与资源共享的挑战，还需妥善处理如何在竞争关系中建立信任、平衡利益分配、规避知识泄露等问题的考验。本节将从多个角度深入分析这些问题，揭示竞争者协同中的潜在障碍，并通过理论与实践的结合，为解决这些问题提供有效的思路与策略。

4.4.1 竞争者协同中的利益分配问题

在复杂新产品开发项目中，利益分配是竞争者协同中的核心问题之一。利益分配主要涉及合作各方如何合理、公平地划分项目成果和收益，包括技术成果的归属、市场份额的划分、成本的分摊以及长期收益的共享等。合理的利益分配机制不仅有助于各方明确自身在合作中的角色和回报，还能为项目的顺利推进提供保障。利益分配的公平性和透明性在协同合作中至关重要，它不仅关乎合作的稳定性，还影响企业是否愿意投入更多资源和技术。

然而，利益分配过程中常常出现一些问题。最常见的就是分配不透明，企业对分配规则缺乏明确的理解，导致不信任和合作中的不确定感。此外，利益分配的不公平也可能引发矛盾，尤其当一方在项目中付出了更多的资源或关键技术，却在分配中未能得到相应的回报时，企业间的不满和摩擦便会增加。不同企业在技术、资金和市场资源上的差异，使得利益和资源的分配常常失衡，导致某些企业在合作中获益较少，而另一些企业则因为市场主导地位或谈判优势获得更多回报。此外，风险与收益的分配不均也是一个关键问题，复杂新产品的开发通常伴随着较高的技术和市场风险，如果一方承担了过多的风险，而在收益上没有得到相应的回报，这种不平衡会削弱合作的稳定性。

当利益分配问题无法妥善处理时，后果可能比较严重。首先，信任关系会受到破坏，企业间的协作意愿下降，合作效率降低。其次，利益分配不公会直接导致部分企业减少项目的投入，甚至在面对技术或市场挑战时选择退出合作，严重影响项目的进展。更严重的情况是，利益分配中的冲突升级可能导致合作的破裂，不仅项目失败，还可能让竞争关系进一步加剧，双方进入恶性竞争。此外，利益分配的失衡会导致企业错失市场机会，尤其是在快速变化的市场中，合作拖延或终止可能让竞争对手占据先机，削弱自身的市场竞争力。因此，建立透明、公平且合理的利益分配机制是确保复杂新产品开发项目中竞争者协同成功的关键。

4.4.2　竞争者协同中资源互补与相似性的平衡问题

竞争者间的资源互补与相似性平衡，旨在竞合关系中精准定位相似与互补资源的最佳结合点，促进高效协作，共谋双赢。资源相似性，作为合作基石，体现在技术、市场、资金等关键领域的共通能力，促进了合作双方间的顺畅沟通与深刻理解。然而，这种相似性也可能诱发竞争压力，特别是在共享市场或客户群体时，利益冲突易生摩擦。资源互补性，则是深化合作的内在驱动力，它意味着合作企业各自掌握对方所缺的资源、技术或市场优势。通过互补，企业能有效填补自身短板，增强整体创新力与市场竞争力。例如，一方擅长技术研发，另一方则在市场推广与资源整合上见长，双方合作不仅能加速技术革新，还能快速占领市场，扩大份额。

竞争者协同中存在资源互补和平衡问题的根源在于，作为竞争对手，企业在技术、市场份额或核心业务等方面本身就存在一定程度的资源重叠。这种重叠源于企业通常在相似的行业或领域内运营，具备类似的技术能力、市场定位和客户群体，因此在技术研发、市场推广、供应链等方面会有相似的投入和能力。正因为这些重叠，竞争者在合作时不仅需要考虑如何互补各自的资源短板，还需谨慎处理重叠资源，避免产生矛盾和冲突。此外，资源重叠也可能导致技术专有性和市场策略的不一致，尤其在知识产权保护、技术转移或共享方面，企业需要更加精准地协调资源，明确技术边界和共享机制，找到合适的资源互补点。

在复杂新产品开发中，竞争者之间的资源互补和平衡问题会产生一系列重要的影响，特别是在项目的进展、合作的稳定性以及创新成果的实现方面。

首先，资源重叠可能导致合作中的摩擦和冲突，阻碍项目的顺利推进。由于竞争者在技术、市场和其他关键资源上存在重叠，彼此可能担心在合作中让渡过多的竞争优势，进而影响自身在市场中的地位。这种顾虑会导致信息不完全共享，限制了真正的资源整合和合作效益的最大化。如果这些重叠资源没有得到妥善管理，可能导致项目在关键时刻陷入僵局，甚至引发合作的破裂，拖延新产品的开发进度。

其次，技术专有性和市场策略的不一致也会对创新产生负面影响。在复杂新产品的开发中，不同企业可能在同一技术领域积累了类似的技术专长，但彼此的技术保护策略和市场布局存在差异，这可能引发知识产权的争议或技术共享方面的顾虑。例如，如果企业未能有效处理技术资源的共享边界，可能会限制新技术的开发和应用，导致创新进展缓慢。市场策略的不协调也可能导致产品推向市场的节奏不一致，削弱双方在合作中的竞争力。

最后，资源互补的机会如果没有得到充分利用，可能会降低合作的创新效益。虽然企业在某些领域具有互补性，但如果资源重叠引发的冲突得不到缓解，企业难以在互补资源的基础上实现协同效应。相反，重叠资源带来的争议可能会消耗合作双方的时间和精力，削弱合作的潜在优势，导致创新成果的达成变得更加复杂和困难。

　　在竞争者协同的案例中也能体现这些问题。①② 例如，特斯拉与松下的合作主要集中在电动车电池技术上，松下为特斯拉提供了高性能电池，特斯拉则借助这些电池生产其 Model S、Model 3 等畅销车型。合作中的资源互补性非常显著：松下提供了技术支持，而特斯拉则带来了市场和应用场景。随着合作的深入，资源重叠的问题开始显现。特斯拉逐渐在电池技术上积累了自己的研发能力，特别是电池化学和制造工艺。特斯拉希望获得更高的自主权，减少对松下的依赖，这引发了双方在知识产权、技术分享和未来电池研发方向上的分歧。由于资源重叠问题，特斯拉决定加大自主研发投入，建设自己的"Gigafactory"以生产电池。虽然这种战略减少了对松下的依赖，提升了特斯拉的自主性，但也带来了合作关系的复杂化，双方在新一代电池技术的开发上可能存在更多的竞争，而非协同。这导致合作的深度和广度都受到影响，同时也增加了特斯拉的资本开支和技术开发风险。

　　因此，在复杂新产品开发中，竞争者之间的资源重叠与互补性对合作产生了深远的影响。虽然资源互补能够推动创新和市场成功，但资源重叠带来的技术专有性、利益分配和竞争问题，可能会阻碍合作的顺利进行，甚至引发冲突。因此，企业需要在合作初期制定清晰的规则和机制，以平衡重叠与互补资源的使用，确保合作关系的稳定与创新成果的实现。

4.4.3　竞争者协同中因机会主义带来的项目风险问题

　　在涉及竞争者协同的复杂多变的新产品开发项目中，风险问题比较突出。由于各方在利益诉求、目标设定及能力水平上的差异性，项目管理的复杂性显著增强。竞争者间的潜在诉求与冲突可能带来信任危机，诱发机会主义

---

① 资料来源：松下为特斯拉 Gigafactory 电池工厂投资 16 亿刀. 环球网，2016 - 01 - 20.
② 资料来源：特斯拉主要供应商 松下 4680 电池量产在即：跑更远不焦虑. 新浪财经，2024 - 09 - 09.

行为。

信任是任何协同合作的基础，在复杂的新产品开发项目涉及多方利益相关者，信任缺乏问题尤为突出。当多个竞争性企业共同参与技术创新或产品开发时，彼此的竞争关系可能导致信任水平下降。缺乏信任的合作容易导致信息不对称、决策缓慢，甚至在技术共享、市场进入等关键问题上产生分歧。合作方越多，信任管理的难度越大，合作关系也越容易因为信任危机而瓦解。若未能对这些风险实施有效管控，项目将面临较高的失败风险。

机会主义行为是指合作方在合作中利用信息不对称或规则漏洞，采取自利行为获取额外利益，往往以牺牲其他合作方的利益为代价。在复杂新产品开发项目中，由于各方的利益目标不同、获取的利益关注点不同，容易出现机会主义行为。例如，某些合作方可能通过隐瞒技术瓶颈、拖延项目进度，或单方面修改合作条款以达到自身目的，直接影响项目进展和关系维护。在日本东芝与西屋电气合作开发核电项目的过程中，双方因设计标准的不同、管理机制的不透明以及对项目进度的预期不一致，导致了项目大幅超支和延误。东芝在此项目中被指隐瞒了部分工程进展中的困难，试图转嫁风险。最终，双方的机会主义行为引发了信任危机，导致项目失败并且给东芝带来了巨大损失。这一案例表明，当多个主体共同参与复杂项目时，机会主义行为往往难以完全避免，如果没有完善的合同和监督机制，项目很容易陷入困境。

具体来看，利益冲突与不对称是竞争者协同在项目开发中的核心风险。尽管合作的目标是共同开发新产品，但各方对利益的期望和战略目标并不完全一致。某些企业可能希望通过合作获取技术，而另一些企业则更多关注市场份额的扩展。这种利益上的不对称会导致项目中的分歧，尤其是在关键决策时，各方的优先级和投入可能不同。例如，企业可能会优先保证自家市场地位，而在协作中采取保守策略，推迟或阻碍关键技术的共享与推进。这种利益不一致会直接影响项目的进度和成果的共享，甚至可能导致合作终止。

竞争关系中的资源分配和优先权冲突也是协同开发中的显著风险。在竞争者之间进行合作时，资源配置常常成为争议的焦点。各企业在进行新产品开发时，必然要考虑自身的业务需求和发展战略，因此资源投入的优先权问题会变得非常复杂。例如，一个企业可能会优先将资源投入自家核心产品开发，而将协同项目置于次要位置，造成项目中的资源短缺或投入不足。这种资源分配上的冲突不仅影响合作项目的进度，还可能加剧各方之间的紧张关系，使合作的协调更加困难。

另外，市场竞争中的战略泄露风险也是竞争者协同中最敏感的风险之一。企业在新产品开发合作中必然会共享一些战略性技术和市场信息，然而，这些信息被竞争对手获取后可能被用于强化对方的市场地位。尽管在合作开始前通常会签署严格的保密协议，但在实际操作中，防止核心技术和商业机密的泄露依然非常困难。特别是在合作过程中，当项目进展到一定阶段时，竞争对手可能已经掌握了足够的市场信息，从而在后期合作中进行技术封锁或市场打压，以保护自身利益。这类风险如果管理不当，可能导致合作破裂，甚至引发法律纠纷。

4.5 竞争者协同参与新产品开发项目的实证研究[*]

4.5.1 科学问题的提出

在知识密集型行业中，复杂新产品的研发过程往往涉及多个参与者，包括同行业内的竞争对手。这些竞争对手有时会组成战略联盟，共同参与创新研发活动，以应对技术难度高、研发周期长的挑战。随着合作创新模式的发展，简单的二元关系已经演变为复杂的多元网络关系，其中研发联盟成为了一种典型的合作模式。以生物制造领域为例，该领域技术附加值高、研发难度大，涉及多个学科的交叉融合。在这种背景下，不仅有传统的生物制造企

* 资料来源：Xiaotian Yang. Coopetition for Innovation in R&D Consortia：moderating Roles of Size disparity and Formal Interaction ［J］. Asia Pacific Journal of Management，2022，39 （1）：79 – 102.

业参与，还有新能源汽车生产商等跨行业企业加入，它们以技术溯源为主要合作方向，共同探索新技术、开发新产品。例如，沿着电池技术的创新路径，包括同行企业在内的多个创新主体会共同参与电动汽车电池、生物基材料等新产品的开发项目。

联盟的合作形式之所以受到广泛欢迎，是因为它能够实现多方共赢。竞争对手之间通常具有相似的知识库和研发经验，有助于高效交流和相互学习，加快技术创新和产品开发进程。但是，由于竞争对手之间具有不同的利益目标，合作过程中也容易出现机会主义行为，如搭便车、窃取核心知识等。这些消极行为不仅会导致核心知识外泄，还可能降低各方之间的合作持续性。

对于创新主体而言，他们面临着是否要加入具有同行竞争的创新联盟、加入联盟是否会提升复杂新产品开发的创新绩效、如何平衡合作与竞争关系以最大化自身利益等关键问题。为了回答这些问题，我们开展了一项实证研究，旨在探讨竞争者协同如何影响新产品开发项目的创新绩效。

4.5.2　竞争者协同对新产品开发项目创新绩效的影响

1. 创新联盟中的竞争强度对产品开发协同创新绩效的影响

创新联盟中的企业需要同时处理与其他创新主体之间的竞争与合作关系。对于同行业、提供相近产品或面向类似客户群体的竞争对手，随着联盟企业数量的增多，承受的竞争强度越大。由于市场要素的重叠，企业能够从竞争对手获取相似的资源，这些资源被视为有效合作研发的必要条件。

首先，资源的相似性为深入交流提供了必要的常识和技术基础，使得合作过程中的知识交流更加顺畅，易于吸收，提高合作研发效率。其次，资源的相似性有助于降低同一领域企业对研发活动的平均投入，对于分担技术发展过程中的成本和风险至关重要。再次，相似的资源要素能够加深企业在特定技术领域的研究深度，增强对前瞻性技术的认知。最后，联盟中的非竞争对手企业能够提供补充资源，改善合作创新的效果。在新产品开发的项目中，企业之间具备信任基础，采取机会主义行为的可能性较小，从而在资源相似性与互补性的交互中，能够充分发挥知识交流的积极作用，提高产品开发的成功率。

然而，当拥有相同产品、技术和资源的企业数量不断增加时，对焦点企业的竞争强度会进一步加剧。由于竞争是由不同利益驱动的，因此，在竞争主导的合作关系中，焦点企业采取机会主义行为的可能性增加。由于资源的高度相似，这些企业可能在合作研发上投入较少的时间和精力，同时要降低被模仿的可能性。此外，出于自私动机，企业可能会与他人进行"学习竞赛"，以利用其优势获得非对称的学习成果。如果非竞争对手的数量减少，将削弱资源互补性的优势，降低相互学习的动机，从而导致对合作研发活动的投入减少。因此，研发联盟中的表面合作关系是通过低水平的公司间知识共享来维持的，难以获得长期合作效益。

综上所述，对合作联盟中的焦点企业而言，适度的竞争水平不仅能够充分利用与竞争对手的资源相似性优势，而且能够保持从非竞争对手处获得补充资源的机会，鼓励焦点企业对合作创新做出承诺。因此，我们提出以下假设：

假设4-1：在新产品开发的创新联盟中，焦点企业的竞争强度与其创新绩效之间存在倒"U"形关系。

2. 创新联盟的特征在竞争者协同对产品开发项目创新绩效影响中的作用

创新联盟内部的企业规模差异、互动程度等特征，直接影响创新主体间的协同创新效果，进而对新产品开发项目的绩效产生影响。首先，我们考虑企业规模差异。当联盟内部企业规模高度不平等时，权力不对称现象随之出现。这种不平等地位可能加剧机会主义行为，影响合作意愿。随着竞争强度的提升，小公司更可能遭受机会主义侵害，面临知识泄露风险。因为大公司拥有更多权力，而小公司缺乏有效监控或制衡机制。小公司可能因此选择模仿或搭便车，减少创新投入。此外，权力不对称还可能导致对小公司的不公平对待，导致公司间的消极竞争行为，增加冲突、不满及不真诚合作的风险，从而阻碍小公司创新绩效的提升。同时，大公司虽能从合作中利用其高价值资源，但与小公司合作的价值可能低于与相似或更大公司合作能够获得的价值。因此，高规模差异的创新联盟可能加剧公司间的创新竞争压力。

相比之下，由规模相似企业组成的联盟更易于建立公平的合作关系。在这种环境下，焦点公司能更有效地监控合作伙伴行为，特别是竞争对手。权力的相对平等有助于限制机会主义行为。从社会交换理论角度看，平等促进交流与资源交换。随着竞争加剧，同规模企业间的技术进步和知识溢出更加显著，激发新思想快速涌现。此外，相似规模的企业在开展新产品开发项目时，有更加明显的同行压力，会有效激励各公司付出更多努力，突破新技术、创造新产品。因此，低规模差异的创新联盟强化了竞争对合作创新的正面激励作用。因此，我们提出以下假设：

假设 4 - 2：在新产品开发的创新联盟中，较低的公司规模差异将增强焦点公司竞争强度对其在合作研发中的创新绩效的正面影响。

除了公司规模差异外，我们也考虑了企业互动程度对新产品开发绩效的影响。联盟内部企业间的互动程度影响着知识分享、交流及分配的效率与质量。有效的知识共享能够激发创新思维，而具备一定竞争强度的企业能够更充分地利用共享的知识库提出创意观点。此外，组织间的频繁互动有助于增进信任，进而抑制竞争中的潜在机会主义行为。创新联盟内部具有相对平等和开放的互动环境，通过提升机会主义行为的成本，有效促进了企业间的信任建立，这种信任机制被称为"基于威慑的信任"。在联盟组织的互动框架下，企业行为更加透明，企业的机会主义行为会损害企业在联盟中的声誉与地位，影响其未来从合作研发中获益的机会。这在一定程度上弥补了非正式互动缺乏约束力的不足。

积极参与联盟组织的互动，有助于提升焦点企业在联盟网络中的中心地位，使其能够获取更多关键性知识，从而增加合作的价值。因此，联盟组织的互动不仅提升了合作的效率，还在一定程度上缓解了竞争对企业创新的负面影响。然而，当竞争强度过大时，联盟组织互动所带来的正面效应可能会逐渐消散。在高度互动的环境中，知识与信息的快速传播可能带来一些消极作用。企业会加剧对于关键知识意外溢出，以及因高强度竞争导致的敏感信息泄露的担忧。为避免这种情况，企业更倾向于在联盟互动中保持沉默，作为倾听者以减少自身关键知识的泄露。这种倾向会让企业采取保守的竞争策略，减少对合作研发活动的贡献，以确保其相对竞争优势。

综上所述，创新联盟中的企业间互动在调节竞争强度对产品开发项目的创新绩效上具有一定作用，因此，我们提出：

假设4-3：创新联盟内部企业之间的互动程度在焦点企业竞争强度与新产品开发项目创新绩效之间的倒"U"形关系上起到调整作用。在适度竞争条件下，高互动程度会增强竞争强度对创新绩效的正面影响，但也可能在过度竞争的情况下削弱这一影响（见图4-4）。

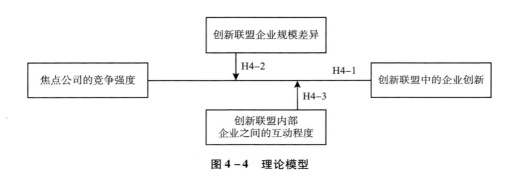

图4-4　理论模型

4.5.3　研究设计

（1）研究问题：竞争者如何开展协同研发活动，以及竞争者协同对新产品开发项目创新绩效有何影响？

（2）数据来源：我们重点关注2014年之前在日本建立的创新联盟，从Nikkei Telecom21的新闻数据集中收集数据。由于数据可用性的限制，我们收集了50个创新联盟（每个联盟有5~148家参与公司），研究对象是参与创新联盟的创新型企业。根据每个创新联盟主页中的参与公司名单，我们收集到了上市公司的相关数据，如成立年份、企业年限、员工数量、行业领域、销售和研发支出。考虑到数据的可获取性和可靠性，我们收集了649家参与公司数据，涵盖了生物制药、化学工艺、半导体和电子通信等20个行业中的50

个创新联盟。对于联盟内部的非企业参与者，如公共研究机构和大学等非营利性机构，不在我们的关注范围。

（3）数据选取的原因：创新联盟的参与企业之间存在明显的合作与竞争矛盾。而且，日本是亚太地区的代表性国家，高度重视企业间的合作研发，建立了很多协同创新行为明显的战略联盟，与我们的研究问题高度相关。在一些复杂新产品领域，企业会积极参与到由政府赞助的创新联盟，例如生物制药、半导体、人工智能、新能源汽车、医疗器械等，共同进行产品开发。因此，日本在新产品开发领域的创新联盟数据可以为我们提供相对充分和代表性的研究参考，与本小节关心的研究问题密切相关。

（4）数据测量。

新产品开发项目的创新绩效。利用企业参与创新联盟的前三年（2014 ~ 2016 年）产生的专利数量衡量企业参与新产品开发项目的创新绩效。对于每个公司，我们通过识别与联盟专利共享相同国际专利分类（IPC）代码的专利来量化合作研发联盟对其创新绩效的贡献。鉴于本研究涵盖了 50 个研发联盟中的 649 家样本公司，数据量较大，我们利用 J – PlatPat 数据库构建了相应的搜索代码，精确计算了每家公司开发新产品的创新绩效。

创新联盟内部企业间的竞争强度。竞争强度通常根据四位数的 SIC 代码相似性来判断。由于所有的样本都是日本公司，我们采用了日本标准工业分类（JSIC），根据公司的工业领域进行分组。在该研究中，我们通过判断 2014 年的 JSIC 代码是否相同，计算联盟中焦点公司的竞争对手（c）数量。而后，归一化为 $c/(n-1)$，用来衡量每个公司的竞争强度，其中 n 为 2014 年一个联盟中参与其中的公司总数。

企业规模差异。企业规模的平均差异，采用经济学研究中常用的衡量资源分配不平等程度的基尼系数来衡量。通过基尼系数，企业在联盟中的规模差距可以表示为：

$$size\ disparity = 1 + \frac{1}{n} - \frac{2}{n^2 \bar{s}}(s_1 + 2s_2 + \cdots + ns_n)$$

其中，s 为 2014 年焦点公司的员工人数；$\bar{s}$ 为财团中参与公司的平均规模；n 为 2014 年参与联盟的公司数量。

联盟组织的互动，是指由联盟组织，联盟内部的公司聚集在一起进行社会互动的正式活动。以 2014 年联盟组织的正式活动的总数来衡量，如会议、培训课程、展览等活动。数据来源于各创新联盟的官方网站等公开渠道。

控制变量。联盟层面的变量：联盟的规模和年限；企业层面的变量：企业规模、企业年限、行业、财务绩效、研发强度等。

4.5.4　研究发现与启示

本研究深入探讨了竞争者协同的新产品开发项目中，竞争强度与企业创新绩效之间的复杂关系，并得出了以下重要发现与启示。

首先，我们揭示了竞争强度与创新绩效之间存在着显著倒"U"形关系。在竞争者协同的框架下，适度竞争的企业更有可能实现创新绩效的最大化。这一发现与资源依赖理论一致，适度的竞争有助于企业实现资源相似性和互补性的双重优势，形成有利于创新的平衡状态。在竞争强度过低时，企业因缺乏相似的资源而难以从协同中获益，导致创新绩效受限；而在竞争强度过高时，虽然资源相似性增加，但互补性资源变得稀缺，同样会制约创新绩效的提升。因此，适度水平的竞争强度是企业开展新产品开发项目的最优选择。

其次，创新联盟通过调整企业规模差距和加强组织互动，能够进一步优化竞争环境，降低合作创新的成本。在规模相近的联盟中，相似的地位和权力能够促进企业之间的有效合作，有助于焦点企业从协同中获得更多收益。而企业规模差异过高的创新联盟可能出现权力不对称现象，引发合作中的不公正感和搭便车行为，削弱竞争的激励效应，从而弱化竞争强度对创新绩效的积极影响。

在联盟组织互动方面，我们的实证结果表明，这些互动能够强化竞争强度与创新绩效之间的倒"U"形关系。联盟组织通过举办各类活动，为企业间的知识转移和共享提供了重要平台。然而，信息的快速传播也带来了潜在风险。在竞争水平较低时，联盟组织的互动能够激发企业间的积极沟通和合作，促进相互学习；但当竞争对手数量增加到一定程度时，互动的优势会得到减弱，甚至转变为劣势。此时，信息的快速传播可能加剧企业对潜在威胁的感知，以及对敏感知识意外溢出的担忧，导致企业采取保守的合作策略，减少创新投入。

　　基于上述结论，本研究为以创新联盟形式参与新产品开发项目提供了以下启示：第一，联盟管理者应仔细管理企业的进入和退出，以平衡适当的竞争强度，为每个参与企业创造有利的竞争环境，并保持适当的企业规模差距。第二，管理者在组织联盟活动时，应谨慎考虑活动的数量和类型，为成员企业提供可靠的互动机会，同时避免过度互动带来的潜在风险。第三，公司在决定加入研发联盟之前，应全面评估自身的竞争强度、现有参与者的规模差异以及联盟的治理能力，以确保选择适合的联盟环境，实现创新绩效的最大化（见表 4 – 3）。

表 4 – 3　　竞争强度与企业新产品开发项目的创新绩效之间的关系

变量	Coefficient（Standard errors）				
	模型 1	模型 2	模型 3	模型 4	模型 5
联盟时间	0.055 *** (0.017)	0.012 (0.017)	0.020 (0.017)	0.018 (0.017)	0.011 (0.017)
联盟规模	− 0.010 *** (0.002)	− 0.006 *** (0.002)	− 0.004 * (0.002)	− 0.006 *** (0.002)	− 0.004 * (0.002)
企业年限	0.008 ** (0.003)	0.012 *** (0.003)	0.013 *** (0.003)	0.014 *** (0.0023)	0.013 *** (0.003)
企业规模	8.36e − 5 *** (1.13e − 5)	7.65e − 5 *** (1.08e − 5)	7.61e − 5 *** (1.03e − 5)	7.43e − 5 *** (9.83e − 6)	7.85e − 5 *** (1.03e − 5)
研发/销售	0.041 * (0.024)	0.035 (0.023)	0.054 ** (0.025)	0.042 * (0.023)	0.054 ** (0.024)
投资回报率	0.008 (0.017)	0.018 (0.015)	0.015 (0.015)	0.012 (0.015)	0.016 (0.015)
企业行业	Included				

续表

变量	Coefficient（Standard errors）				
	模型 1	模型 2	模型 3	模型 4	模型 5
规模差异		0.256 (0.815)	−2.339 *** (0.888)	−1.139 (0.997)	−2.793 *** (0.938)
互动程度		0.091 *** (0.012)	0.079 *** (0.011)	0.080 *** (0.011)	0.082 *** (0.014)
竞争强度		2.217 *** (0.583)	4.732 *** (0.662)	5.071 *** (0.643)	4.816 *** (0.644)
竞争强度平方			−7.821 *** (1.139)	−10.900 *** (1.180)	−13.580 *** (2.165)
规模差异×竞争强度				−16.120 ** (6.631)	
规模差异×（竞争强度平方）				11.750 (9.209)	
互动程度×竞争强度					−0.153 (0.094)
互动程度×（竞争强度平方）					−0.778 ** (0.337)
常数	2.685 *** (0.986)	2.772 *** (0.951)	3.415 *** (0.931)	3.610 *** (0.923)	3.781 *** (0.937)
观测值	649	649	649	649	649
伪决定系数	0.044	0.056	0.062	0.065	0.064
对数似然	−3155.526	−3116.850	−3095.684	−3085.666	−3090.692
卡方统计量	291.13 ***	368.48 ***	410.81 ***	430.85 ***	420.80 ***

注：括号里是标准误差；*** p 值 <0.01，** p 值 <0.05。

第 5 章

供应商协同的复杂新产品
开发项目管理

在复杂新产品开发项目中，供应商不仅是产品部件制造的关键参与者，也是新产品开发项目中不可或缺的参与者。从概念构思到应用调试的整个项目流程中，供应商能够提供包括技术资源、市场信息、生产设备等多项支持，对项目的成功至关重要。然而，在复杂新产品开发项目的管理实践中，多数供应商在新产品开发活动中的融入程度和协同效果有待提升，仍然存在一些问题。例如，供应商之间错综复杂的关系网络增加了主制造商的管理复杂性和难度；信息不对称问题的普遍存在，阻碍协同机制的顺畅运作，可能引发决策失误和资源浪费；供应商参与协同研发的积极性、参与意愿和参与持续性等难以把握，以及制造商与供应商之间形成的复杂合同网络容易导致管理混乱等。

针对上述问题，本章深入剖析了复杂新产品开发项目中供应商协同的必要性，通过具体案例分析，呈现了供应商协同在实际复杂新产品开发项目中的实践应用。同时，对当前供应商协同实践中存在的问题展开系统讨论。基于理论与案例分析，本章提出了一些针对性的解决策略。在本章最后，我们通过实证研究，从理论层面阐释了供应商协同管理对复杂新产品开发项目成效的具体影响机制。本章结构如图 5 – 1 所示。

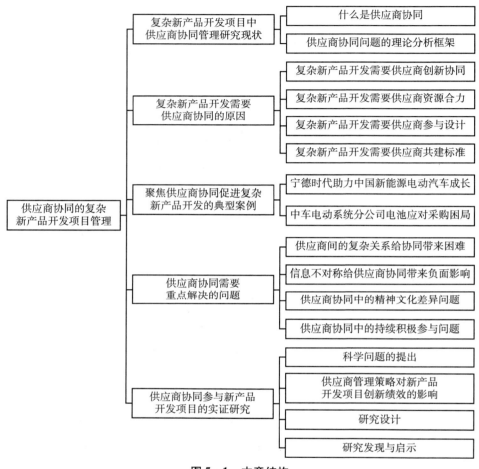

图 5 - 1   本章结构

5.1   复杂新产品开发项目中供应商协同管理研究现状

5.1.1   什么是供应商协同

供应商协同的概念源于 20 世纪 80 年代末提出的"供应商参与新产品开发"（supplier involved new product development），核心在于强调供应商在新产品开发项目中的协同作用（李随成等，2009；Johnsen，2009）。早期研究以日本企业（如丰田）为对象，并与美国企业进行对比，提出了"精益生产""Just – In – Time"等概念（Johnsen，2009），主要关注与供应商的外部生产联系。后续研究发现，日本企业与供应商建立了紧密的合作关系，在项目初期即邀请供应商参与设计竞标，并通过组织协调等机制保持常态联系，将供应商逐渐内部化，成为主制造商主导的供应网络的一部分。这一阶段的研究关注了主制造商与供应商在生产上的联系，但对创新的认识不足。

自"开放式创新"概念被引入至主制造商与供应商关系的研究领域以来，关于供应商参与研发活动的探讨已广泛覆盖了多个维度，包括但不限于供应商参与的利弊分析（Koufteros et al.，2007）、参与时机的选择（Parker et al.，2008）、在颠覆式创新背景下供应商的创新能力评估（Song et al.，2008）、不确定性因素对供应商参与治理策略的影响（Melander et al.，2014；Eslami et al.，2019），以及供应商间的竞合关系对创新绩效产出的作用（Wilhelm，2011）。这些研究的根本目的在于提升供应商参与的创新绩效。当前，供应商在新产品开发项目中更早且更全面的介入，已被视为改进产品开发流程、提升创新绩效的有效策略之一（Picaud – Bello et al.，2019）。

供应商协同的核心在于构建主制造商与供应商之间的战略合作伙伴关系，这一关系虽源于传统的买卖关系，但是在此基础上实现了深化与拓展。通过信息共享、流程协同优化、资源高效整合等手段，供应商协同旨在实现价值链的全面优化，提升效率、缩减成本，并最终增强产品质量与服务水平。在此过程中，主制造商与供应商的协同不仅限于生产制造环节，更重要的是在创新领域展开深度合作，共同驱动产品开发的进程。

5.1.2　供应商协同的理论分析框架

供应商协同的研究经过了多个阶段，从关注资源到关注知识，逐渐引入了不同理论视角以解释供应商协同对创新绩效的影响，如交易成本理论、代理理论、资源依赖理论、资源基础观和知识基础观。这些理论已成为供应商协同问题的理论分析基础，详细理解这些理论有助于了解在复杂新产品开发项目中开展供应商协同的必要性，发现理论实践过程中存在的不足，解决其中的问题，并思考未来的研究发展方向。

交易成本理论初入供应商协同研究，旨在解析日本企业为何让供应商参与设计及其作用（Wasti et al.，1997）。该理论认为，交易成本包括寻找交易对象、谈判、监督执行等，随交易复杂度增加而上升。为降低这些成本，企业倾向于协同合作。现有研究扩展了该理论的内涵，不仅将资产视为交易成本，还纳入了投入的关系成本，并将其应用于供应商协同中主制造商与供应商采取发展、维持、中断关系策略的研究（Chi et al.，2021）。关系成本是指企业在建立和维持合作伙伴关系过程中所投入的成本，例如时间、精力、资金等。交易成本理论将关系的变化解释为"有利可图"（Yen et al.，2013），这意味着企业会根据交易成本的变化调整与合作伙伴的关系。因此，企业需要采取措施，以防止合作方出现机会主义行为。

代理理论因其在日本企业研究中的深入洞察而被引入至供应商协同领域（Wasti et al.，1997），该理论聚焦于目标不一致及信息不对称两大核心问题，为揭示供应商协同过程中可能遭遇的潜在风险提供了坚实的理论支撑。现有研究主要将其应用于供应链中垂直关系的分析（Zhang et al.，2022）。在供应商协同中，主制造商既需要与直接供应商合作，也需要关注二级供应商的影响，因为它们以间接方式参与协同过程，而维持主制造商与二级供应商间接联系的唯一供应商被称为节点供应商，其在供应链中拥有较大的话语权。代理理论指出，企业应重视节点供应商，尤其是其与主制造商之间的目标冲突，并采取"求同存异"的策略，积极与节点供应商协同，寻求双方利益最大化。同时，企业也需警惕节点供应商的潜在风险，通过与二级供应商建立直接联系，有效缓解信息不对称问题，降低成本，尽量缓解节点供应商带来的风险。

资源依赖理论认为，组织的生存取决于从外部环境获取关键资源的能力（He et al.，2020）。该理论强调外部资源对企业生存和发展的重要性，并解释了企业为了获取和控制关键资源而形成协同合作的机制。当企业面临关键资源短缺或不稳定时，会主动寻求与其他组织合作，共同获取和控制关键资源。这种合作关系就是协同的形成机制。从资源依赖理论的视角理解供应商之间的协同创新，应尽量避免消极竞争带来的机会主义行为，有效管理供应商之间存在的竞争与合作关系，确保企业能够持续性地获取关键资源。

资源基础观和知识基础观分别从资源和知识的角度解释了协同存在的必要性。资源基础观被认为是协同发生的重要理论基础（He et al.，2020），将协同发生的原因划分为寻求资源和互补资源两类。寻求资源是指双方互相交换了自身拥有的且对方需要的资源；互补资源是指双方在同种资源上各有所长，能够互补。因此，资源基础观更加强调对协同者的选择。

知识基础观将协同组织视为一个整体，企业在其中扮演着知识整合的关键角色（Grant，1996）。企业创新绩效受协同组织内部的知识水平影响，也受企业整合知识能力的影响。协同组织内部的知识水平是指各成员单位所拥有的专业知识、经验和技能，以及这些知识之间相互关联和共享的程度。而企业整合知识的能力则体现在企业能否有效地识别、获取、利用和整合协同组织中的知识，并将其转化为自身的技术创新和产品开发能力。因此，知识基础观认为，协同中的企业应在具有共有隐性知识的基础上专业化，以最大化协同组织获取知识的能力，同时企业还应提高自身整合知识的能力以充分利用协同组织中的知识。

这些理论从资源和知识两个角度出发，为理解供应商协同中主制造商与供应商、供应商与供应商之间的互动行为和策略提供了较为全面的分析框架。复杂新产品开发项目是一项系统工程，这些理论并非孤立存在，需要综合运用。将这些理论运用到实践中依然存在一些问题和挑战，在管理实践中也面临着一定难度。后文将结合实践与理论，详细讨论这些内容。

5.2　复杂新产品开发需要供应商协同的原因

复杂新产品开发需要综合运用多个领域的知识，难以由单一企业独立完成。复杂产品（如飞机、大型船舶、高铁等）具有研发成本高、规模大、高度定制化等特点，需要"主制造商—供应商"协同合作模式以降低风险（陈洪转等，2022）。在复杂产品开发中，关键供应商通常是各自领域内的领先企业，从项目启动便参与需求分析和系统设计，并在模块开发阶段被赋予较大自主创新空间，负责具体模块的研发任务，从而体现出供应商在复杂产品开发中的重要地位和作用（李靖华等，2020；França，2019）。通过供应商协同，不同供应商负责的部件能够在统一的设计框架下实现有效集成，最终组装成符合客户需求的完整产品。现有研究也指出，制造商与供应商的协同合作有助于实现资源共享、降低研发费用、缩短研发周期和实现风险共担（陈洪转等，2014）。因此，在复杂产品开发中引入供应商协同，并加强供应商之间的紧密合作，是确保产品成功开发和实现创新的重要方式，体现出供应商协同在复杂产品开发中的重要性。

作为供应链中的重要环节，供应商提供的产品质量和产品的开发效率直接影响复杂新产品开发项目的完成质量。从提高产品质量、提升开发效率的角度出发，作为牵头单位的主制造商需要与供应商良好沟通，使其掌握项目的技术需求，并充分了解供应商的技术能力和客观困难，做出统筹规划，以确保协同合作的顺利进行。因此，复杂新产品开发项目需要供应商从项目设计阶段即开始的协同，以确保成品实现全系统的协调高效。此外，复杂新产品中参与的供应商众多，生产的产品标准不一，先进部件、非标部件等无统一标准，总制造商必须确定标准要求，做好长期计划，以确保各供应商的产品能够结合起来良好运作，从而确保产品的质量和性能。本节将从研发和生产双源头出发（见图5－2），围绕"为什么复杂新产品开发项目中需要供应商协同"的问题，阐述在复杂新产品开发项目中开展供应商协同的必要性。

图5－2 复杂新产品开发需要供应商协同的原因

5.2.1　复杂新产品开发需要供应商创新协同

在航空、航天、船舶、汽车等复杂制造行业中，复杂新产品的开发面临着大量零部件设计与制造的严苛要求。与传统产品相比，这些产品往往具有高度复杂的结构和技术要求，需要整合来自多个学科和领域的创新技术。这导致制造企业很难凭借自身力量独立完成所有设计与生产环节。因此，这些行业的制造企业通常采用与供应商协同设计和生产的方式，促进创新协同，共同攻克复杂新产品开发项目中的技术难关，以提升开发效率和效益。

1. 与供应商协同创新，形成优势互补，事半功倍

当企业的产品与知识领域不匹配时，通过从外部汲取知识，企业能够获取新知识或更有效地运用既有知识。在复杂新产品的开发项目中，主制造商通常掌握深厚的系统工程知识，对项目全局有着更为全面的认知，并擅长运用已有知识构建适应新产品需求的全新系统方法。相比而言，供应商则专注于项目中的某一特定领域，对该领域拥有精深的专业知识。他们在攻克该领域的关键技术难题、改进旧产品及推出创新产品方面展现出较强优势。因此，主制造商与供应商之间的协同合作，实质上是在技术领域和创新专长上实现了优势互补。这些论述在一些企业的管理实践中得到了较好的验证。

星球石墨是一家"专精特新"企业。通过与买方紧密合作，从一个小作坊成长为"小巨人"。创业初期，公司依靠石墨板和简单设备积累资本，但由于技术门槛低逐渐陷入激烈竞争。为了摆脱恶性竞争，企业开始寻求创新转型。

中泰化学是星球石墨的下游买方。星球石墨发现中泰化学使用的二合一石墨 HCl 合成炉因气温问题存在能耗浪费。此时正值我国氯碱行业蓬勃发展，对盐酸合成单元及氯化氢合成单元的生产能力和质量要求较高。星球石墨联合中泰化学，共同攻克这一技术难题。通过收集原型机数据并与中泰化学研发团队合作，星球石墨开发了热循环系统，提升了能源利用效率并降低成本，每年为中泰化学节省采暖费 40 余万元。该设备及迭代设备推动公司在 2005 年和 2006 年实现销售额突破亿元。星球石墨与中泰化学的合作展现了买方和供应商协同的优势：买方贡献生产和实践经验，供方发挥技术专精优势，共同改进产品，实现双赢。

星球石墨的案例体现了供应商协同模式在中小型企业中的成功应用。对于大型企业而言，供应商协同在加速创新中同样发挥着积极作用。惠而浦——一家传统家电生产企业，在新产品开发过程中与供应商建立了紧密的合作关系。作为全球领先的家电制造商，惠而浦将供应商视为合作伙伴，使其在自身产品创新和优化中发挥重要作用。

惠而浦的品类采购经理会在新产品开发初期邀请供应商与研发团队共同参与讨论。这种合作方式不仅在生产制造过程中引入供应商的专业知识，更能在产品设计和开发阶段充分利用供应商的经验与技术。这种协同减少了后期设计修改，优化了整个产品的开发流程，帮助惠而浦有效降低了生产成本，提升了产品的可靠性和耐用性。例如，在新机型的设计中，供应商建议更换一种塑料材料，以提高产品的耐用性，同时也可减少生产的复杂性和成本。惠而浦通过这次供应商协同实现了产品质量的提升，还在不影响产品功能的前提下降低了生产成本。这样的协作模式增强了新产品在激烈市场竞争中的价格竞争力，并加速了将其推向市场的速度。

2. 与供应商协同创新，缩短开发项目周期

供应商协同在缩短企业复杂新产品开发周期上具有重要作用，特别是在技术密集型且高度竞争的行业环境中。通过与供应商的早期深入合作，企业能够实现设计、开发和生产环节的并行推进，减少等待时间和协调上的障碍，从而抢占市场先机，获取先发优势。

以空客 A350 项目为例，全球供应商网络的参与使空客能够在不同地区同步进行设计和制造，确保复杂产品的各个部分按时交付。这种协同加快了开发进度，避免了供应链断裂或技术滞后带来的延误风险。

特斯拉与松下的合作是电动汽车领域供应商协同的典型案例。松下在电池技术领域的领先地位帮助特斯拉迅速实现产品技术突破，在电动汽车市场中占据技术优势，并确保电池技术迭代更新持续匹配市场需求。这种合作体现了供应商协同在新产品开发中的重要作用，避免了企业自身技术限制带来的开发延误和市场机会错失。

惠而浦，一家专注于白色家电生产的企业，也充分利用了供应商协同的优势。供应商不仅是单纯的供应链合作方，更是项目的共同开发者。通过技术协同和资源共享，惠而浦能够根据需求变化迅速调整产品设计，确保新产品开发的灵活性和效率，特别适用于复杂的国际化出海项目。

结合上述多个简短案例，我们发现，在复杂新产品的开发项目中，引入供应商协同已成为一种战略性选择，它是应对技术复杂性、市场快速变化及供应链不确定性的关键举措。此过程有效整合了供应商资源，而且能够利用供应商的专业技术和丰富经验来优化设计、共同分担项目风险，并有效提升整个项目的开发效率与创新能力。供应商协同促进了产品设计与生产能力的有效转换，助力企业构建更高效、更具灵活性的新产品开发流程。

5.2.2　复杂新产品开发需要供应商资源合力

复杂新产品开发时间长，资源占用多，单一企业难以承担，需要供应商协同提供资源合力。通过供应商协同，主制造商能够获取供应商拥有的稀缺资源，并与供应商合理分摊研发风险，实现双赢。

资源基础观指出，资源是企业行动的基础，通过建立联盟共享互补资源，企业可获益良多。在复杂新产品开发中，与供应商协同便是一种构建短期联盟的有效策略。通过与供应商协同，总制造商能促进资源在制造商与供应商间的高效共享与调配，从而提升联盟整体的创新产出。丰田公司便是典型例证，它通过紧密合作，将部分零部件生产外包给具有规模优势的供应商，大幅减少了内部资源占用。这种外部资源的灵活运用，维持了丰田的高效生产模式，降低了开发和生产成本。这不仅是外包，更是深度协同下的供应链效率最大化，确保了丰田在技术快速迭代的汽车市场中保持竞争力。

与供应商协同合作，能够有效分散主制造商承担的风险。复杂新产品的技术攻关周期长且充满不确定性，涉及大量资源投入，若方向有误，可能会导致企业错失市场机遇。面对这种不确定性，主制造商往往难以独立应对，通过引入供应商协同，企业能更灵活地调整策略。主制造商可将技术攻关的风险转移给具备"专精特新"能力的供应商，这些供应商即便项目失败，也能凭借其技术专长保持市场竞争力。同时，协同合作赋予主制造商灵活选择技术路线的可能，而供应商则能利用从主制造商处获取的市场信息，迅速调整产品配置，确保企业在多变的市场中保持敏捷，避免技术路线上的僵化。例如，苹果公司在 iPhone 手机开发中，通过与全球供应链的供应商协作，灵活调整技术组件和生产计划，以应对市场需求的波动。苹果与供应商的紧密合作，使得其产品开发既能够保持创新性，又能够快速响应市场的变化，确保了每款产品的成功发布。

5.2.3　复杂新产品开发需要供应商参与设计

在复杂新产品开发过程中，尽早引入供应商协同能够带来显著的优势。尤其是在设计和开发的初期阶段，让供应商尽早参与，可以在设计阶段获得及时的技术反馈，确保设计与生产能力的匹配，避免后期大规模修改和返工。供应商的早期介入使其能够了解产品的整体设计思路，并提出改进建议，从而减少设计中的潜在问题。

以"华龙一号"为例，供应商的早期介入是实现技术及时反馈和该项重大工程项目高效推进的关键。"华龙一号"是中国自主研发的第三代核电技术，技术复杂度极高，涉及大量的关键零部件与创新技术，尤其在核反应堆系统、控制系统、冷却系统等方面，供应商的精密制造能力和良好配合决定了项目能否顺利推进。在研发中，关键零部件（如蒸汽发生器、主泵、核级压力容器等）由国内外供应商提供，这些供应商在产品设计阶段就被引入项目，通过与研发团队的紧密合作，确保零部件的技术规格和生产工艺满足高标准的核电安全要求。例如，核电站的冷却系统作为核心设备，必须具备高稳定性和抗压能力，供应商的早期介入确保了这一系统在设计时就符合最严格的安全标准，并且通过反复的技术反馈和调整，大幅降低了后期返工的可能性。在蒸汽发生器制造过程中，供应商通过对材料选择和工艺优化，帮助项目团队解决了耐高温、耐高压的材料问题，并显著提升了蒸汽发生器的使用寿命和运行效率。此外，主泵作为关键部件，供应商从设计阶段开始就与研发团队进行反复测试与调整，确保了产品的可靠性与安全性。由此可见，供应商的早期介入为"华龙一号"的成功奠定了坚实基础，不仅缩短了开发周期，还有效降低了技术风险，确保项目能够按时甚至提前交付。

法国空客集团是供应商协同应用于复杂新产品开发的典型代表。空客成立于 1970 年，凭借着卓越的技术创新和全球供应链管理能力，空客迅速成为全球领先的飞机制造商。其产品线涵盖民用与军用航空器，反映了空客在全球航空航天领域的技术实力。2024 年《财富》世界 500 强排行榜中，空客位列第 183 位，这一成绩得益于其内部研发的创新能力，也源于其供应商协同管理的战略实施，尤其是在复杂新产品的开发项目中，供应商协同扮演着举足轻重的角色。自 20 世纪 80 年代以来，空客逐步确立了"造买计划"这一战略性决策，增加了外部采购比例，以实现产能最大化并减少内部资本投入。供应商从最初的外协生产者逐渐演变为设计和生产的重要战略合作伙伴，深度参与复杂新产品的开发和制造过程。复杂产品如 A350、A320neo 的成功开发，展现出供应商在设计阶段和生产过程中深度协同的积极作用。通过这一战略，空客利用了全球的技术和资源，提升了其在全球航空市场的竞争力。

在复杂新产品的开发历程中，空客积极采纳供应商早期介入的管理模式，以灵活应对瞬息万变的市场需求和技术难关。这种协同不仅限于零部件供应，而是自项目概念设计的萌芽阶段便让供应商深度参与。尤其是在 A350 项目中，供应商在复合材料应用及发动机核心技术等方面提供了关键支持。这一紧密的协同合作，提升了空客产品的技术含量与品质，有效缩短了产品开发周期，实现了整体成本的显著降低。

5.2.4 复杂新产品开发需要供应商共建标准

供应商协同的另一关键作用在于促进产品质量的提升与标准的统一。复杂新产品的质量问题常常源于各生产环节之间的脱节与不协调。通过供应商的深入参与，企业能够在设计与生产的每一个关键环节确保一致性，从而有效减少因沟通障碍或技术标准差异所引发的质量问题。为此，制定并执行统一质量标准，同时利用数字化手段优化沟通流程，确保信息流通顺畅无阻，是实现这一目标的重要手段。

宝马在其新车型开发中，与供应商的紧密协同确保了其全球生产的标准化，每个零部件的质量都达到严格的标准，从而保证整车的性能和用户体验。这种质量管理模式通过供应商的协同得以优化，确保了复杂产品开发项目的顺利推进。

国际著名航空器制造商空中客车（空客）同样面临着如何高效管理全球供应商网络的管理难题。航空制造业的供应链高度复杂，且绝大多数是专业供应商，全能型供应商相对较少。空客的主要产品——飞机的生产流程复杂，因此涉及成千上万的专业供应商。这些供应商分布在全球各地，负责着从机身到电子系统等不同的生产环节。为应对这一挑战，空客早在 2006 年就开始搭建全球供应链系统，并通过后续的数字化平台升级为 AirSupply 系统。该系统通过标准化的管理流程和实时的数据共享，提高了供应商协同的透明度和响应速度，确保供应链中各环节的高效运作。截至目前，空客的近 700 家供应商已经通过 AirSupply 平台进行协作管理，其中 300 多家供应商将其库存管理系统与空客系统实现了无缝对接。这种深度的数字化供应链协作模式，提高了供应链的灵活性和透明度，增强了供应链的风险防控能力，使得空客在应对全球供应链风险和不确定性时能够保持高度的稳定性和可持续性。

空客在复杂新产品开发中通过供应商协同的成功经验，展现了全球供应链协作对项目技术创新和成本控制的积极作用，也为其他企业应对全球市场变化提供了宝贵的实践经验。在未来，随着技术迭代加速与市场环境日益复杂多变，供应商协同将仍是企业开发复杂产品的核心战略之一，助力企业在全球竞争中保持领先地位，持续创造竞争优势。

上述例子说明了将供应商纳入质量控制与标准化体系之中的必要性。在复杂新产品开发项目中，通常需要用到大量高度定制的零部件。这些零部件创新要求高，还需满足极为严格的质量标准，且其市场需求往往具有高度的特定性。面对这样的挑战，制造商需要依赖供应商的技术专长与生产实力。然而，由于这些供应商可能缺乏类似产品的生产经验，面对超越其以往技术范畴的新技术和大规模生产要求，单独完成项目可能会显得力不从心。因此，在新产品开发项目中，一项至关重要的任务是高效协调供应商，确保他们能够快速适应新的生产标准与要求，同时维持高水平的质量控制，从而携手为下游制造商提供符合标准、质量合格的产品。

5.3　聚焦供应商协同促进复杂新产品开发的典型案例

5.3.1　宁德时代助力中国新能源电动汽车成长

汽车工业的规模和影响力巨大，复杂程度高，对其他行业具有带动作用，称得上"工业中的工业"。世界上第一条流水线就是福特的汽车生产线，汽车设计生产涵盖的领域广，工业部门多，因此，汽车行业可称得上是一个国家民用工业的结晶。新能源汽车被视为我国在这一重要工业领域实现弯道超车的关键。新能源汽车的核心技术在于电池，而宁德时代是全球领先的锂电池企业。截至 2024 年 5 月，宁德时代已服务了 1 351 万辆车，全球每三台新能源车就有一台搭载着宁德时代生产的电池。宁德时代通过与汽车制造商的供应商协同，成功助力中国新能源汽车发展，并取得了领先地位。

2011 年，宁德时代从新能源科技有限公司（Amperex Technology Limited，ATL）的动力电池部门独立出来，在福建宁德市二次创业，专注于车用锂电池领域。凭借在 ATL 时期积累的技术和市场经验，以及与苹果公司的合作关系，宁德时代迅速获得了发展机遇。宁德时代与华晨宝马的合作，标志着其正式进入新能源汽车动力电池市场。双方共同成立了电池联合开发团队，涵盖电芯、系统架构、机械设计、测试验证等关键技术领域，最终成功开发了华晨宝马首款电动电池。通过与华晨宝马的合作，宁德时代在技术性能方面取得了显著提升，例如在软件功能测试、电气测试、材料表征测试和 EMC 测试等方面。此次合作帮助宁德时代掌握了新能源汽车动力电池生产技术，使其成为宝马集团在大中华区的唯一供应商。华晨宝马也凭借宁德时代提供的领先动力电池技术，成功推出了其首款新能源电动汽车。

宁德时代与华晨宝马开展供应商协同，成功迈入新能源电动汽车动力电池行业，并一举站在世界前列。此后，借助国家政策的东风，宁德时代进入了高速增长时期。2013 年，宁德时代与宇通客车再次开展供应商协同，研发了客车用动力电池，将业务从新能源家用乘用车扩展到新能源客车领域。2015 年，宁德时代收购邦普循环，布局电池回收行业。电池回收行业需要与车企展开密切合作，宁德时代借助回收确保了生产原料安全，车企借此降低了污染和废弃物处理成本，巩固了与供应商的联系。2017 年，宁德时代与上汽集团成立合资公司；2018 年，在深交所上市并与东风汽车、广汽集团分别成立合资公司；2019 年，与吉利汽车、一汽集团分别成立合资公司。2023 年，宁德时代宣布其生产的动力电池系统使用量连续七年全球第一，储能电池出货量连续三年全球第一。

快速增长的业务量给宁德时代的原材料供应带来了很大压力。尽管宁德时代在 2015 年收购了邦普循环，布局电池回收行业，一定程度上保证了原料安全，但从回收业务得来的原料存在一个电池生命周期长度的滞后性。扩展原材料供应依然是宁德时代的紧要需求。一方面，宁德时代积极扩展原材料渠道，通过自建、参股、合资、收购等多种方式，实现了对上游锂、镍、钴、磷等电池矿产资源及中游正极、负极、隔膜、电解液四大材料的全面布局；另一方面，通过一系列价值共创活动，宁德时代将中上游的供应商由原先简单的"供需"销售模式逐渐转变为"共创"型的合作模式。以锂电池中的隔膜材料为例，宁德时代与璞泰来公司开展供应商协同，共同开发核心涂覆技术，采购基膜后交由其二次涂覆加工。这种合作模式既能让供应商受益，又提高了宁德时代的产品质量。通过一系列举措，宁德时代成功从一家专注于手机电池的企业，成长为全球动力电池领域的领军者，为我国新能源电动汽车产业成长提供了重要助力。[①]

宁德时代是开展上下游合作的典范。供应商协同不仅需要积极的主制造商，也需要供应商积极参与。宁德时代通过与下游车企建立紧密联系，拓宽了市场销售渠道，提供了客制化设计和服务支持，以此实现直接经济利益。特别是当下游客户具备强大市场地位时，宁德时代更倾向于在客户周边设厂或办事处，甚至迁移总部，以深化协同关系，稳固并扩大市场份额（Chen et al.，2023）。理解供应商参与协同的动因，对主制造商构建和维持高效供应链至关重要。

宁德时代与下游协同的另一动因在于构建动力电池回收体系，确保原料安全，反映了供应商参与协同亦受自身战略需求驱动。主制造商若能提供新技术、资源支持，将增强供应商协同意愿。因此，供应商与主制造商协同的意愿基于直接经济利益与未来战略需求的双重考量，资源与技术互补是双方实现双赢的关键，也是协同合作的动力源泉。

宁德时代与其原材料供应商璞泰来公司以及下游车企均开展了深度合作，这些合作充分体现了价值共创的理念。在与璞泰来的协同中，宁德时代利用自身大厂优势确保了璞泰来的部分原材料供应，通过指定璞泰来进行二次涂覆加工，有效降低了生产成本。双方共同开发的核心涂覆技术，既能提升璞泰来在动力电池零部件加工领域的竞争力，也能提高宁德时代动力电池的生产质量。同时，在与下游车企的电池回收协同中，宁德时代通过回收废弃电池获得了宝贵的原材料，而车企则降低了废弃物处理成本。这一合作创造了新的生态价值，更加契合新能源汽车清洁环保的价值理念，有助于双方进一步开拓市场。

---

　① 资料来源：宁德时代官方新闻、中国管理案例共享中心。

5.3.2 中车电动系统分公司电池应对采购困局

中车时代电动汽车股份有限公司（以下简称"中车电动"）是中车的子公司，成立于 2007 年，是由中国中车集团整合国内外优质资源成立的专业从事新能源商用车整车研发与制造的高新技术企业。前身是湖南南车时代电动汽车股份有限公司，自 2002 年起，承担了 20 多项国家 863 计划节能与新能源汽车重大项目，成为节能与新能源汽车"三纵三横"国家研发布局中的重要成员。从 2017 年开始，中车电动市场份额持续保持 6 米以上大中型新能源客车行业前三的地位，年销售收入约 50 亿元，成为我国新能源客车的主要研发和生产基地之一。本案例中的系统分公司是中车电动承担电驱动系统销售、研发、生产的业务主体，负责电机、电控的销售、研发和生产以及动力电池的采购。系统分公司与中车电动以及中国中车的关系见图 5 - 3。

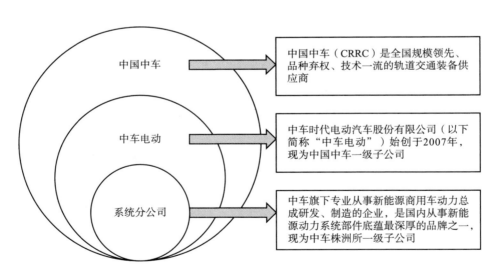

图 5 - 3 系统分公司与中车电动以及中国中车的关系

中车电动的动力电池装配环节一直面临着供应链不畅通的挑战，每年年底都要经历"抢电池"的困境，导致大量人力、物力、财力的浪费，存在质量和安全风险。2022 年，公司因电池无法到货导致补装电池 800 多套，同时还面临着大量电池库存积压的风险。造成这一困境的主要原因是整车交付周期过短，从获得订单到交付整车仅有 15～20 天，而动力电池从采购到交付通常需要 20～30 天甚至更长时间。尤其是在电芯短缺的情况下，电池交付周期更长，难以满足整车厂的交付要求。此外，中车电动坚持独立技术路线，电池箱与其他头部整车厂不通用，导致供应商必须为公司单独备料，增加了其经营风险，从而不敢提前备料，延长了电池采购周期。中车电动 85% 的销售收入来自新能源客车，其主要客户群体为公交公司，受政府政策和财政拨款的影响，新能源客车的采购集中在四季度，造成了季节性波动，给电池交付带来了很大挑战。

中车电动当前面临的挑战不仅限于已提及的问题，还包括电池配置的多样性与备料管理的复杂性。由于服务于不同城市的公交线路，中车电动需采用多种电池电芯型号，根据具体需求调整电池电量配置。加之电池技术的迅速迭代，提前备料以应对年末需求高峰的策略充满了不确定性，备料风险显著增加。更为严峻的是，当前电池市场由宁德时代等少数供应商主导，形成了寡头垄断的局面，供应商在产能分配上拥有充分话语权。中车电动在订单交付高峰期难以获得优先供应，在供应商处的话语权较弱。更换供应商也面临着巨大困难，因为动力电池研发和生产需要巨额投资，且对安全性要求极高。更换供应商需要重新进行公告和测试，时间成本和费用高，同时客户对顶尖电池供应商的认可度也很高，因此更换供应商难度非常大。

为解决电池采购中遇到的一系列问题，中车电动采取了内部协同的策略。首先，针对物料通用性差的问题，公司与技术中心进行了深入沟通，旨在通过物料统型来降低成本并加快交付速度。其次，由于整车生产流程紧凑，留给电池采购的时间有限，加之电池配置多样，备料难度加大。为此，公司积极推动营销中心与订单中心协同工作，对原有流程进行了调整，将确定电池型号的工作前移至中标时，为电池下单到交付的整个过程争取到了更为充裕的时间（见图 5 - 4）。

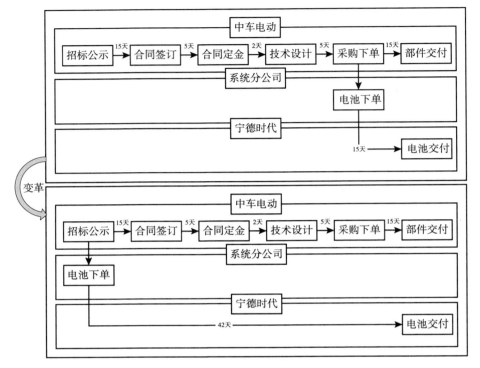

图 5 - 4　变革前后电池下单流程

　　在初步解决公司内部协同问题后，中车电动开始尝试拉动集团内企业，实施"大兵团作战"，并拉动母公司协同，提高供应链话语权。一方面，系统分公司将分散在多个供应商的采购份额向一个供应商集中，与供应商深度绑定，希望在体量庞大的垄断性供应商处的某个细分领域占据头部位置。如系统分公司将动力电池90%以上的订单份额集中下给宁德时代，成为其新能源客车电池板块采购金额第三大的客户（仅次于宇通客车与中通客车），大幅提升了自身在供应商处的地位。另一方面，公司借力母公司中车集团，在中车内部推动宁德电池在轨道交通、船舶等领域中的应用，争取成为中车集团内磷酸铁锂电池采购的唯一授权采购单位，全方位提升双方合作的深度与广度，进一步地提高自身在供应商处的地位和影响力。

　　在完善了内部信息收集和共享，并与供应商宁德时代达成深度绑定后，中车电动系统分公司继续加强供应商协作，将根据历史订单收集的客户采购数据转化为电池订购信息数据，与供应商信息共享，极大地方便了供应商提前准备物料和产能，避免因物料不齐套或产能爬坡不及时导致的产能浪费和电池交付不及时等情况的发生，压缩了电池交付周期。通过以上措施，到2023 年末，电池交付及时率从上一年末的 89% 提升到 100%，扭转了年末"抢"电池和补装电池的情况，改变了供应链被动局面，每年减少电池补装费用上千万元，同时未产生任何电池呆滞物料，支撑了公司经营业绩的完成，确保公司持续跻身 6 米以上新能源客车行业前三。①

　　中车电动面临的电池采购困局源于三个方面：供应链上下游谈判力弱、需求季节性波动大和内外部协调不畅。为破解此局，中车电动先从内部协同入手，进而促进外部协同，主动调整自身策略，既便利供应商也提升自我效率。在复杂新产品开发项目中，供应商协同的首要任务是打通内部协同，前置采购环节，为供应商创造便利。内部协同方面，中车电动采取了以下关键举措。

　　一是物料统型。通过变更采购模式，将电池 PACK 统一为标准电池箱，与头部主机厂通用，降低产品复杂度，增加采购批量，利用规模效应降低成本。此举便于供应商提前备料，缩短了采购时间。二是自制组件。将电池线束及高压接线盒由外购转为自制，简化电池供应商的供应流程，专注其核心竞争力，提升生产与交付速度。三是信息系统完善。建立数字化营销管理平台，实现订单线索到回款的全过程动态管控。这一平台支持导出完整订单信息，精准分析备料需求，极大地方便了电池采购。四是流程优化。调整招标到采购的流程，将电池下单时间点前移，为采购争取了更多交付时间，从原来的 15 天延长至 40 ~ 45 天，显著减轻采购压力。五是订单整合与深度合作。将 90% 以上动力电池订单集中给宁德时代，深度绑定供应商；同时，借助母公司资源，争取成为中车集团内磷酸铁锂电池的唯一授权采购单位，有效增强了谈判地位。

---

　　①　资料来源：中国管理案例共享中心，中车电动官方网站。

中车电动系统分公司通过一系列内外部协同举措，有效缓解了动力电池采购的难题。与供应商的深度合作能够有效保证生产物料的稳定供应，而且有助于降低库存成本和生产成本。然而，这一过程中也暴露出对供应商宁德时代的过度依赖问题，增加了公司未来发展的不确定性，同时订单的季节性波动会影响公司的现金流管理。为应对这些挑战，中车电动系统分公司需继续深化与供应商的协同合作。一方面，公司应积极探索创新协同模式，向供应链上游拓展自有技术，推动供应商的专业化发展，并为自身开辟新的利润空间，实现互利共赢；另一方面，公司还应积极与上下游企业合作，共同平衡订单的季节性波动，减轻旺季的生产压力，优化资金占用，提高运营效率。可见，强化供应商协同是中车电动未来继续应对外部环境变化和抗风险能力的必然选择。

5.4 供应商协同需要重点解决的问题

理论研究与实践经验均表明，供应商协同能提升新产品开发效率。然而，不同于普通产品开发项目，复杂产品开发周期长、涉及领域广、项目规模大，导致参与方关系网络错综复杂，管理难度显著提升，使得普通产品开发经验难以直接应用。因此，需要针对复杂产品开发过程中涌现的新问题进行深入研究。

复杂新产品开发管理与普通产品开发管理的核心差异在于供应商间关系的复杂性。复杂新产品部件众多且各具挑战性，部分需科研攻关，部分需协作生产，这种部件的多样性促使在供应商与主制造商的协同体系中，进一步形成了复杂的供应商间联盟结构。在此情境下，单一企业可能同时参与多个联盟，并在不同联盟中扮演不同角色、构建多重关系。此外，各联盟内部因知识保护或利益冲突而产生的紧张关系也各不相同。相较于普通产品开发，这种内部关系的复杂性增加了复杂新产品开发项目的管理难度，要求更高的协调与策略应对能力。

复杂新产品开发实践中也面临多重挑战。首要问题是信息不对称，由于项目涉及多方、跨领域合作，沟通障碍大，确保信息流通顺畅至关重要。其次，企业文化差异也可能导致协同障碍，需主制造商积极调和。再次，供应商在协同中可能因受挫而采取机会主义行为，这也是一大难题。本节基于现有理论，分析复杂新产品开发问题的根源及理论阐释，并结合实践，探索解决之道。

5.4.1 供应商间的复杂关系给协同带来困难

复杂新产品开发项目通常集聚了众多供应商参与方，构成了一个错综复杂的创新网络。这些参与方依据各自的专业优势，灵活地以横向或纵向方式参与到各个部件的开发中。横向上，它们按照所参与的系统进行划分，如动力系统、传动系统等，项目复杂度越高，横向层级便越繁复。以"华龙一号"项目为例，其分为核岛工程和常规岛工程两大系统，大连一重同时参与了核岛与常规岛的大型压力铸件生产，尽管同为压力铸件，但因所属系统层级不同，开发生产要求各异，需与不同的合作方进行协同作业。纵向上，随着部件开发阶段的推进，企业会动态地加入或退出，这一过程可能多次反复。这两个维度的动态变化导致每个部件的开发工作参与者不断调整，内部关系也随之持续演变，进而对整个复杂新产品开发项目参与者的全局关系产生了深远影响。

学者们对供应商之间的复杂动态关系进行了系统性研究（Wilhelm，2011），发现同一主制造商的供应商之间存在着复杂的横向关系（见图 5 - 5）。如仅竞争（可能正在生产或有潜力生产相同、相似或替代产品的供应商 A 和 B 之间的关系）、仅合作（可能专注于不同产品的供应商 C 和 D 之间的关系）、竞合（同时存在竞争与合作关系的 B 和 C 之间的关系）或无联系（既不进行竞争也不进行合作的 D 和 E 之间的关系）。复杂的关系对供应商策略产生了影响，进而影响供应商与主制造商协同，以及供应商间在主制造商影响下开展的协同。复杂的供应商关系给主制造商带来了两难选择，明确了解供应商间的关系需要大量的信息收集工作，将增大主制造商开展供应商协同的成本；而未能被主制造商了解的供应商间关系可能带来无法预料的风险。在复杂新产品开发过程中，主制造商开展供应商协同的策略因而具有一定博弈性和不确定性，提高了供应商协同难度。

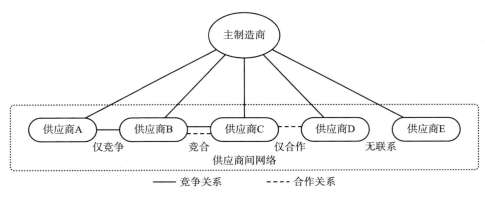

图 5 - 5　供应网络示意

为了缓解复杂关系对供应商协同的影响，主制造商首先需要审慎决定是否需要深入了解供应商间的关系，并明确所需了解的深度。其次，供应商可依据此决策，判断是否通过调节供应商间的关系来增强协同的意愿。此外，供应商间竞合关系的多样性也会直接影响主制造商策略的有效性，只有保持竞合关系强度在一个适宜的范围内，供应商的策略才能发挥积极作用。关于具体的研究方法和深入分析，将在后续内容中详细阐述。

5.4.2　信息不对称给供应商协同带来负面影响

信息不对称是内部与外部协同中普遍存在的关键问题。在复杂新产品开发项目中，参与方间的沟通障碍不容忽视，这既源于供应链上各企业间信息传输渠道的固有缺陷等常规挑战，也包含信息传递错误、刻意隐瞒与延迟等问题。鉴于项目中供应商参与众多，上下游信息不对称问题会被显著放大，可能引发开发方向共识缺失、部件规格协调失误等一系列问题，进而阻碍项目进展，造成资源与时间浪费，并加剧参与方间的不满情绪，威胁长期合作的稳定性。近年来，随着信息化与数字化技术的不断进步，复杂新产品开发项目中的信息不对称问题得到了一定程度的缓解。

信息化与数字化技术促进了供应链管理的发展，但高效沟通需基于双方自愿与高度互信。以"华龙一号"项目为例，中核工程凭多年合作及技术壁垒，与供应商建立长期互信。核电领域技术门槛高，符合资质的企业少，促进了企业间互信积累，但也因缺乏竞争，供应商可能采取机会主义或怠惰行为，对主制造商策略实施构成挑战。技术壁垒和别无他选的环境是双刃剑，既利于建立互信，也可能导致供应商话语权过强。

解决复杂新产品开发项目中的信息不对称问题，关键在于信息交流方式的革新。项目参与者众多给牵头单位带来严重的管理压力，促使其利用最新技术开发管理系统，引入数字化、智能化管理模式。以"华龙一号"项目为例，中核工程携手中国移动，构建 5G + BIM 数字化模型，采用数字孪生技术，将实体项目复制到数字空间，使接入系统的供应商能全局掌握工程动态。这激发了供应商的主观能动性，使其能自主根据项目变化调整工作，还赋予供应商以往总承包商才有的全局视角，减少因误解导致的冲突，减轻总承包方的管理压力。

畅通信息渠道，是解决矛盾、提升效率的重要途径。数字化系统让参与复杂新产品开发的各方得以洞悉彼此需求，主动寻求共赢的长期利益。然而，目前数智化变革尚处初级阶段，信息化、数字化技术应用尚浅，且企业在数据开放上存有顾虑。这需长时间实践与互信积累，以及数智技术的持续进步来解决。

5.4.3 供应商协同中的精神文化差异问题

文化协同是在复杂新产品开发项目中开展供应商协同的一个重要方面。复杂新产品开发项目涉及多个主体参与，在专精领域经营多年，早已形成自身独特的企业文化，这些企业的文化存在差异。企业间的精神文化差异和冲突主要表现为沟通习惯和决策习惯的不同，如一些企业习惯凡事上报，而另一些企业鼓励员工积极发挥主观能动性。两者在协同时可能出现后者认为前者消极怠惰不积极处理问题，而前者认为后者盲目蛮干的现象。企业文化导致的工作习惯、流程上的差异使得企业间可能难以达成协同，直接表现为信息不对称导致的沟通不畅，并会引起不同企业员工间的矛盾，损害参与方积极性，造成项目迟滞。主制造商应在其中负起牵头责任，抓住供应商的精神文化共通性，凝聚适合项目的共同精神文化，在供应商协同中实现文化协同。

在参与"华龙一号"示范工程的 5 300 多家企业中，各个部门有多家"中字头"企业牵头。建筑方面，有中国核工业二四建设有限公司；核工程综合安装方面，有中国核工业二三建设有限公司；设备方面，有隶属于中国一重集团的一重集团大连核电石化有限公司。这些企业都是各行业的领军者，在核电建设领域深耕多年，具有较高的专业性和话语权，不愿在专长领域做出让步，给总承包协调工作带来了许多困难。到了工程安装阶段，各种需要协调的问题迎来了爆发期。中核工程需要统筹项目的人员、材料、机械从入场、施工到退场的各个时间节点，保证各供应商都能按时施工，减少彼此干扰和占用，形成了极大的管理工作量和极高的管理难度。为了做好总承包协调工作，中核工程决定从精神文化层面出发，通过文化协同提高各参与方的一致性和主动性。党建与共同的核工业精神是各参与方精神文化上的共同点。

中核工程从党建入手，突破各供应商的纵向组织结构，实现横向联通，各参建单位轮流举办党建联培活动，促进了成员间的横向交流。通过"大协同"，以党建为抓手凝聚最大共识，现场形成了"有问题，找党员"的惯例，党建联建成了现场大协同的"润滑剂"。文化上，中核工程带头弘扬核工业文化和"四个一切"的核工业精神，同时"华龙一号"示范工程所在的福清核电积极倡导"同一事业、同一项目、同一团队、同一目标、同一文化、同一行动"的"六同"理念，也在凝聚"华龙一号"各参与方强大精神动力方面起到了重要的作用。

在供应商协同中凝聚精神文化共识，使得复杂新产品开发项目取得了良好成果。精神文化共识发挥了企业文化引领作用，激发员工斗志，起到了约束作用，成为填充管理骨架间的血肉，作为"润滑剂"保证了项目顺利进行。凝聚精神文化共识既要传承"两参一改三结合"的优良成果，也要发挥新时代经营文化的能动性和积极性，将复杂新产品各参与方黏合成一个整体，输出最大合力。

5.4.4　供应商协同中的持续积极参与问题

在复杂新产品开发项目中，确保供应商的持续积极参与是主制造商面临的一项关键管理挑战。随着项目的深入进行，部分供应商可能会逐渐丧失参与热情，甚至采取机会主义行为，消极合作。这种行为不仅会破坏原有的协同合作关系，也会严重削弱主制造商对供应商群体的管理信任，进而引发其他潜在合作伙伴的不满情绪，对项目的整体进度和产品质量造成负面影响。供应商不愿持续积极参与的原因可归结为两大因素，即外部因素和内部因素。

外部因素主要由协同中的管理不当导致。当主制造商出现未能管理好参与方间的复杂关系、未能及时处理信息不对称问题带来的误解与矛盾、未能在各方间取得精神文化协同等管理疏失时，可能对参与方的积极性造成损害。解决这些问题，需要主制造商正确认识到复杂新产品开发项目中面临的管理问题，提早或及时做出准备，预防问题的发生或减轻后续影响。避免管理不当导致的供应商不愿持续积极参与问题，根本上需要参与方之间加强沟通理解，缓解信息不对称。在正式层面上，需要建立完善的问题沟通解决机制，建立标准化流程，在非正式层面上，需要建立互信。

供应商不愿持续积极参与的内部因素有两方面。一方面，企业对创新活动的积极性差。只有当企业面临适当的竞争水平时，企业才会表现出较高的创新绩效（Yang，2022；Bhattacharya et al.，2022）。在复杂新产品开发项目中，特定部件的供应商往往是行业的佼佼者，具有一定的技术垄断性，由于进行新部件的协同开发活动不能为其提供更高收益，且存在知识泄露风险，这些供应商不愿主动参与到新部件研发过程中。另一方面，项目对企业资源的占用导致供应商不愿参与协同创新。当参与复杂新产品开发项目的企业并非市场中的技术垄断者，面临较强的竞争时，参与协同创新活动可能会占用其资源，降低经营的稳健性和敏捷性，企业由于担心在市场竞争中处于不利地位而不愿参与协同创新。

解决内部因素导致的供应商不愿持续积极参与协同问题，需要建立利益共享机制和激励机制。对于强大的供应商，重点在于调动其参与协同的积极性。一方面，主制造商应以合作为主、项目为先，在荣誉与利益上适当让步，满足供应商参与的收益需要；另一方面，做好知识管理工作，确保供应商的独有知识得到保护。对于弱小的供应商，它们往往在财务上受限，但在特定领域具有较强的技术优势，主制造商应以帮助为主，积极协调供应商参与协同所需的资源，主动承担风险，换取供应商的技术协同，消除其参与协同的顾虑。

除了以上的针对性措施，开展供应商协同是一种长期合作，因而还需要重视持续改进和文化融合。主制造商应通过计划、执行、检查、处理的循环管理方式，不断审视供应商协同管理方式的合理性和适用性，及时做出调整改进；还应重视精神文化力量的作用，找到协同各方的共同点，在组织协同、目标协同的基础上逐渐做到文化协同，让共同文化作为参与各方之间的润滑剂。

5.5　供应商协同参与新产品开发项目的实证研究[*]

5.5.1　科学问题的提出

对于技术密集、参与主体多元且开发周期较长的复杂新产品开发工作而

---

[*] 资料来源：Xiaotian Yang. Vertical Coopetition：Effect of Supplier Relationship Management Strategies on Supplier Involvement in New Product Development. *IEEE Transactions and Engineering Management*，2022.

言，供应商的早期参与及其所贡献的独特且多样的知识资源，对于推动产品开发项目的后续进展，以及提升项目整体绩效，发挥重要作用。然而，供应商能否有效参与到新产品开发项目，如何提高供应商的参与意愿、积极性和持续性等问题，仍然面临诸多挑战。例如，对于产品开发项目，买方和供应商是开展协同研发的重要参与者，但同时也存在上下游之间的竞争关系，包括价格竞争、市场竞争等。供应商关系管理旨在鼓励买方与供应商之间的良性互动，实现经济价值和关系价值，有望成为促进供应商积极参与的有效途径。

在供应商管理策略中，我们发现了一个有意思的现象：加强合作或者增强竞争意识都能够在一定程度上促进供应商参与新产品开发项目，提升产品创新绩效。那么，买方在实际的产品开发中，要根据具体情况选择不同的策略吗？还是可以同时增强与供应商之间的竞争强度与合作程度？带着这样的疑问，我们以日本汽车行业的新产品开发项目为研究样本，以参与项目开发的制造商（也称买方）与供应商为研究对象，选取了日本汽车制造行业新产品开发项目的研发数据开展实证研究，探讨买方如何采取供应商管理策略、推动新产品开发项目的协同创新。

5.5.2　供应商管理策略对新产品开发项目创新绩效的影响

1. 竞争视角下供应商管理策略对协同创新绩效的影响

复杂新产品开发是一个多方协同、相互交互的复杂过程，多个创新主体之间的供应关系构成了一个错综复杂的网络，而非线性的供应链条。在这一网络中，除了传统的买方—供应商二元关系外，供应商与供应商之间也形成了紧密联系，共同为买方提供所需产品。鉴于此，我们想要探讨不同供应商间的竞争关系如何影响协同创新绩效，以及买方如何利用这种竞争关系获取价值增量。

在复杂新产品开发项目中，供应链往往呈现出树状结构。相较于供应商，买方通常拥有更强的议价能力，能够要求供应商做出更多有利于自己的努力，并推动其增加特定关系的投资，如参与新产品开发活动。根据资源依赖理论，在供应商群体中引入竞争可以降低买方对某一特定供应商的过度依赖。对于供应商而言，替代性供应商的存在增加了他们在交易中的危机感，促使他们提升绩效，包括在生产流程和新产品研发中加大投入，或者通过降价、知识共享和成本控制等方式来提高协同创新的基础。此外，危机感的增强也会激励供应商寻求与买方更加紧密的合作，如通过地理上的接近性（如搬迁至买方附近或建立分支机构）来加强与买方的联系，或者主动在生产过程中征求买方的需求。

然而，当替代供应商的数量过多时，供应商所感受到的危机感会放大，进而对双方的合作产生负面影响。过度的危机感可能导致供应商不再愿意加强与买方的联系，不再深入参与买方的生产过程或为其开发和改进产品。在这种情况下，供应商可能更倾向于采取机会主义行为，并积极寻找新的买家。因此，当供应商认为供应网络中存在过多的替代选择，会出现更大的危机感，可能会减少甚至停止与买方的协同创新活动，或者在协同创新中采取机会主义行为，降低双方的协同创新绩效。

上述现象在丰田公司和本田公司的故事中得到了检验。丰田和本田在部件采购上均不依赖单一来源，而是为每个组件的开发寻找两到三个供应商，并在产品开发阶段就鼓励供应商之间的竞争。以丰田为例，它通常会要求几家供应商为每个汽车产品开发项目设计轮胎，并根据供应商提供的数据以及道路测试结果来评估轮胎的性能，最终与性能最佳的供应商建立合作关系。被选中的供应商将获得该车型的终身合同，但如果其表现下滑，丰田会在后续的合作中选择其他供应商。而如果该供应商的表现有所改善，丰田可能会再次给予其赢得其他项目的机会，并重新让其获得市场份额。这表明，积极采用供应商关系管理策略的企业在竞争管理中倾向于保持合理的供应商数量，实现持续性的创新收益。由此，我们提出以下假设：

假设 5-1：在供应商参与制造商（买方）的新产品开发项目中，供应商竞争的强度与协同创新绩效之间呈倒"U"形关系。

2. 合作视角下供应商管理策略对协同创新绩效的影响

持有供应商股份作为一种加强买方与供应商合作关系的策略，核心在于通过股权合作将外部资源转化为内部资源。随着买方持股比例的上升，不仅增加了在董事会的决策权，进而对供应商的决策施加影响，还能通过提供买方导向的资源，鼓励供应商深度参与其新产品开发项目。作为供应商的股东，买方还可通过人员派遣、资源共享等多种方式向供应商注入资源，增强双方之间的关系黏性，提升目标的一致性。

然而，当买方持有其供应商的大部分股权时，对供应商的依赖程度也随之加深。这可能导致买方产生沉没成本，容易出现"无论供应商未来的表现如何，制造商都因高昂的更换成本而难以更换供应商"的困境。此外，过高的股权合作可能导致社会资本过度嵌入，关系惯性增强，供应商可能因此变得懈怠。持股比例的提升消除了供应商的危机感，降低了其进一步投资的意愿，不仅缺乏动力投资新技术以提升自身竞争力，还可能通过减少在制造商新产品开发活动中的投入来抑制创新。同时，随着持股比例的不断提升，双方之间的合作互动逐渐趋于同质化，制造商从供应商处获取新信息和独特资源的能力减弱，从知识创新与共享的角度，对共同开发项目的创新绩效会带来不利影响。因此，我们提出以下假设：

假设 5-2：在供应商参与制造商的新产品开发项目中，买方持股比例与协同创新绩效之间呈倒"U"形关系。随着持股比例的增加，协同创新绩效先升后降，存在一个最优持股比例使创新绩效达到最大值。

3. 竞争与合作的交互视角下如何促进新产品开发项目的创新绩效

在促进共同创新绩效的过程中，供应商关系管理策略中的供应商竞争机制扮演着双刃剑的角色。适度的竞争能够激发供应商的积极性和创新能力，对共同创新绩效产生正面影响；然而，过度的竞争可能因信任缺失和合同不稳定而引发负面效应。此外，供应商关系管理策略中持有供应商股份的做法，对低水平竞争的积极作用有所削弱，同时也缓和了高竞争水平对共同创新绩效可能带来的不利影响。

当买方增持供应商股份，成为其重要的利益相关者时，双方关系更加紧密。这种紧密的合作关系降低了供应商在交易中的危机意识，进而减弱了买方通过引入低水平竞争来激励供应商的动机。即便在面临高水平竞争的情况下，供应商也倾向于维持现有关系，因为买方的股权持有为他们提供了稳定的合作预期和信心。在共同创新活动中，高水平的竞争不再成为供应商考虑更换合作伙伴的主要因素，他们更加珍视与强大买方的长期合作关系，而非仅仅关注来自其他潜在供应商的竞争压力。此外，作为重要股东，买方在供应商参与其新产品开发项目的决策中具有更大的话语权。因此，我们提出：

假设 5 - 3：持有较高比例的供应商股份将减弱制造商通过引入供应商竞争对协同创新绩效产生的倒"U"形影响，即这种持股行为会缓和低竞争水平下的激励不足问题，同时减轻高竞争水平带来的信任危机和合作不稳定风险。

根据上述推论，我们构建了如图 5 - 6 所示的理论模型。

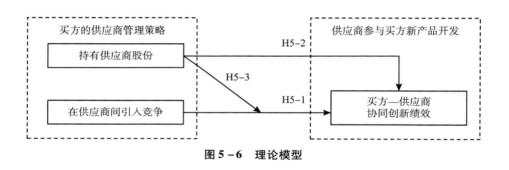

图 5 - 6　理论模型

5.5.3　研究设计

（1）研究问题：在供应商参与新产品开发项目中，买方如何通过供应商管理策略提高产品的协同创新绩效？

（2）资料来源：本研究选取了日本汽车行业的面板数据，包括九个主要的日本汽车制造商（丰田、本田、日产、铃木、马自达、三菱、斯巴鲁、五十铃、日野）和每个制造商的五个核心零部件供应商（供应发动机部件、转向系统、刹车、电气部件和内部部件）的相关数据。根据买方与供应商之间的交易合同处于 1994 ~ 2016 年期间，因此，面板数据（$N = 45$，$t = 11$）选取了 1994 ~ 2016 年，但 2014 年由于信息缺失没有收集该年份的数据。有关制造商及其供应商协会的数据来自日本汽车零部件行业数据库、日本汽车制造商协会（1994～2016 年）和日经价值搜索；专利数据来源于 J – PlatPat（日本专利信息平台）数据库。

（3）数据选取的原因：首先，生产复杂产品的汽车制造商需要选择具有长期战略合作关系的供应商参与他们的新产品开发。供应商参与新产品开发被视为"日本汽车优势"的关键因素。其次，尽管日本汽车制造商与供应商保持着密切联系，但有一些制造商并不仅仅依赖单一供应商，而是为每个零部件采用了至少两到三个供应商，说明制造商会选择具有竞争性的供应商参与到新产品的研发合作中，并对其进行有效管理。因此，上述原因表示日本汽车制造商在管理供应商的策略上能够帮助我们解决本小节关注的研究问题。

（4）数据测量。

协同创新绩效：供应商参与制造商新产品开发活动所产生的协同创新绩效。由于新产品开发项目的研发周期比较长，借鉴现有研究，我们选取了滞后时间一年（$t+1$）和两年（$t+2$）的制造商和供应商申请的联合专利总数，用于衡量协同创新绩效。

供应商的竞争强度：制造商在 t 年为某个零部件选择的具有可替代性的供应商数量。四位数 SIC（标准工业分类）代码与美国代码的相似性通常被用来判断两个供应商是不是竞争对手。由于所有样本均来自日本企业，因此本研究采用了日本标准工业分类（JSIC）代码，该代码根据日本企业的工业领域进行了分组。从日经价值搜索数据集上，可以获得在汽车零部件行业中具有相同前三位数 JSIC 代码的日本公司列表。对于每个买家，通过将具有相同前三位数 JSIC 代码的所有日本公司名单与买家供应商协会的所有供应商名单进行比较，计算每个核心部件的替代供应商数量。

相对持股比例：买方持有的供应商股份相对于供应商最大股东的比例。它衡量了买方在供应商董事会中的地位，并确定了买方是不是最大的股东，用来计算 t 年买方与最大股东的持股比例。

控制变量：由于因变量是协同创新绩效，涉及买方和供应商，所以将双方的特征作为控制变量，主要包括：企业年限、企业规模、企业财务业绩、吸收能力、研发能力。

5.5.4 研究发现与启示

本研究探讨了引入供应商竞争和持有供应商股份两种供应商关系管理策略对供应商协同参与新产品开发项目的影响，具体结果参见表 5 – 1。研究发现，供应商竞争强度对共同创新绩效呈现倒"U"形效应，而制造商持股比例则具有积极影响。此外，高持股比例能削弱竞争对共同创新绩效的倒"U"形影响。

适度竞争可能促使买家达到共同创新绩效的最优水平，打破单一与多重供应来源的传统二分法。单一供应来源虽能鼓励供应商参与创新，但过度嵌入的关系可能导致创新动力缺失和合作松弛。在低竞争环境下，制造商高度依赖供应商，难以激励其参与新产品开发活动；而高竞争则降低共同创新回报，因供应商对买家依赖过低。同时，持有供应商股份能削弱竞争带来的倒"U"形效应，结合使用这两种策略可进一步激励供应商参与新产品开发活动，提升共同创新绩效。高持股比例下，引入中等竞争被视为更优策略，但高竞争仍会导致共同创新表现下降。此时，供应商的不安可能超过忠诚感，影响合作研发程度。因此，高持股比例下竞争与共同创新的关系仍呈倒"U"形，但斜率减小。

综上所述，本研究揭示了供应商关系管理策略对供应商协同参与新产品开发活动及协同创新绩效的复杂影响。通过综合考虑引入竞争者和增加持股比例这两种策略，制造商可以更有效地激励供应商参与新产品开发活动，从而提升协同创新绩效。

研究结果还为制造商的供应商关系管理和采购决策提供了管理意义。采购、研发和投资部间的合作对正确决策至关重要。采购经理在决策时应考虑公司整体利益，不仅关注采购成本，还需根据公司战略与产品开发和垂直合作情况（如"成本聚焦"或"差异化聚焦"）作出平衡决策。制造商与供应商之间的联系应适度，既不过强也不过弱，以在持有高份额的同时引入中等竞争替代方案。

表 5 - 1　供应商参与策略与新产品开发项目创新绩效之间的关系

变量	模型 1	模型 2	模型 3	模型 4	模型 5	模型 6	模型 7	模型 8
买方企业年限	-0.014^{**} (0.007)	-0.012^{*} (0.007)	-0.013^{*} (0.007)	-0.007 (0.007)	-0.007 (0.007)	-0.004 (0.008)	-0.006 (0.008)	-0.004 (0.008)
买方员工数量	$6.25e-6^{***}$ (1.51e-6)	$6.17e-6^{***}$ (1.50e-6)	$6.37e-6^{***}$ (1.49e-6)	$3.50e-6^{***}$ (1.64e-6)	$3.52e-6^{***}$ (1.64e-6)	$3.58e-6^{***}$ (1.59e-6)	$3.52e-6^{***}$ (1.61e-6)	$3.28e-6^{**}$ (1.62e-6)
买方研发/销售	0.022 (0.136)	0.061 (0.140)	0.065 (0.139)	0.091 (0.136)	0.106 (0.137)	0.186 (0.143)	0.106 (0.142)	0.164 (0.145)
买方投资回报率	0.028 (0.022)	0.027 (0.022)	0.024 (0.022)	0.034 (0.021)	0.035 (0.021)	0.030 (0.021)	0.023 (0.021)	0.028 (0.021)
买方专利储备	$-1.76e-5^{**}$ (8.51e-6)	$-1.78e-5^{**}$ (8.44e-6)	$-1.74e-5^{**}$ (8.29e-6)	$-2.15e-5^{**}$ (8.77e-6)	$-2.11e-5^{**}$ (8.77e-6)	$-2.04e-5^{**}$ (8.45e-6)	$-2.20e-5^{**}$ (8.52e-6)	$-1.92e-5^{**}$ (8.59e-6)
供应商企业年限	-0.012 (0.007)	-0.011 (0.007)	-0.012 (0.007)	0.007 (0.009)	0.007 (0.009)	0.007 (0.009)	0.007 (0.009)	0.008 (0.009)
供应商员工数量	$3.73e-5^{***}$ (1.21e-5)	$3.77e-5^{***}$ (1.22e-5)	$3.73e-5^{***}$ (1.21e-5)	$3.01e-5^{**}$ (1.27e-5)	$3.21e-5^{**}$ (1.27e-5)	$3.20e-5^{**}$ (1.27e-5)	$2.89e-5^{**}$ (1.28e-5)	$3.25e-5^{**}$ (1.26e-5)
供应商研发/销售	-0.053 (0.048)	-0.067 (0.051)	-0.063 (0.050)	-0.061 (0.047)	-0.061 (0.047)	-0.076 (0.050)	-0.070 (0.051)	-0.071 (0.051)
供应商投资回报率	-0.009 (0.019)	-0.007 (0.019)	-0.005 (0.019)	-0.013 (0.018)	-0.012 (0.018)	-0.006 (0.018)	-0.005 (0.018)	-0.003 (0.018)

续表

变量	模型 1	模型 2	模型 3	模型 4	模型 5	模型 6	模型 7	模型 8
供应商专利储备	6.16e−5*** (1.96e−5)	6.77e−5*** (2.03e−5)	6.30e−5*** (2.03e−5)	7.18e−5*** (2.01e−5)	7.07e−5*** (2.02e−5)	7.24e−5*** (2.08e−5)	7.26e−5*** (2.14e−5)	6.79e−5*** (2.81e−5)
竞争		−0.019 (0.018)	−0.002 (0.022)			−0.003 (0.022)	−0.009 (0.032)	−0.097* (0.050)
竞争平方			−0.003 (0.002)			−0.004** (0.002)	−0.020*** (0.007)	−0.023*** (0.009)
持有股份				1.294*** (0.283)	1.478*** (0.406)	1.648*** (0.409)	0.996*** (0.304)	1.412*** (0.476)
持有股份平方					−0.683 (1.066)	−0.991 (1.081)		−2.084 (1.294)
竞争×持有股份							0.022 (0.057)	−0.117 (0.094)
(竞争平方)×持有股份							0.027** (0.011)	0.037* (0.020)
竞争×(持有股份平方)								0.484** (0.233)
竞争平方×持有股份平方								−0.010 (0.041)

续表

变量	模型 1	模型 2	模型 3	模型 4	模型 5	模型 6	模型 7	模型 8
常数	1.065 (0.903)	0.873 (0.923)	0.925 (0.915)	-0.627 (0.963)	-0.617 (0.957)	-0.955 (0.969)	-0.353 (1.003)	-0.294 (0.988)
观测值	374	374	374	374	374	374	374	374
分组数	34	34	34	34	34	34	34	34
瓦尔德卡方检验	104.23***	104.54***	108.38***	117.98***	118.28***	126.62***	124.39***	127.77***
对数似然	-617.6918	-617.1311	-616.3771	-607.3036	-607.1038	-603.8976	-600.1716	-596.5689

注: 括号里是标准误差; ***p 值 <0.01, **p 值 <0.05, *p 值 <0.1。

第 6 章

"华龙一号"复杂新产品开发
项目的系列研究

在前面的章节中，我们关注了在复杂新产品开发项目中，多主体之间可以通过产学研协同、竞争者协同和供应商协同等策略进行产品开发，以及开展项目管理活动。通过长期且深入的实地调研，我们发现中核工程作为项目总承包方，其开展的"华龙一号"项目正是复杂新产品开发项目的一个典范。经过长达4年的跟踪调研与数十次的访谈、核电站现场观察等，我们发现在这样一个大型项目中同时包含了上述不同类型的协同策略，而且展现了中核工程作为核心企业在项目管理上发挥的协调、引导作用。鉴于此，本章将通过呈现"华龙一号"复杂新产品开发项目的系列研究，从项目管理的角度，展现复杂项目的利益相关者如何管理、项目内部的竞合关系如何管理，以及核心企业对项目的治理策略等，深入剖析实践活动中的项目管理知识，提炼可复制、可推广的项目管理经验，为复杂新产品开发项目的成功实施提供参考。本章结构如图 6-1 所示。

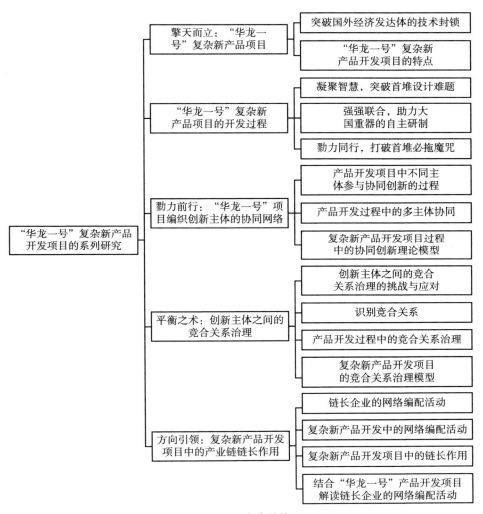

图 6-1　本章结构

6.1　擎天而立："华龙一号"复杂新产品项目

"华龙一号"属于大国重器类的复杂新产品开发项目，研发周期长、过程艰难、流程复杂、参与产品开发的创新主体规模大，项目开发过程为我们呈现出一幅巨型画卷。该项目联合了国内 17 家高校与研究院所，国外有 14 家企业与大学参与，签署科研合作协议上百项，有效整合了技术资源。在设备研发与制造上，充分利用了我国成熟的核电设备制造体系，联合 58 家国有企业，联动 140 余家民营企业，共同突破 411 台核心设备的国产化。① 设备供货厂家分布全国各地，多达 5 300 余家，为示范工程提供了共计 7 万多台套设备，核心设备的"中国造"带动了国内高端设备的整体研发和制造水平的提升。② 工程协调量巨大，能够将如何"浩大"的工程成功推进，让各参与单位"拧成一股绳儿"，实现独立自主的核电强国目标共同努力是一件特别难得的事情。

作为"华龙一号"全球首堆示范工程项目福清 5 号项目的工程总承包方——中国核电工程有限公司（以下简称"中核工程"）负责工程设计、设备采购、工程建设、调试和试运行。中核工程成立于 2007 年 12 月，依托原核工业的三家研究设计院主营业务和主干力量重组改制而来，是我国最早从事反应堆工程和核电研究的设计单位，是核电型号总体院、国家核电研发设计建造的引领者。如此庞大的项目，中核工程是如何让各方参与者凝聚"核"力、勠力同心的？让我们一起走进"华龙一号"重大工程项目，了解重大工程项目的建设始末，从中领略大国重器的诞生过程，见证我国自主研制的核电站如何"擎天而立"、屹立在世界核电"舞台"。

2021 年 1 月 30 日，在东海之滨的福建福清，"华龙一号"全球示范首堆——中核集团福清核电 5 号机组投入商业运行。这一刻，标志着我国成为继美国、法国、俄罗斯等国家之后真正掌握自主三代核电技术的国家，核电技术水平和综合实力跻身世界第一方阵。然而，"华龙一号"这类国之重器的复杂新产品项目的开发过程十分艰难。20 世纪 90 年代，我国核电设备大部分依赖国外进口，国内无法自主研制，需要吸收国外先进经验的处境下只能按照国外要求进行技术引进。2009 年，中核集团延续自主核电技术的道路，决定部署百万千瓦核电技术 CP1000，即中国压水堆，并以福清 5 号为依托项目，即此后的"华龙一号"全球首堆示范工程。在 2011 年受到日本福岛核电站核

---

① 带动中国核电"走出去" 华龙一号成为我国新"名片". 中国网，2022 – 03 – 26.
② 持续创新创优，擦亮华龙一号"国家名片". 中国广核集团有限公司，国资委网站，2024 – 12 – 04.

泄漏事件影响,第二代核电站在安全性方面存在不完善性,美国和欧洲率先提出第三代核电站的技术标准,但是对我国的一些核设备部件禁运,给第三代核设备关键部件制造带来了很大困难。

当时,我们的核电设备出现问题,找国外供应商维修,他们觉得我们不需要研制核电技术,也没有这个能力,如果出现问题,直接找他们就行。而且维修的时候,也不让我国核电人员靠近。类似的事情还有很多,这让核电人深刻认识到真正的核电技术是买不来、要不来的,必须靠自主研发。2013 年 4 月,国家确定中核集团公司与中广核集团联合开发"华龙一号"(HPR1000,Hua-long Pressurized Reactor)。2015 年 4 月,国务院常务会议决定核准建设"华龙一号"三代核电技术示范机组,即福清 5 号、6 号机组。同年 5 月和 8 月,"华龙一号"全球首堆示范工程开工,自此,我国自主研制的第三代核电技术进入了应用阶段。

6.1.1 突破国外经济发达体的技术封锁

国外技术封锁倒逼我国加快研制具有完全自主知识产权的第三代核电技术。20 世纪 50~60 年代,以美、苏为首的发达国家首先尝试建设圆形堆核电站,即第一代核电站。各国研发的目的也是验证核电的可行性。20 世纪 60 年代,第二代核电站发展迅速,为社会提供了清洁能源,但是存在的核安全与核废料处理问题,推动了第三代核电技术的设计研发与应用。

20 世纪 90 年代,我国核电设备大部分都是国外进口,在国内无法自主研制、需要吸收国外先进经验的处境下只能按照国外要求进行技术引进,处于封锁下的自主创新阶段。2009 年,美国转让 AP1000 技术,在我国建设 4 台核电站,虽然可以通过引进消化吸收再创新来快速掌握第三代核电技术,但无法实现独立自主的核电梦。同年,中核集团延续自主核电技术的道路,决定部署百万千瓦核电技术 CP1000,即中国压水堆,并以福清 5 号、6 号为依托项目,即后来的"华龙一号"全球首堆示范工程。但是在 2011 年受到日本福岛核电站核泄漏事件影响,第二代核电站在安全性方面存在着不完善性,特别是在核反应堆的日常运行和维护上，于是为了进一步提高核电站的安全性，美国、欧洲率先提出第三代核电站的技术标准，但是对我国的一些核设备部件禁运，给第三代核设备关键部件制造带来了很大困难，核建设项目在我国也因此延误了 4 年。

在这期间，国家能源局牵头，深入消化吸收这项新的核电技术。中核集团对引进的 AP1000 进行消化再创新，在 2011 年 3 月份按照最新法规标准要求，完成 ACP1000 概念方案。2013 年 4 月，国家确定中核集团公司与中广核集团联合开发 "华龙一号"（HPR1000，Hua-long Pressurized Reactor）。2015年 4 月，国务院常务会议决定核准建设 "华龙一号" 三代核电技术示范机组，以及福清 5 号、6 号机组。同年 5 月和 8 月，"华龙一号" 国内示范工程与海外示范工程分别开工，自此，我国自主研制的第三代核电技术进入了应用阶段（见图 6 - 2）。

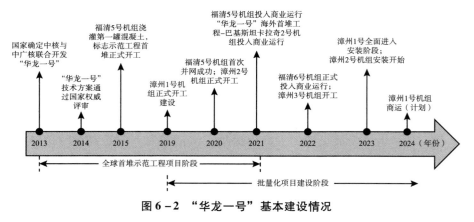

图 6 - 2 "华龙一号" 基本建设情况

资料来源：杨筱恬，关月，于淼，等. 重大工程推动关键核心技术产业化的实现路径——以 "华龙一号" 核电工程项目为例 [J/OL]. 科学学研究，2024，9：1 - 13.

为了实现核电自主的目标，"华龙一号" 不仅需要攻克堆芯燃料组件等核心领域的自主研发，在中国核电的发展蓝图中，还需把这些自主研发的技术尽快安置在中国的土地上。因此，在技术突破后的重大挑战和任务是将技术实现成果转化，实现规模化的核电站建设。

6.1.2 "华龙一号"复杂新产品开发项目的特点

从项目开发过程来看,"华龙一号"项目可以分为技术研发与设计环节、装备制造环节和工程建设与运维环节。其中,技术研发与设计是项目开发的开端,包括基础技术研发和工程设计两个主要部分。核电技术的装备制造主要包括重大装备制造和其他装备制造两部分,对于重大装备,如蒸汽发生器、反应堆压力容器、稳压器、主泵等,在第三代核电技术攻关中极为关键,也是新产品开发项目需要重点协同攻关的部分。另外,对于项目开发后期的工程建设及运维服务部分中较为关键的是现场施工环节,尤其是首堆示范工程建设中,经常出现新情况、新变更等,催生了很多工法创新。

"华龙一号"复杂新产品开发项目具有以下特点:

第一,技术复杂性高、攻关难度大。第三代核电技术兼具交叉性、前沿性和突破性等特点,尤其示范工程中很多设备均为首次、首批、首套,从技术研制、技术设计、重大装备研制、调试与试运行等全流程技术之间的耦合要求极高。

第二,作为一个大型复杂产品系统,依托重大工程项目来实现,平衡处理安全性、先进性和经济性的要求极高,在全球首堆示范工程项目到批量化工程项目的过程中,对经济性的要求增加,在考虑成本的情况下,对技术和安全性的挑战和难度也随之提升,对攻关项目的成功建设提出更高要求。

第三,依托的重大工程项目统筹协调难度大。"华龙一号"从基础研究到应用研究,以及成果转化阶段,联合了国内装备制造、设备研制方面的龙头企业,如中国一重、东方电器、哈电集团等58家国企,联动了140余家民营企业,带动产业链上下游5 300多家企业,突破了411台核心装备的国产化等。此外,研发设计团队跨越国内外、国内不同省份地区,对工程建设中的数字化能力要求也高,需要有经验、有资源、有能力的链长企业发挥协同创新作用,牵头组建若干个创新联合体、若干个利益共同体来共同完成。

我们通过四年持续性的跟踪调研与访谈,对"华龙一号"项目的主要参与企业进行了深度调研，包括中核工程集团、研究所、施工单位；重大设备供应商，以及到批量化建设示范工程"漳州项目"现场观察等，进行我国管理实践探索和学术研究的同时，对一代代核电人的坚持和坚守表示崇高敬意，感谢核电人为提升国家战略能力、战略安全，为百姓点亮万家灯火的付出。

6.2 "华龙一号"复杂新产品项目的开发过程

6.2.1 凝聚智慧，突破首堆设计难题

在 2010 年之前，中核集团进一步确定了 177 堆芯、单堆布置、双层安全壳等 22 项重大技术改进，型号更名为 CP1000。2009 年完成了 CP1000 示范工程福清 5 号、6 号初步设计。2010 年 4 月，CP1000 技术方案通过中国核能行业协会组织的国内同行专家审查。就在一切准备就绪，开始接下来的工程建设时，日本发生了福岛核事故，我们国家的 CP1000 设计被迫暂停，需要按照最新法规标准的要求，进行 ACP1000 的概念方案及科研补充报告。最后在 2013 年 2 月，完成了示范工程福清 5 号、6 号初步设计，并开展施工图设计，启动主设备采购。在 2013 年 4 月，延后 3 年，确定了"华龙一号"的核电设计。并在 2014 年 11 月，经国家能源局复函同意福清 5 号、6 号机组工程调整为"华龙一号"技术方案。

"华龙一号"首堆示范工程不仅是高技术含量、复杂的大型项目，更是核电工程领域的新发展和新引领，是一个全面创新管理的实践载体。但也正因为首堆工程，面对更多新问题，会出现大量设计变更，加上核电工程本身就是技术集成型的项目，设计变更会涉及诸多的技术环节，每个技术接口衔接的背后都是多个利益相关者的有效协作。

"华龙一号"核电工程的设计环节主要包括一回路设计和常规岛设计两大部分。其中，一回路设计是指反应堆冷却剂系统及其相关辅助系统的设计，

是核电站的核心部分,负责将核能转化为热能,并通过冷却剂在反应堆堆芯和蒸汽发生器之间循环,将热量传递给二回路中的水,产生蒸汽,驱动汽轮机转动,进而发电。一回路设计主要是核动力研究设计院负责研发设计;中核工程负责反应堆及一回路系统的详细设计和优化,包括反应堆堆芯、冷却剂系统、安全系统等关键设施等。常规岛设计是指核电站中除了核岛和辅助系统之外的其他部分的设计,主要包括汽轮机厂房、发电机厂房、冷却水系统、电气系统等。在常规岛设计方面,主要参与单位包括中国能建华东院,承担了汽轮发电机厂房、500 千伏和 220 千伏升压站、主变压器、高压厂用变压器、辅助变压器等区域的设计任务,确保常规岛能够将核岛输出的热能转换成电能,并安全输出;中核工程作为设计院转型而来的总承包企业,参与多个关键环节设计,尤其是协同一回路和常规岛之间的沟通和技术接口的匹配。此外,东北院在常规岛设计中负责厂房的整体设计等。

1. 突破设计变更难题

核电设计是复杂的系统工程,涉及专业技术领域超过 70 个,"华龙一号"示范工程包括 350 多个系统,超过 80 个子项,需出版施工图纸 113 517 张。除总包设计院及核岛与常规岛分包设计院外,还有多家单位参与工程设计,设计过程中有数以万计的内外部接口数据需要得到有效的协调管理。作为全新设计,大量接口数据需要在不同专业、不同设计单位与供应商之间进行多次传递,反复迭代计算后才能最终得到确定。任何一项数据错误都会对工程带来影响,这对设计协调管理带来巨大的挑战。

对于首堆工程能否顺利完成,设计固化问题是必须解决的。可以这样形容设计固化问题:"就像爬山一样,没有爬到山顶的时候不知道山的后面是什么,不管如何描述都没有用,但是真正到了那个高度,发现跟想象的不一样",设计也是这样,需要走到一定深度,才能发现一些具体的问题。示范工程由于是全新的设计,各种因素带来方案调整的可能性难以避免,如施工图设计阶段调整系统、设备和布置等设计方案,都将引起相关设计的连锁反应,直接影响工程进展。从概念设计到施工图出版,是不同参与方、不同专业在3 ~ 5 年的时间内反复迭代的结果。在这个过程中,会出现大量需要技术决策的问题，有些问题是跨专业综合性问题，技术决策的效率和质量往往会成为工程项目能否顺利推进的制约因素，也是需要各方设计人员能够在统一的设计语言中进行及时、有效沟通的关键，对解决不同环节之间因为设计参数、设计图纸等出现的接口不匹配问题至关重要。

对于如此庞大的工程，经常遇到设计变更的话，如何在过程中进行协调是项目能否按时完成、不拖期的重要一环。对此，"华龙一号"示范工程的设计过程中全面采用了数字化设计手段，设计信息管理系统实现了无纸化设计，三维设计实现了北京、成都、郑州、上海等多地的协同可视化设计，土建及布置设计变更量下降了40%，设计效率提高了30%以上。中核工程在"华龙一号"设计环节创造性地利用"互联网＋"的优势，将碎片化业务整合，搭建了三维设计平台。该平台可使分布在北京、上海、成都等地的20余家单位相连，协同设计平台的终端数量达500个。通过该平台，设计人员随时可了解相关信息与其他专业设计情况，随时协调设计接口。采用三维综合设计平台，除了工程公司、核动力院两院四地协同设计外，还有业主、工程采购、设备制造厂以及土建与安装施工单位连接，提供相关设计数据支持。平台集成了工厂三维设计、电缆敷设、力学分析计算等多种功能。

2. 打通经验反馈通道

在设计变更的过程中，会出现各方对设计接口、参数调整、材料需求等方面的反馈，比如不同设计方之间可能存在理解偏差、技术规格不匹配或是设备选型错误等情况，但由于设计方众多，逐层传递信息的通道过长，而且没有时效性，容易出现信息还没有传送到，错误参数的设备或零件已经到了下一个环节，带来不必要的返工。

同时，考虑到"华龙一号"后续的批量化建设中尽量减少设计变更，所以在前期要做好充分的经验积累和知识管理工作。2015年之前在核电行业里面叫"经验反馈"，工程建设完成后进行总结，既要积累优秀的做法，也要对不足之处给出改进意见，形成文本文件。但是对于这些总结文件，大多数都属于"尘封"文件，之后再翻阅、再借鉴的很少，所以没有做到真正意义上的"反馈"，导致知识链条不能闭合，不能为后续的设计环节提供借鉴和启示。

而"华龙一号"首堆示范工程恰好提供了提升经验反馈能力的契机和很好的试点。以往项目都是结束之后再总结，设计、采购、施工、调试和业主等参与方在一起写文件，但是"华龙一号"项目的要求是验收当天就要完成所有经验的总结，所以也是推进实时经验反馈的任务要求。为了推进经验反馈的规范化和体系化，中核工程在项目管理部成立了知识管理科，进行"华龙一号"项目的经验反馈，后续与智慧工程和信息部门合并，通过数字化技术更好实现经验反馈和项目知识沉淀。

为了更好地推进各方能够积极参与到经验反馈上，中核工程要求设计院、分公司等在各个专业所对设计变更经验反馈的历程及相关要求进行宣传，让每一个设计者在出图之前能够自发地吸收前续机组的设计经验，从而优化设计，为"华龙一号"工程建设提供良好的反馈环境。

尽管如此，经验反馈也没有想象得那么顺利。比如，施工单位、安装单位等一线人员其实反馈意愿比较低，因为他们会觉得让自己在反馈平台上指出自己部门甚至是自己领导之前的设计不合理，很难做。面对这种情况，中核工程采取激励制度，一方面，通过给予每条意见物质奖励的方式，激励各单位上传意见；另一方面，年终由监管部门对各单位反馈意见的数量和质量进行评比，在量的基础上实现了质的提升。此外，也会借设计院、分公司领导来项目部交流回访之际，对设计变更经验反馈工作进展及成效进行汇报，以及对后续经验反馈工作的方向、项目部相关要求等进行深入沟通和交流。这样既能打通自下而上，从一线员工收集反馈信息的渠道，也能疏通自上而下，从单位领导层面强化反馈意识。

3. 促进工程深度融合

随着经验反馈的逐渐规范，中核工程的知识管理部门发现，来自施工阶段的反馈比重很大。因为设计阶段主要体现在图纸上，但图纸上的技术参数是否正确、接口是否匹配，需要在施工阶段，在现场真正地做土建、做建安、做设备的时候才会发现，但那时候发现未免"为时过晚"，为何不在设计环节就将施工单位也拉进来一起做呢？加上中核集团一直在做精细化管理，要做好工程各环节的融合，单纯从设计发力也不行，单纯从工程发力也不行，设计阶段除了考虑设计的安全性、经济性外，还要考虑施工的可操作新结构和便利性，以及安全这个最根本的要素。所以各环节需要互相提需求，这样既能减少不必要的变更、提高设计的可操作性和安全性，又能满足施工阶段的实际需求，提升施工管理水平，是一个双方获利的举措。

例如在福清现场，主蒸汽主管道引入的时候，需要从 16.5 米的平台引进来，要用大环形吊车吊起每一段预制号的常规岛主管道，但是吊车施工的空间距离安全壳的内壳很近，只有几毫米厚，碳钢钢板是不能碰的，一旦碰到后果不堪设想，所以对安装单位的要求特别高。这实际上是设计不周、对空间预留不足带来的问题，后续是中核二三公司设计了几个专门的支架进行吊装的。这个问题通过经验反馈后，在设计部分就需要考虑这些细节，针对长度或重量特殊的装置，需要进行提前规划，可以在中间加一道焊缝、增加管段等方式，提高吊装的便捷性。

由于这样的事情经常发生，但是一个个解决又不现实，毕竟现场有几十个单位、最多时候有 1 万多人在现场，怎么能协调得过来？作为总承包方的中核工程，通过召开一些例行会议，将重点的事情在会议上与设计院、施工单位一起讨论、制定决策，再由各部门负责人将信息逐层往下传递。例如，每个季度召开的三院四方会，参与单位除了总包院、核岛设计院、动力院、华东院外，还有深圳三个设计院和业主，专门针对一个季度协调设计领域相关的问题。

6.2.2 强强联合，助力大国重器的自主研制

采购阶段，"华龙一号"主要涉及三类设备：第一类是重大设备，也是首堆项目的首台（套）设备，通常是核动力院、中核工程等中核集团内部的研发设计单位进行设计研制、出设计图纸，由国内各领域掌握先进制造技术的国企进行生产制造。第二类是中核自主设计，找厂家进行加工制造，进行一些细化设计。第三类是采购厂家的标准设备，厂家提供设备接口，而中核工程做施工图，包括如何用电、预埋如何做、水汽如何做、设备如何运行等。

对于第一类重大设备供应商，主要包括东方电气、中国一重、哈电集团

等。对于非重大装备（包括第二类和第三类设备）的供应商，大多提供基本材料、通用部件等技术含量较低的产品，属于非核心供应商，一般通过签订合同形成市场交易关系，为双方或多方提供公平、透明的合作框架，确保各方利益公平分配和程序公平。

1. 携手攻克设备难题

像主泵、蒸汽发生器、核反应堆压力容器等重大设备，都是多方共同研制、协同攻关的成果，打破了国外技术垄断，在"华龙一号"自主研制的第三代核电技术攻关上发挥了至关重要的作用。这些大国重器类的重大设备由中核的设计院，如核动力院、中核工程等，国内重要的制造企业制造生产，并且在生产制造过程中需要设计院和制造企业之间不断进行技术交互和反馈，甚至不断地变更和迭代才能实现。

中核工程作为总承包方，不仅要对接设计和采购环节，同时在 2007 年之前作为设计院，参与了很多"华龙一号"的研发设计，所以在与设备供应商之间交互的过程也提供了很多技术设计方面的帮助和协同攻关的案例，包括主泵研制、蒸汽发生器研制、反应堆压力容器研制等。

主泵是核电站的心脏，我国从建设第一个核电站开始到现在，主泵是唯一没有实现国产化的关键设备，这也成为我国核电的"心脏病"。为了攻克主泵的国产化，2007 年，在国家支持下，哈电集团投入资金约 20 亿元兴建哈电集团核电泵阀基地，建设核主泵全流量试验台，哈电动装公司应运而生。在这之前，国内参与主泵项目的各单位在主泵设计、原材料、制造、试验等多方面略微滞后。

经过哈电动装、中核工程、中国一重等主要设备研制的参与方之间的协同攻关，帮助我国首台自主知识产权的"华龙一号"轴封式主泵具备了引入核反应堆内的条件，标志着"华龙一号"全球首堆用上了"哈电心"，也标志着中国核电的"心脏"从此实现了完全国产化。

在主泵的研制过程中，中核工程也成立了主泵国产化专项组，建立从基层项目人员到集团领导层的协调机制。针对主泵国内重要供方实施蹲点策略，安排项目人员现场指导和推动厂家主泵国产化进展，帮助厂家建立了一整套主泵项目管理、质保体系。例如，哈电动装供货的三轴承结构轴封主泵技术，泵体结构复杂，制造难度大。制造过程由于受到设计、制造能力限制，以及哈电动装在本项目上首次作为合同总包商进行合同供货，管理经验、力度欠缺，导致设备供应出现延期交付。为确保主泵的制造进度，主泵专项组牵头，结合主泵合同沙盘推演，对项目进行立体管理，通过"网格规划、精细管理、重点突破、梯次推进"，整合管理资源，变层级管理为综合管理，实现空间全面覆盖，确保项目工程进度。

整体上看，"华龙一号"项目组建立了主泵设备供货的高层协调机制，协调各方结合工程进展制定总体和阶段性的工作计划并组织实施，如期发布主泵项目专项报告，组织召开主泵设备供货专项高层协调会（图6-3），建立主泵供货情况周报制度，定期报送执行进展情况和风险。例如，针对项目的重大问题，项目主管24小时内通报执行难点，各层级内协调不超过48小时，组织或由组长委托有关人员一周内协调，影响工程项目节点的重大事件一周内通过双方集团公司，跟随主泵供货偏离情况动态调整工作方案。

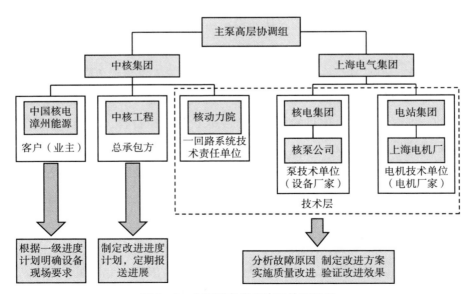

图6-3 主泵设备供货高层协调机制

资料来源："华龙一号"主泵能按期交付这些机制功不可没（thepaper. cn）。

此外，中国一重提供了主泵泵壳的关键锻件自主制造，为主泵成功研制提供有效助力，组建了各专业技术人员协同作战的专项攻关队伍，依据已有的电站锻件技术基础和生产经验，不断完善基础工艺数据。经过 11 个月的艰苦奋战，"华龙一号"主泵泵壳锻件于 2016 年 6 月 27 日完成了锻件评定及首件制造，又一次成功书写了我国核电大型关键铸锻件自主制造的辉煌一页。

2. 规范一般供应商合作行为

由于供应商众多，很难在合作过程中进行一一管理，既浪费时间和成本，又不现实。所以，中核工程参考项目管理中的事前控制和管理重心前移的思想，在合同初期做好建章立制，对这些设备、产品和服务的供应商，在合同签订初期明确各项规则和制度，减少后期合作过程，以及供货阶段的问题。以核电数字化仪控系统（DCS）合同为例，在 DCS 合同执行的前期，"华龙一号"DCS 团队在过往项目经验基础上，形成了合同执行的管理措施，发布工作细则，成为执行团队的指导文件，包括《福清核电 5 号、6 号机组 DCS 合同执行策划报告》《执行管理细则》《执行开口点管理》等 6 份文件。

随着项目的推进，尽管在合同建立初期制定了双方或多方确认过的规则，但是示范工程带来的新设备、新厂家现象，对合同模式产生了一定影响。例如，中核工程最初与火灾自动报警系统的供应商签订的是固定总价合同，报警系统招标阶段的设备数量是根据初步设计阶段的图纸统计得出的，最终供货数量以施工图材料清单为准，但是招标阶段无法给出准确的施工图纸，导致实际供货数量与合同签订的数量存在偏差，合同变更金额增加。这让中核工程对合同模式进行了思考和优化，对类似难以明确数量的设备，采用单价合同模式，适用于工期长、技术复杂、实施过程中不可预见因素较多的情况。同时也约定了因更新换代导致的设备型号升级不引起单价变化。

但是这样一来，固定单价合同对于供货单位可能会带来成本增加，为了降低供货成本，可能会出现质量下降的问题，这是核电站建设中绝对不允许出现的问题。因此，中核工程对于这些一般供应商，难以一一管理的情况下，特别重视他们提供的产品、设备或服务的质量，避免因为成本、不确定性等带来的质量风险。对此，中核工程要求供应商提交统一标准的审查计划。质量计划是核电设备制造过程中对质量控制的重要手段，通过质量计划进行质量控制，需要在质量计划管理中加强对特殊或关键工序的过程控制。为实现质量计划主动管理，加强范围管理，防止供应商该编制未编制、该提交未提交或不按时提交的情况，中核工程在合同模板中要求供应商提交由其审查质计划的编制计划，包括主设备、容器、泵、阀门、大宗材料、PMC 类、系统与辅助设备类别。

6.2.3　勠力同行，打破首堆必拖魔咒

2015 年 5 月 7 日，"华龙一号"示范工程福清核电 5 号机组正式开工建设。建设之初，很多工序摸不清"套路"，经常出现工序对接不上、料等人和人等料的情况，每个环节的意外都会带来整个流程的延后甚至工期拖期风险，对现场的施工技术和工程管理带来严峻挑战。正是在这样的考验下，中国核电人展现出了惊人的毅力和智慧。他们攻坚克难，夜以继日地工作，不断优化设计方案，加强工程管理，确保工程的顺利进行。时间来到 2020 年 11 月，经过 68 个月的艰苦奋战，福清核电 5 号机组成功并网发电。这一刻，所有的努力和付出都化作了胜利的喜悦。这不仅是中国核电技术的巨大突破，更是全球核电发展史上的一次重要里程碑。它打破了"首堆必拖"的魔咒，向世界展示了中国核电技术的实力和自信。然而，在这背后，还有一群默默奉献的核电人，他们来自不同的行业、不同的背景，却都在核电工程建设中扮演了至关重要的角色。

在机械成群的施工现场，经常能看到一群人盯着一个孔位、一个设备、一面墙、一个空地在争论。这种情景在示范首堆工程上是很正常的，设计环节即使出的图纸再全面、细致，在施工环节也会出现接口对不上、空间预留不够、材料短缺、手工焊还是自动焊等问题，让各方参与者面对一个又一个的突发状况。但也正因为如此，现场发生了很多工法创新的故事。

例如，GB 廊道是福清核电站综合技术廊道，贯穿核岛和常规岛，为各厂房提供水、电、气等相关系统的通道。示范项目的工程量较先前工程增

大了将近一倍，施工难度增加，主要体现在与室外工程及室外其他管沟纵横交错，施工关系复杂，并且开挖深度较深，对厂区交通及相邻子项施工影响较大，同时各子项外墙脚手架、吊车及泵车占位、大件运输、施工用临时管线等往往制约 GB 廊道施工。土建、安装、施工、设计等多方主体聚到现场认真分析相关工作逻辑关系，梳理了新的施工计划，启动 GB 廊道 G 段主体结构施工，根据实际情况采取跳仓施工的措施，最终在工期内完成 GB 廊道 G 段施工。

类似的情况还有很多，都是在施工环节、建安环节发现了一些问题，现场随即展开讨论，调整方案、制订新的施工方案，促进工法创新。例如东方电气出厂的蒸汽发生器，安装指导书是根据前期核电项目经验基础上编制的，但"华龙一号"首堆核电机组凝汽器安装没有类似工程经验，现场必须依据现实环境和条件，解决遇到的问题。对于汽机大梁下方的旁路扩散装置模块，无法通过常规吊装方式就位，中核工程的项目部组织建安承包商、设备供货商以及常规岛土建设计院等各方经多次会议讨论，最终确定采用定制的撑杆平衡式吊装专用吊具，完成了 5 号机组所有旁扩模块的吊装就位。

穹顶吊装是土建阶段完工的标志。"华龙一号"的穹顶在结构形式和重量两方面与第二代核电的 M310 堆型有较大的不同，导致现场安装存在很多"第一次"和不确定性。此次穹顶主体是一个直径 46.8 米的半球体，重约 340 吨，需要由大桥车吊装到 5 号机组反应堆上，但是体积重量很大不容易把控，而且受到海边的风速影响很大，直接影响吊装稳定性，增加难度。可想而知，在起吊底部离地面最高点和最低点落差小于 200 毫米的情况下对吊装索具精度要求极高，为此，各参建方将吊装过程进行工序分解，分成了 4 个环节：土建承包商在预制车间进行穹顶钢衬里壁板预制工作；土建承包商在拼装场地将穹顶壁板进行逐层的焊接，最终形成一个整体；土建承包商将穹顶移交给安装承包商，由其进行穹顶内喷淋管道、通风管道、电仪设备等物项的安装工作；安装承包商将穹顶返移交给土建承包商，由其进行穹顶油漆施工及准备工作后进行吊装作业。2017 年 5 月 25 日，伴随着汽笛声响，重约 340 吨的穹顶精准落在45米高的核反应堆堆顶，标志着穹顶吊装的完成。

为了保证工法创新的顺利进行，"华龙一号"项目组也会经常举行专家会讨论工艺试验参数。在常规岛自动焊技术的提升过程中，从2016年启动工艺试验，到2019年9月6日常规岛正式应用，历时3年，投入了大量的人力物力，最大的问题是没有标准。一方面，现有的电力和能源行业的焊接标准主要针对手工焊编制，无法满足自动焊技术需求；另一方面，常规岛设计方华东电力设计院没有焊接专业，焊接执行国家或行业标准，对现场自动焊应用的支持力度有限。为了解决没有标准的问题，中核工程采取了专家会讨论的方式，对工艺试验中采集的参数进行深入探讨，数据涵盖了焊接效果、设备性能等，涉及如何优化流程、如何提高焊接质量等，最终达成一致意见，应用到自动焊技术的工艺创新上。

6.3　勠力前行："华龙一号"项目编织创新主体的协同网络

6.3.1　产品开发项目中不同主体参与协同创新的过程

1. 知己知彼，描绘多元创新主体画像

漳州项目由中核国电漳州能源有限公司为建设单位（业主单位）、中国核电工程有限公司为EPCS（设计、采购、施工、调试）工程总承包单位、中核工程咨询有限公司为监理单位。

国家核安全局批复漳州项目1号、2号机组的建造许可后，中核工程迎来了项目开工之时。面对核电站这类重大工程项目，利益相关者众多，但是到底有哪些相关者？"知己知彼，百战不殆"，中核工程以这样的心态梳理并描绘了漳州项目的利益相关者画像，如图6-4所示。

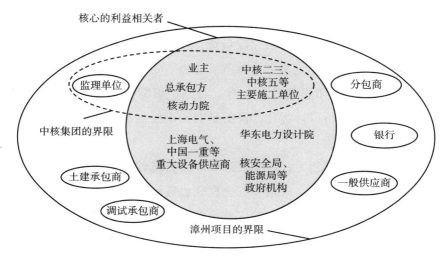

图 6-4　漳州项目的利益相关者画像

资料来源：笔者整理。

　　漳州项目虽然是业主负责制下的工程总承包模式，即业主和总承包方共同对项目负责。但是，与示范工程相比，漳州项目的工程管理模式相对成熟、技术需求也已经成型，业主对总承包方的管理干预少了很多。过去在示范工程上，现场能有一百多名业主方人员，负责指挥、监督、提意见……但在漳州的批量化项目上人数明显减少，甚至在现场只有几个人负责处理现场临时状况，更多的管理权限给了总承包方。

　　核电工程项目既关系到能源安全，又与国家战略安全息息相关，核电站落成于东海之滨的福建漳州，要处理好与能源局、核安全局等相关政府机构的关系，提交报告、申请资质等都需要认真对待。而且，核电虽然是新能源，但排放的废水需要经过高精度处理，意味着要与当地的政府、环保局，以及社会公众等处理好关系，让社会满意才能换取更多的项目建设支持。

　　漳州项目与一般的工程项目还有所不同，技术性、创新性比较强，属于大国重器类的重大工程。漳州项目采用的我国第三代自主研制的"华龙一号"核电技术，尽管在示范工程上得到了检验，但是批量化项目阶段更加注重经济性，由此带来了诸如安全壳由双层改为单层、安全系统的优化、机组额定电功率等方面的设计优化。中核工程在设计分包上也重点关注了一回路设计和常规岛设计，前者由核动力研究院负责，后者是华东设计院负责。同样需要进行设计改进的还有压力容器、蒸汽发生器、主泵、稳压器、汽轮发电机等核电站的"重器"，不再是首台（套）设备，而需要面向经济战场、考虑经济性的同时又要进行设计优化，设备研制的难度也不断增加，对中核工程来讲，也需要重点关注。

面对如此多的利益相关者，可想而知"面面俱到"的难度有多大。经历过示范工程项目的探索期，对很多管理模式也逐渐成熟，在漳州项目上显得"胸有成竹"，我们不禁好奇，中核工程究竟采取了哪些管理策略，能够在如何"浩大"的工程中让各参与单位勠力同心呢？

2. 服务业主价值诉求

"华龙一号"的示范工程项目在运维移交业主的阶段，业主从维修和运行的角度提出了一些改进意见，在批量化建设的漳州项目上，中核工程进行了一一回应和改进。但这些都是针对核电站建设完工之后的修改和完善，对于整个建设过程，为了获得业主甲方的支持，中核工程一直在努力做到积极响应业主需求、认真落实各个细节。

第一，知己知彼，解析业主。近两年，核安全局的监督范围开始向总包、向建安承包商扩展，而不是仅监督业主。在中核集团业主负责制提出之后，核安全局一直很关心业主的履行职责问题，包括对总包、建安、承包等各参与者如何检查、对项目如何负责等，这会让业主扩大对项目的管理范围，不再只关注进度、成本和质量，以及交付等节点问题，甚至还会关心到技术设计环节上。

但是在中核工程看来，业主也不适合什么都管，这个"负责制"应该是业主要提出项目明确的质量目标、前期的监管要求、过程需要达到的标准，进而督促总承包方和各分包、承包等去落实，履行了这些就已经很负责任了。如果核安全局提出要求，业主要进行的是策划向下传达，提出要求各承包商去做，业主的目标是引领各参建单位兑现核安全局的要求，政策、法规的要求，监督各单位是否履行了自己职责，这是业主负责制应该做的事，否则业主和承包商对于问题理解有很多争议，也容易"打架"。

现在很多核电都讲建筑创新，业主负责制下的业主也想做一些技术和管理创新，但设计和施工水平暂时不能支持这些"新点子"落地，期望有偏差就会带来争议，中核工程在漳州项目里不断缩小这些偏差，减少与业主的摩擦，毕竟业主是甲方，与其跟甲方争论不休，还不如想想如何把项目做好，获得业主满意，这样才能得到更多的支持，放手让中核工程来管理项目。

第二，主动协调，满足诉求。中核工程也在不断思考，业主到底想要什么？怎样才能既让他们满意，又给自己管理项目留出更多的空间？为此，中核工程不断精进自身的管理能力、完善各种沟通方式。

对于业主而言，会关心项目工期，尤其在核电站这种重大工程项目上拖期问题特别常见，但是拖期不仅会影响漳州项目本身，毕竟今后的核电技术是要实现产业化发展的，能否科学合理安排工程建设计划也关系着中核工程今后能否顺利承接更多的核电项目。所以在计划制订上，既是帮助业主更好把控和监督项目进度问题，也是为自己积累和沉淀进度管理体系。

在制订整体进度计划的管理体系上，共有 6 级体系，最顶层的计划是一级里程碑，也是中核工程与业主之间的合同计划，要报中核集团，还有国家项目审批。在一级计划之下，还会有设计、采购、施工、调试等各阶段的接口计划，阶段内部板块之间的计划等。为了能够更好落实与业主共同制定的一级计划，中核工程会在正式工程开工之前，跟业主单位签总包合同之后，项目部会编制项目实施大纲，作为项目的顶层设计，包含项目团队在每个阶段投入的人力资源、各板块任务目标、合同边界范围、计划安排、项目主要核心工作量、主要采取的措施、各单位之间的接口、风险和决策实施等项目管理 13 个核心要素，编制整体的项目实施大纲，对整个项目进行一个全周期的策划，方案编制出来要经业主单位认可，这个也是顶层设计，就像施工单位在开门前要编制施工组织设计一样。

业主也会关心成本问题。中核工程也制定了成本责任制，在总包合同签订之后，按照概算准则扣任务分解，分解完以后给设计、采购、调试下达全周期任务书，从总包承商这里承接，最后总承包商对他们进行成本的控制和考核。对项目进行的估算和概算首先要经过中核工程项目部的认可，如果满足项目要求，在公司内部进行审批，之后向业主单位和集团进行申报。

尽管制定了很多可操作、可执行的计划或者保障制度，但是在实际建设中也会有或多或少的问题是不能靠"一纸计划"解决的，需要双方甚至多方坐下来沟通和协商。批量化项目的设计有自己的接口，不仅是设计院之间，专业之间也有技术接口，虽然接口的细节不需要业主把关，但接口衔接的过程经常会出现矛盾。针对这些矛盾问题，会拿到三院四方会上解决，主要有业主、总承包和两家设计院参加，既能解决设计上的难题，又能给业主提供一个专业性的参与方式，同时方便了业主对进度、质量等的控制和监督。类似的协调会议还有项目总经理协调会，协调项目层面遇到难度的决策问题，也会和业主一起，对于工程上临时出现的问题，召集相关方召开专题会，弥补了例行会议的空档期。

3. 供应商管理标准化

对于一般设备的供应商，数量众多，而且订货和到货时间比较分散，难以对其进行全过程管理。为此，中核工程通过设备接口实现与不同供应商的沟通和管理。接口沟通是指总承包方需要的资料和厂家需要的设计图通过接口的形式衔接，行业内部通常将这种接口称为"三字头的文函"。其中，零字头文件是商务谈判类；三字头是纯技术接口类；四字头是厂家出现偏差；七字头是成品文件。这种通过编码表示不同含义的体系在中核的系统里已经非常成熟，根据不同编号，能看出单位、厂家以及出现的问题，相当于标准化的内部沟通文件，管理起来更加方便。

尽管制定了一些标准，但是在合同执行的过程中还会出现合同模式不合适的问题。中核工程最初与火灾自动报警系统的供应商签订的是固定总价合同，报警系统招标阶段的设备数量是根据初步设计阶段的图纸统计得出的，最终供货数量以施工图材料清单为准，但是招标阶段无法给出准确的施工图纸，导致实际供货数量与合同签订的数量存在偏差，合同变更金额增加。这让中核工程对合同模式进行了思考和优化，对类似难以明确数量的设备，采用单价合同模式，适用于工期长、技术复杂、实施过程中不可预见因素较多的情况，同时也约定了因更新换代导致的设备型号升级不引起单价变化。

但是，如果固定单价合同提高了供货单位的供货成本，为了降低成本可能会降低设备质量，这是核电站建设中绝对不允许出现的问题。因此，中核工程对于这些一般供应商，难以一一管理的情况下，特别重视他们提供的产品、设备或服务的质量，避免因为成本、不确定性等带来的质量风险。对此，中核工程要求供应商提交统一标准的审查计划。质量计划是核电设备制造过程中对质量控制的重要手段，通过质量计划进行质量控制，需要在质量计划管理中加强对特殊或关键工序的过程控制。为实现质量计划主动管理，加强范围管理，防止供应商该编制未编制、该提交未提交或不按时提交的情况，中核工程在合同模板中要求供应商提交由其审查质计划的编制计划，包括主设备、容器、泵、阀门、大宗材料、PMC 类、系统与辅助设备类别。

通过对"华龙一号"产品开发项目的典型案例分析，我们进一步提炼了项目运行过程中不同创新主体间协同创新的实践举措。从技术发展的视角来看，新产品开发过程可划分为两个关键阶段：技术成果转化阶段和技术产业化阶段。在此过程中，中核工程作为该项目的总承包单位，承担牵引和带动其他创新主体开展协同创新的责任，在设计单位、设备供应商、施工单位等开展任务式协同和系统式协同活动，实现技术与工程之间的耦合、升级和迭代。

6.3.2 产品开发过程中的多主体协同

1. 技术成果转化阶段的勠力前行

技术成果转化阶段是指技术从实验室到实现技术成果转化、落地在工程项目的阶段，结合案例实践，表现为"华龙一号"全球首堆示范工程项目（福清 5 号、6 号机组）阶段。图 6 – 5 为全球首堆示范工程福清 5 号机组的穹顶吊装环节（2017 年 5 月 25 日），标志着"华龙一号"示范工程从土建施工阶段全面转入设备安装阶段，基本上实现了技术从 0 到 1 的突破。

图6-5 "华龙一号"全球首堆示范工程福清核电5号机组穹顶吊装

资料来源:"华龙一号"全球首堆示范工程成功完成穹顶吊装. 新闻频道_央视网, 2017 - 05 - 25 (cctv. com).

"华龙一号"产品开发的过程是技术落地与工程项目的过程,需要工程各环节之间有效协同,从系统性、全局性的角度保证技术嵌入工程项目,实现技术从实验室到商业化应用的技术成果转化。具有探索性、创新性的管理举措主要包括:

第一,自上而下建立 TOP10 管理制度。为进一步强化对紧急、重要问题的管控,推动高、优先级工程重大风险事项和重点问题及时解决,福清核电和总承包商联合签署发布《福清核电 5 号、6 号机组 "华龙一号" 示范工程 TOP10 管理办法》,建立起全周期、全范围、关键问题导向和关键责任到人的 TOP10 分级联动管理机制,在项目各层级应用 TOP10 方法,建立上下联动的 TOP10 管理制度、形成项目共用的项目 TOP10 清单。工程各领域责任单位在项目工程建设过程中,按照问题的影响和紧急程度,列出本领域的 TOP10 问题,并采取管理措施加以解决。对项目关键路径产生影响或久拖不决的领域 TOP10 问题上升为项目 TOP10。每月召开的总经理协调会及领域分会的首要任务即识别与协调 TOP10 问题。

第二，强化问题导向的协同机制。由于福清首堆示范工程是三代核电技术第一次应用到工程项目，很多环节之间的协调问题缺少参考和借鉴，"对症下药"的解决思路在处理现场协调问题比较常见。以现场问题引发的多方协同为例。福清机组在施工建设现场主要包括土建、安装和施工管理等，不断对技术设计进行检验和优化，同时也频繁发现问题。以安装为例，福清 5 号机组环吊在进行环吊大车旋转动作时，遇到了环吊大车停止工作的突发状况，通过现场检查，为环吊控制柜大车旋转机构主逆变器主板烧毁。总承包方的现场负责人员会第一时间组织施工、安装、设备商等针对特定问题共同解决。

2. 技术产业化阶段的勠力前行

技术产业化是满足量产需求、具备推向市场能力和技术改进能力的阶段。本书中，关键核心技术产业化阶段是指从首个批量化工程项目（漳州 1 号机组）开始到后续批量化建设核电工程的阶段。

与上一阶段不同，"华龙一号"在完成示范性工程项目之后，开启了批量化项目的发展之路，力争成为我国"走出去"的又一张名片。面对技术要实现产品化、批量化等问题，中核工程在推动不同创新主体之间开展协同创新时，目标旨在实现工程项目批量化、经营性建设，对跨项目、跨平台、跨环节以及跨主体等全方位协同，促进技术与工程之间的迭代，实现项目的可持续发展。这一阶段，数字化平台在不同企业、高校与科研院所之间的协作做到了持续赋能。

全员参与数字平台协同。重大工程环节之间交互的信息资源多且繁杂，需要将各环节的系统平台进行整合，通过统一接口标准实现各环节、各主体都能参与的数字化协同平台。"华龙一号"产品开发项目包括设计、采购、施工和现场工程管理等多个环节，接口衔接情况直接影响信息交互与资源共享质量。在漳州项目，中核工程开发了项目整体的 FC 系统，成功打通了多个系统平台。此外，BIM（building information modeling）协同管理平台是一种利用信息化软件技术实现建筑工程与工程参与各方协同合作的技术，传统模式下采购的国外协同管理平台价格昂贵，加之信息系统对安全性来讲极为重要。

漳州项目开展了 BIM 系统管理协同平台的定制研发和推广应用，场景包括了模型管理、电子沙盘等多个功能模块，实现各参与方随时了解、跟踪项目进度、掌握项目进度以及质量等效果。

6.3.3 复杂新产品开发项目过程中的协同创新理论模型

"华龙一号"产品的交付成果同时也是我国第三代自主研制的核电技术。本小节基于协同机制理论，探究如何通过有效协同推进技术与产业之间的嵌入与融合，进而推动技术迈向生产力转化阶段，以"华龙一号"复杂新产品开发为例，构建了项目开发过程中的协同创新模型，如图 6 - 6 所示。

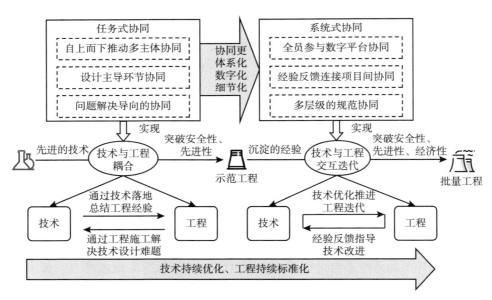

图 6 - 6 复杂新产品开发项目过程中的协同创新理论模型

资料来源：杨筱恬，关月，于淼，等．重大工程推动关键核心技术产业化的实现路径——以"华龙一号"核电工程项目为例 [J/OL]．科学学研究，2024，9：1 - 13．

从"华龙一号"的产品开发项目中，我们发现核心企业通过采用任务式协同和系统式协同推动关键核心技术实现成果转化与产业化。任务式协同以任务目标、成果导向为主，带动多主体协同创新，而在技术产业化阶段，由前一段积累和沉淀的技术、设计以及工程建设方面的经验，得以借鉴运用，协同机制不再是临时性、任务性和即时性，而是全方位、多层级的系统协同，呈现出系统性、数字化、细节性的特点。

本节的结论对于新产品开发项目的核心企业如何制定协同目标、组织不同创新主体开展协同创新活动具有一定的启示作用；结论为这类大国重器类的复杂新产品，如何发挥有为政府作用，积极推进关系国家战略安全的关键核心技术实现产品化提供了借鉴。

第一，企业实践方面，行业领军企业或产业链链长要发挥重大科技创新的场景建设者和重大创新组织平台的核心企业角色，牵头组建创新联合体，推进不同环节的一体化建设。同时，在承接重大工程项目中要注重对知识体系的构建，做好知识积累与沉淀工作，为后续工程提供持续性的知识输入。

第二，政策建议方面，围绕关键核心技术攻关，鼓励重要领域的领军企业、产业链链长企业等具有产业链资源和核心竞争力的企业承担工程项目的牵头角色，既能整合自身所在的商业化网络，又能撬动整合高校、科研院所和具有研发能力的企业所构成的科研网络，形成"融合创新"攻关体系，更好面向经济主战场，实现我国关键核心技术的国产替代难题。

6.4 平衡之术：创新主体之间的竞合关系治理

在多主体竞合共存的复杂新产品开发项目中，错综复杂且交互演化的竞合关系会导致主体间协同低效、冲突频发和"搭便车""敲竹杠"等机会主义行为，阻碍价值创造。随着社会分工的深化，协同创新成为普遍的创新模式，企业需要通过网络化的协调实现创新过程的合作。协同创新可以通过降低研发成本、提高成功率、提高研发的投资回报率，为参与的企业带来好处。因此，协同创新网络需要治理，以促进知识、信息在网络内低摩擦流动，实现各个创新知识的集成与整合，同时也要求各参与主体在行动的时间和空间上取得协同，以便在资源优化配置的前提下，获取最佳的创新效果。目前对协同创新网络治理的研究还不够聚焦，尽管有研究提出竞合关系治理机制是协调创新组织间关系、有效防范机会主义并促进组织协作的方式，但具体的治理机制和内在机理仍未解决，核心企业如何对协同创新网络的竞合关系进行有效治理，实现新产品开发？

6.4.1 创新主体之间的竞合关系治理的挑战与应对

在复杂产品开发项目中，有一类产品的研发重点是关键核心技术的突破。关键核心技术通常指在生产系统或技术系统中起关键或核心作用的技术，具有高相互依赖性、多层次嵌套性、长周期性和高度复杂性等特征使得关键核心技术的突破需要建立在创新网络支撑之上。同时，核心企业在突破关键核心技术中，需要与高校、科研院所、上下游企业和用户等组件适配的耦合网络，提升技术可靠性。

但是，在不同创新之间开展协同创新的过程中，知识分享与知识获取甚至知识窃取问题难以避免。这是因为关键核心技术突破这一系统性、复杂性项目实施过程中参与者的实际贡献难以衡量，产业链上下游各主体之间既存在长期关系治理问题，也涉及临时性、一次性的竞合关系，导致关键核心技术突破中所产生的创新专有性、利益关系等问题难以治理。对于关键核心技术协同创新这种多元主体间互动，竞合关系治理研究有必要拓展到网络层面。近年来，单一关系治理策略已经转变为复合治理策略的综合考量，治理重点是对各企业在网络中的关系进行明确识别，有针对性地提出治理策略，使不同阶段、不同创新主体能够真正贡献于技术突破、实现各方价值以及整体创新绩效。技术突破的过程中多主体间关系会随之演化改变，主体之间竞争与合作关系如何影响技术整体突破，核心企业如何发挥治理者角色，实现融通带动多主体攻克技术难关的研究有待进一步拓展。

竞合是指两个或多个企业同时存在竞争与合作关系。竞合关系治理是协调组织间关系和资源、为防范机会主义提供保障并促进组织间有效合作的机制及方法体系。制定适当的治理机制能够为组织间合作创造价值和分配价值提供有效保障，并影响组织间竞合关系的变化和最终目标的达成。

已有研究大多将竞合关系治理机制分为契约治理和关系治理。契约治理主要依靠法律规定、正式经济激励制度、规则和程序来约束竞合过程以促进价值共创和价值分配过程。契约治理通过协议明确组织各方的权利和义务，提高了合作各方对于合同的履责和遵守情况，以及通过限制合作伙伴的自由裁量范围来增加对联盟的控制，避免价值创造和分配中的机会主义。通过契约治理，组织能够更好地管理价值创造流程和组织间联系，通过明晰的过程要求、指标制定、交付日期和责任划分能够有序地推进合作各方的信息流动和创新过程。关系治理建立在社会关系中的相互交换原则的基础上，是指通过相互信任、理解、承诺、规范和共创合作氛围实现关系治理。关系治理适用于合作伙伴间相互了解，且对彼此未来行为有较为可靠预判的情形，能够减少合作中的机会主义，使得各组织将注意力更集中在共同目标上，进而改善合作过程中的价值创造和价值分配过程。关系治理适用于治理长期目标导向、组织间合作更具不确定性、相互依赖性和动态变化性等特征的情形。

在已有竞合关系治理的研究基础上，我们在"华龙一号"复杂新产品开发项目的管理实践中对这一问题进行针对性分析和研究后发现，竞合关系治理的主要参与主体分为集团内部参与主体、集团外部重大设备供应商主体和集团外部次要参与主体三类。我们根据中核工程与不同类型利益相关者之间的关系分别开展案例分析，在识别竞合关系的基础上探索回答如何应对多主体之间竞合关系挑战的问题。

6.4.2 识别竞合关系

行政要素驱动的竞合关系是指对于集团内部的主要施工单位、科研单位等主体通过行政手段，如规定、内部规章制度或指令等形成的竞合关系，强调集团内部的层级关系和自上而下的行政权威性。表现在：第一，行政关系形成合作。中核工程与中核二二等 3 家主要施工单位同属中核工业集团内部的兄弟单位，彼此之间沟通方便、合作模式相对成熟，合作关系主要通过行政关系而非市场合同，如受访者所言"都是兄弟单位，很多时候活儿干完了，合同还没签"。第二，绩效目标要求合作。集团目标要求各单位在技术攻关中弱化竞争、强调合作实现绩效目标。例如，在设计环节，中核工程作为设计负责方，进行总体设计规划与管理，与核动力院开展基础研究，既有项目目标，又有集团制定的绩效目标，而且基础研究重在技术突破，而非商业利益、经济利润等因素。

技术要素驱动的竞合关系是指核心企业与关键设备供应商之间基于技术交互而形成的竞合关系，技术交互是重大装备制造技术实现成果转化的关键。表现在：第一，新技术需要设计采购一体化。"华龙一号"核电技术突破中面临很多新技术和新设备，需要设计负责方的中核工程与重大设备供应商之间进行知识交互，不断根据试验结果、样本情况对技术参数、标准等设计方案进行调整和优化。因此，为了满足技术要求，对于技术创新显著的重大设备需要多方开展技术合作。第二，知识产权存在竞争关系。在知识成果分配中，技术要素的竞争不容忽视。中核工程作为出资方，在与关键设备供应商进行知识交互中提供资金、技术资源和试验场景等必要条件，对于设计技术、制造技术等有一定所属权，因此在知识产权的价值分配上，会存在竞争关系。

利益要素驱动的竞合关系是指核心企业与其他合作者之间基于经济利益和合同目标建立的市场交易关系，合作更多呈现为商业合同驱动。表现在：第一，依托合同建立合作关系。对于非重大装备的供应商，大多提供基本材料、通用部件等技术含量较低的产品，属于非核心供应商，一般通过签订合同形成市场交易关系。例如在"华龙一号"技术突破的项目中签订的 5 000 多家供应商中，绝大多数都是单纯的合同关系。第二，资源争夺导致横向竞争。现场施工阶段会出现"抢市场、抢资源、抢人员"等因为争夺市场资源而出现竞争的情况,如受访者提到"有些建安单位、施工单位在现场抢人,今天这个工人穿这家单位的工服,第二天可能就换成另一家的了"。

6.4.3 产品开发过程中的竞合关系治理

1. 行政协调治理竞合关系

行政协调是指核心企业为了实现关键核心技术突破目标,对集团内部创新主体采取行政手段的治理机制,在案例中主要针对中核集团内部的创新主体,包括科研单位、中核二二等主要施工单位等,主要表现在如下几个方面:

第一,集团自上而下对项目目标进行分解。中核工程在集团对"华龙一号"项目制定总体目标的基础上,在设计、采购、施工等环节对目标进行逐层分解和细化,同时借助集团对各单位的考核要求,在项目进度、质量等方面有一定保证。例如在施工阶段,工序之间衔接的复杂性、主体关系复杂且不确定性都在增加,中核工程在协调这些主体上通过制定整体框架目标的方式,拆分具体目标、给各自单位下达各自计划,推进整个项目按照工期正常完成。

第二,在集团内部明确项目分工,做到范围内各自负责、范围之间协同合作。施工环节,由于核电项目特殊的资质、安全等原因,中核工程合作的施工单位主要是集团内部单位,之间由于业务相似会出现市场、技术、利润等竞争要素而形成竞争关系。对此,中核工程作为总承包商从项目整体技术需求出发给各单位明确业务边界。例如集团内两家从事相同业务的核岛安装公司,在"华龙一号"技术突破中,通过合理分工:一个负责常规岛、另一个负责核岛,业务不冲突带来了合作机会。受访者所言"合作是在一个项目上体现的,我们规定各自项目进度的要求,在任务上要合作"。

第三,制定多层次协调会。协调会在国企内部是一种有效的决策机制,通过一定的程序和规则进行重大决策和战略规划的制定与实施。结合案例情况,既有高层次的项目总经理协调会,由总包单位公司总经理和业主单位总经理,以及各主要参建单位主管领导参加,负责协调项目层级决策执行比较困难的问题，决策后的结果作为项目支持的依据解决重大问题；也有公司级每个月召开主管工程副总协调会，负责综合协调采购在 1 个月内执行层面比较重大的问题等。

　　从调研中我们了解到"华龙一号"产品开发过程中，对项目过程管理很成功的一个经验是协调机制，系统、科学，主要包括以下几个层次（见表 6 – 1）。

表 6 – 1　　　　　　　"华龙一号"项目开发过程中的协调会议情况

层次	级别/频率	主要参与人员	主要协调事项
项目总经理协调会	最高层/季度	总包单位公司总经理和业主单位的公司总经理、各主要参建单位的主管领导（总经理或主管副总）	项目层级在决策执行上比较困难的问题，代表各参建单位参与的最高决策。处理领域主管领导会解决不了的问题
主管工程副总协调会	公司级/月	公司副总	综合协调设计采购在 1 个月之内执行层方面比较重大的问题，有些解决不了的可能需要公司领导做决策
三院四方会	公司级/季度或月	总包院、核岛设计院、动力院、华东院、三院、四方，包括深圳三个设计院加上业主三院四方会	专门就一个季度协调设计领域相关的问题
领域的主管领导会	公司级		达成一致的行动项在月度综合例会上进行通报，纳入会议纪要。对于分歧项，综合情况再进行协商
建安工程月度协调会	项目级/月	项目总包项目部牵头，参建单位的各项目总经理参加，板块部分的设计经理、采购经理等参加	
项目专题会（项目级）		项目安委会，由总承包牵头，各承包商组成安全月度会、季度会	
项目计划领域的专题会	项目级/月	主管计划的副总召开计划研讨会	主要分析当前的工程项目进展，EPCS 出现问题、计划的偏差和趋势分析、原因和后续建议措施等

层次	级别/频率	主要参与人员	主要协调事项
周例会	周	工程公司主管工程建设的副总经理主持,各建施工单位的主管参与	对一周出现的问题进行讨论和交流
临时会议	根据具体情况而定	业主方和总包方可以根据工程进展,有权力邀请对方随时召开专题会	对于临时问题,或者召开月度会、季度会来不及解决的问题,用于解决例会之间的空档期出现的问题

2. 柔性治理解决竞合关系中的信任问题

柔性治理是指核心企业对于重大设备供应商,采取的灵活、适应性强的治理方式,强调组织之间的互动、合作和适应性,注重关系管理而非简单的合同关系。"华龙一号"核电技术突破面临反应堆压力容器、蒸汽发电机、主泵等国产替代和自主研制的重大设备如何实现协同攻关的难题,需要各方形成信任度高、技术交互度高的合作关系,而柔性治理可以适应这种需求,提供更多的技术研发空间、试错空间。主要包括几个方面:

第一,支持多创新主体之间的知识交互,提供技术路线图、装备操作指南等。东方电气自主研发制造的首台百万千瓦级核电机组凝汽器,安装指导书是基于前期核电项目经验基础上编制的,但"华龙一号"首堆核电机组凝汽器安装没有类似工程经验,现场必须依据现实环境和条件,解决遇到的问题。例如,旁路扩散装置模块就位于汽机大梁下方,无法通过常规吊装方式就位,中核工程的项目部组织建安承包商、设备供货商以及常规岛土建设计院等各方经多次会议讨论,最终确定采用定制的撑杆平衡式吊装专用吊具,现场安全顺利完成了5号机组所有旁扩模块的吊装就位。

第二,提供未来创新收益承诺。未来创新收益是指协同创新网络中的合作企业预期的未来收益,当核心企业提供这种收益承诺时,会增加未来创新收益与其当前行为之间的相关性,相关性越高,合作企业参与当下协同创新的积极性越高,对收益的前瞻性预期也会抑制当下的不道德行为,增强对创新专用性的管理。例如，"华龙一号"核电项目是一个系列核电技术的突破，从福清 5 号、6 号机组的示范工程首堆项目，到漳州 1 号、2 号机组的批量化建设标志性项目，以及中核工程目前在建、未来计划建设的核电项目，都为当下参与合作的供应商提供了丰富的潜在合作机会，如受访者所言"核电的专业性比较强，每个行业都有特殊性，要有一个长期的合作，没有什么大变动，这次合作也在为后续合作提供基础，而且之后的核电项目都用这个企业，技术上方便更新迭代，数据共享的基础也在，这些大的供应商也愿意把大设备投到我们这儿"。

3. 规范合作有效管理竞合关系

对于集团外部的成员单位，尤其是过往合作经验较少、未形成战略合作伙伴的供应商、分包商、施工单位等，中核工程采取严格规范合作行为的方式，注重过程管控和合同治理方式。

第一，智慧大屏监控现场情况。在施工环节，中核工程的管理人员通过智慧工地移动终端形成的大数据清单，使用范围覆盖单位所有工作人员，在每月月末进行安全数据分析时，可以快速、准确地发现问题出现在吊装、链接洞口、人员问题等。同时，智能化的分析方案为公司提供评价考核依据，以及后续的整改方向。如受访者所言"一些焊接工作、关键作业的时候，我没时间去不了现场，就在摄像头前看整个作业过程，实现实时监控，通过智慧移动终端，查安全问题、发现安全隐患后拍照上传系统，效率很高"。

第二，数字化助力现场协同。案例企业在推进创新主体能够共享技术信息、提高协同效率，尤其是治理能力提高上运用数字化手段，建立了集成的施工项目管理系统，让设计方、施工方、业主、承包方等不同主体对工程进度、质量、状态等参数有清晰了解，提高了数据可见性、共享性和协同性，减少了协调会议、现场协调等方式产生的沟通成本。此外，在设计、采购、施工、现场等多个系统之间接口打通的情况下，不同参建单位的决策人员在系统里可以看到其他单位的文件、申请单等各种资源，有需要其他单位协同的地方会直接提出来，并进行相应标注，录入系统，各方根据需求进行活动调整和开展协同工作。

6.4.4 复杂新产品开发项目的竞合关系治理模型

协同创新是在国家意志引导和激励机制下,各创新主体整合协同技术、知识等创新资源,并实现知识增值以及重大科技创新的组织合作创新模式。协同创新网络的治理重点是探析如何协调多个创新主体之间的合作与竞争关系以实现价值共创,突破复杂性、系统性为特征的关键核心技术。已有研究基于核心企业视角,探析了核心成员对协同创新网络的治理机制,核心成员战略是指在同时存在竞争与合作关系的协同创新网络中,系统的核心成员如何有效协调和配置创新主体之间的关系,并且使得自身仍在系统中处于引领和主导地位。本研究识别了核心企业在协同创新网络中承担的治理主体角色,并针对行政要素驱动、技术要素驱动和利益要素驱动的不同类型竞合关系,采取行政协调、柔性治理和规范合作的治理机制,如图 6-7 所示。

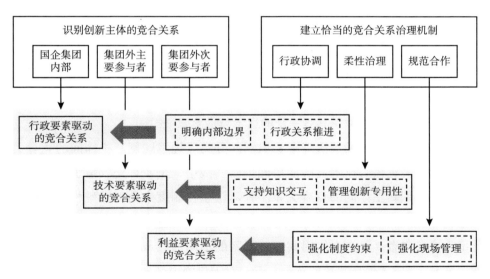

图 6-7 复杂新产品开发项目的竞合关系治理模型

资料来源:杨筱恬,关月,于淼. 国有企业推进关键核心技术突破对协同创新网络竞合关系的治理机制——基于"华龙一号"核电技术案例研究 [J/OL]. 科技进步与对策, 2024, 9: 1-9.

该模型从竞合关系治理的视角出发，探讨了"华龙一号"复杂新产品开发项目中，核心企业如何对创新主体之间同时存在的竞争与合作关系进行有效治理，实现协同攻关的创新目标。

一方面，企业在围绕关键核心技术突破的协同创新中进行有效治理的前提是识别多创新主体之间具有差异性的竞合关系，对于国企在制度方面的特殊性，将创新主体大致分为三类，分别识别了集团内部参与主体的行政要素驱动的竞合关系、集团外部重大设备供应商为主的技术要素驱动的竞合关系、集团外部次要参与者为主的利益要素驱动的竞合关系。

另一方面，针对不同类型的竞合关系，采取针对性的竞合关系治理机制。对行政要素驱动的竞合关系，要同时考虑市场关系与行政关系在制定规则与标准中的作用，采取明确内部边界和行政关系推进等手段，完成技术突破的项目任务以及集团行政任务；对于技术要素驱动的竞合关系，主要采取柔性治理方式，注重战略性合作伙伴之间的长期关系，也要考虑到后续技术迭代、技术产业化阶段的持续合作；对于利益要素驱动的竞合关系主要发生在联系较少的普通合作者之间，侧重制度约束，以合同治理为主。

新产品开发项目中，如何识别和管理多主体之间的竞合关系是保持创新网络稳定、项目顺利推进的关键。中核工程在"华龙一号"项目开发中对竞合关系的管理对其他核心企业开展协同创新、有效管理与其他合作者之间同时存在的竞争与合作关系具有一定的启示与借鉴意义。

核心企业在竞合关系治理中要识别并分类管理不同创新主体间的竞合关系。在围绕关键核心技术突破的协同创新实践中，企业首先要清晰识别并分类管理不同创新主体间的竞合关系。针对国企在制度方面的特殊性，可以将创新主体分为三类：集团内部参与主体、集团外部重大设备供应商以及集团外部次要参与者。每类主体因其驱动要素的不同（行政要素、技术要素、利益要素），形成了各自独特的竞合关系。对于集团内部参与主体，应充分利用行政要素驱动的竞合关系，在治理机制上既要考虑市场规则，也要结合行政手段，确保内部资源的有效配置和任务的顺利执行。对于集团外部的重大设备供应商，技术要素驱动的竞合关系应成为治理的重点。企业应采取柔性治理方式，在合作过程中保持开放和包容的态度，通过有效的沟通和协商，共同应对技术挑战和市场变化。对于集团外部的次要参与者，利益要素驱动的竞合关系更为突出。企业要关注这些次要参与者的潜在价值，通过合理的激励机制，促进其更好地发挥作用。

6.5 方向引领：复杂新产品开发项目中的产业链链长作用

中核工程在推进项目开发的过程中，能够通过协同机制实现创新主体协同创新、管理成员之间的竞合关系，这与其自身是产业链链长身份具有很大关系。"华龙一号"复杂新产品的开发依托了重大工程项目，涉及企业、高校或科研院所等之间的主体协同、多学科多领域的技术耦合、工程项目各环节的相互嵌入等复杂过程，而产业链链长企业作为我国新型举国体制的有益探索，在聚集各类创新要素和资源，带动产业链上下游、大中小企业融通创新的和协同发展等方面具有资源和能力优势。这种通过对网络参与者进行有目的、有意识的协调，实现价值创造、获取与分配的活动，即为网络编配活动。

国家积极打造中央企业勇当产业链链长，一方面，中央企业作为国家创新体系的重要力量，在载人航天、高速铁路、能源化工、高端装备、核电、国产航母等战略性领域和关系国民经济命脉关键领域掌握核心研发能力和生产制造能力，具有主导地位，是政府影响和干预经济发展的重要政策工具；另一方面，在战略性产业中居于产业链核心地位，通常是该领域掌握底层技术和关键集成技术的主体，或是牵引产业市场机会拓展方向的最终用户，是推动关键核心技术攻关、实现国产替代、破解"卡脖子"技术上的主导力量，为保障国家安全奠定了能力基础。在关键核心技术攻关的重要产业领域，产业链供应链安全问题一直放在重要的战略位置，关键核心技术国产替代的主导逻辑开始由追赶逻辑向安全逻辑过渡。在这些国家战略安全领域的关键核心技术攻关既要关注"技术突破"，也要守住"安全底线"，这与现代产业链链长能发挥的作用具有一致性，既具备产业掌控、创新引领和风险管理能力，同时也肩负着在战略安全、产业引领、国计民生和公共服务等领域发挥战略支撑的使命。

中核工程作为核电产业链链长企业，如何依托复杂新产品开发项目推动第三代核电技术攻关？对此，本小节将重点分析链长企业推进关键核心技术攻关的过程机理，以期对复杂新产品开发中如何发挥核心企业作用提供实践借鉴和启示。

6.5.1 链长企业的网络编配活动

网络编配具有主动性、意识性、动态性和目标整体性特征，致力于持续创造网络整体价值。这一概念的提出关注在低密度或者高中心性的创新网络，虽然高中心性经常与权力和影响力相关联，但具有高中心性的核心企业没有充分指导其他创新主体采取何种行为的权力，同时网络成员也没有遵循核心企业意愿的义务。针对这一现象，网络编配理论关注到网络结构、关系和结果，旨在探讨"核心企业如何协调创新网络、如何指导和影响其他创新主体"的理论问题。进一步将其解构为核心企业如何寻求从网络中创造价值（做大蛋糕）和提取价值（分配蛋糕）时采取的一系列有目的、有意识的活动。网络编配活动主要包括管理知识流动、管理价值分配和管理网络稳定。管理知识流动是指对创新网络中分散的知识进行管理，促进知识创造、分享与获取；管理价值分配是指在知识流动过程中关注企业创新专用性，确保创造的价值得到公平分配，并为网络成员所感知；管理网络稳定是指增强网络成员之间关系的动态稳定、减少网络不确定性。其中，网络不稳定包括多种形式，如网络成员的流入或流出，被孤立、迁移和消极懈怠等，导致成员迁移至与核心企业存在竞争关系的创新网络。此外，由于企业之间建立小团体而减少与核心企业联系，甚至出现网络解体。

对于"华龙一号"这类大国重器类，涉及国家战略安全、关键核心技术攻关的复杂新产品项目，链长在其中采取的网络编配活动、发挥的编配作用等方面，是否存在差异？链长与西方管理实践中的核心企业具有差异性，兼具市场特征和行政特征，与其他创新成员之间既有市场交易关系，也有行政关系的约束和协调。因此，在产业链链长的实践情境下，利用网络编配理论解释链长在复杂新产品开发项目中推动协同创新的作用有待进一步研究。

6.5.2 复杂新产品开发中的网络编配活动

1. 支持式编配

支持式编配是指以支持多学科、多领域、各类单点技术实现融合与突破为目的的编配活动。在"华龙一号"产品开发中，研发设计阶段表现为耦合基础知识、尊重创新专有和穿透责任意识。

第一，耦合基础知识是指通过一系列举措，推动研发主体之间实现知识的高效整合与共享，促进知识在各个主体之间的流动、转化和创造，从而提高整体协同创新能力和效率。在"华龙一号"核电技术研发设计阶段，主要参与主体集中在产业链上游的科研院所，包括核动力研究院、原子能院、设计分包院等，推动研发主体之间协同创新、促进知识耦合的具体举措主要体现在建立联合实验室和牵头协调研发设计单位等。

第二，尊重创新专有是指在承认和保护创新成果独特性的基础上，确保创新主体对其知识创造成果享有专有权利，并在价值分配中得到公平对待的一种编配机制。尊重创新专有意味着对创新成果独特性和排他性的认可，激励更多主体投入技术创造。研发单位对技术成果的分配重视程度较高，为了保证各研究主体在技术开发上可以全力以赴，中核工程制定了创新成果专有与共享规则，例如签订合作协议明确分工，对技术成果归谁所有的重要议题在前期做好界定。案例企业与国内外高校、科研院所以及企业开展合作时，对不同单位在协同创新中的分工情况进行责权利的清晰界定与划分，同时明确各自的研究方向，对于多数基础共性知识和不同学科领域均有涉及的知识进行共享，但对各自技术领域的创新成果给予充分保护。

第三，穿透责任意识是指链长企业将技术攻关、维护国家战略安全的责任意识传递给合作伙伴，增强各创新主体对自身使命和责任的认识。"让你们的工程师放下手中的铅笔，打开复印机就学会了"，这是与外方负责人在讨论一项技术时，外方供应商对"华龙一号"总设计师所讲的话，让核电人深刻认识到真正的核电技术是买不来、要不来的，必须靠自主研发。完全独立自主的第三代核电技术，不仅是一项关键核心技术或重大工程，更是我国面对国外技术封锁、影响我国能否掌握研制清洁能源技术的关键卡点，对所有参与者都是一项至高无上的荣誉，是与生俱来的使命感、责任感。尽管如此，技术攻关的过程十分艰难，所以中核工程不断引导和传递责任观念在协同攻关中的作用。

在关系国家战略安全、经济命脉的关键领域技术突破上，科研工作者的使命感和荣誉感始终如一且浓郁、炽烈。作为"华龙一号"的代表性创新成果之一，177堆芯的设计过程体现得更加淋漓尽致，在漳州1号、2号机组现场进行调研时，参与技术研发的人员讲道："我们当时研制177堆芯，大家也都知道很难，没有经验不知道怎么弄，但堆芯不能受制于人，否则我们不可能有自主核电，我们核电人这么多年就是要建具有完全自主知识产权的核电站。"这句话是众多核电人内心的信念缩影，177堆芯涉及336个系统、25个学科，计算量超乎想象。自主研发新的堆芯，既要避开国外成熟堆芯型号专利，又要在堆芯性能上有更高突破，最困难的是要研制出多种堆芯型号进行比较。从堆芯设计方案确定开始，到填充堆芯的燃料元件、包装的金属材料锆合金，再到保证堆芯内燃料核裂变产生的热量能够在蒸汽发生器中顺利转化为蒸汽、输送给发电机用于发电等，这一系列复杂的流程，如果不是坚强意志在支撑，每个环节、每道工序都无法保证参与单位和科研人员一直坚守在研发前线。

2. 集成式编配

集成式编配主要体现在链长企业对供应商，尤其是重大设备供应商的技术与工程需求进行拆分、整合与集成的活动。具体而言，"集成"是指链长企业在技术拆分的基础上，向供应商提出明确的技术与工程要求，再通过有效的资源整合和设备集成，将拆分的技术要素重新整合，以实现装备制造技术突破。

第一，交互制造知识是指链长企业与重大设备供应商之间在知识流动上采取的"一对多"技术交互方式，针对不同设备的技术范围开展设计与制造领域的知识交互。在"华龙一号"项目开发过程中，涉及很多新设备、新厂家以及新标准，导致设备接口、标准出现不匹配等问题，需要中核工程从全局视角出发集成供应商优质资源，发挥链长在过往合作中与上下游企业积累的关系基础。重大设备需要调度和协调多个主体协同攻关。例如，在"华龙一号"上实现国产化替代的主泵，作为核电站"心脏"，制造难度极大。在突破之前，国内参与主泵项目的各单位在主泵设计、原材料、制造、试验等多方面略微滞后，为此，中核工程成立了主泵国产化专项组，建立从基层项目人员到集团领导层的协调机制。研制过程中，哈尔滨电气动力装备有限公司（以下简称"哈电动装"）供货的三轴承结构轴封主泵技术，泵体结构复杂。制造过程由于受到设计、制造能力限制，以及哈电动装在本项目上首次作为合同总包商进行合同供货，管理经验欠缺，导致设备供应出现延期。为确保主泵的制造进度，主泵专项组牵头，结合主泵合同沙盘推演，对项目进行立体管理，通过"网格规划、精细管理、重点突破、梯次推进"，整合管理资源，变层级管理为综合管理，实现空间全面覆盖，确保项目工程进度。

第二，规范合作行为是指与供应商的合同管理中明确规定既定标准、要求、流程等内容，通过与供应商签订规范性合同约束其合作行为。为了保证设备研发可靠性、技术先进性，要先确保创新成果归研发者所有，才能让设计研制单位不为价值分配、公平分配而担忧。为此，中核工程与重大设备供应商签订合同中均遵循了成果归供应商所有的原则，包括专利、荣誉等。例如，与中国一重的合作中，规定一重提供的核反应堆压力容器的相关知识产权归一重所有。一重承担了"华龙一号"全部核反应堆压力容器和反应堆冷却剂泵壳泵盖的制造任务，借此推进科技成果转化应用，获得了一些重大科技奖项，如"大型先进压水堆反应堆压力容器设备制造技术创新研究""大型先进压水堆反应堆结构创新关键技术研究及应用"等。

第三，建立信任粘接指链长企业通过增强信任关系提高与供应商之间的关系质量。对于主泵、蒸汽发生器、反应堆压力容器等重大设备的攻关充满挑战和不确定性，以主泵研制为例，中核工程成立了主泵高层协调组，协调了技术层的设计院、泵技术单位和电机技术单位，通过制度性的协调会应对过程中出现的问题。如主泵出现振动超标的质量问题，无法通过标准检验，中核工程通过高层协调会，从技术层查找原因、调整设计方案，并督促供应商进行质量改进，最后实现按时供货。此外，在凝汽器的安装过程中也体现了多方信任关系对项目顺利推进的重要性。东方电气自主研发制造的首台百万千瓦级核电机组凝汽器，安装指导书是基于前期核电项目经验基础上编制的，但"华龙一号"首堆核电机组凝汽器安装没有类似工程经验，现场必须依据现实环境和条件，解决遇到的问题。

3. 协同式编配

协同式编配是指以调度、协调与整合多方主体资源为主要出发点的编配活动，体现了链长企业与施工单位共同推进工法工艺技术突破的过程中，对其他创新主体进行的资源整合与组织协调。在"华龙一号"的产品开发案例中，主要体现在以下三个方面：

第一，即兴工法创新是指在施工现场开展的临时或即兴创新活动，主要针对现场出现的突发情况开展工法工艺创新，如施工接口不协调、技术参数不匹配、工具方法不适用等情况。例如，在常规岛自动焊技术的提升过程中，从2016年启动工艺试验，到2019年9月在6号常规岛正式应用，其间最大的问题是没有标准，一方面，现有的电力和能源行业的焊接标准主要针对手工焊编制，无法满足自动焊技术需求；另一方面，常规岛设计方华东电力设计院没有焊接专业，焊接执行国家或行业标准，对现场自动焊应用的支持力度有限。为了解决没有标准的问题，中核工程采取了专家会讨论的方式，对工艺试验中采集的参数进行深入探讨，数据涵盖了焊接效果、设备性能等，涉及如何优化流程、如何提高焊接质量等，最终应用到自动焊技术的工艺创新上。

第二，按责分配价值是指根据各方权责利进行价值分配，强调各方的责任、价值创造与结果分配上的一致性，旨在促进各创新主体的公平感知与价值最大化。中核工程在施工阶段利用自建设计系统给各方提供了可视化的模块集成平台，涵盖施工阶段各个模块，使得每个部门需要负责的模块清晰明确。借鉴中核工程项目管理部门人员所讲"作为设计管理,我要负责哪个模块非常清晰,再者,承包商也有权在 FC 系统里发起工程变更单,通过监理审核、工程审核、再到设计审查批准等流程,都可以通过系统将大家的责任权利等问题可视化,清晰直观"。

第三,运用行政协调是指面对重大工程的复杂现场,对于主要的施工单位,即国企集团的子公司、分公司等,通过国企内部的行政关系对其开展协调管理的编配活动。在国企管理实践中,党建工作不仅是政治任务,也是凝聚各单位协同合作的重要手段,通过党建活动以及支部会议的形式将现场的参与方聚在一起,既能讨论工艺技术,也能增进彼此信任,以及对项目建设的信心,提高参与意愿。"华龙一号"项目涉及很多分包商和参与商,通过党建联建活动,强调大团队思想,用这种文化建设协调各方参与者。加之,现场主要的施工单位多数是中核集团的内部子公司,内部行政关系会加强彼此凝聚力,使得各参与方能够更加注重整体利益,形成合力,共同应对项目建设中的各种挑战。

6.5.3 复杂新产品开发项目中的链长作用

依托重大工程实现的技术攻关项目包括了设计阶段的基础技术突破、采购阶段的制造技术突破和施工阶段的工艺技术突破。具体来看,在设计阶段,链长企业以基础技术突破为目标对基础研究主体进行支持式编配,支持多学科、多领域、各类单点技术实现融合与突破,连接基础研究与应用研究的创新主体,耦合技术创新链的基础端与应用端,推动研发设计阶段实现多学科知识的耦合、多技术主体的协同,有助于支撑整个项目的技术需求,实现基础技术突破。

在采购阶段,链长企业以制造技术突破为目标对重大设备供应商等研制单位进行集成式编配,对重大设备供应商的技术与工程需求进行比对、拆分、整合与集成。通过促进设备研制主体的制造知识交互,促进重大设备的设计、研制与制造,有效管理了技术秘密和公开技术的有效分享,推动制造技术突破。

在施工阶段，链长企业以突破工艺技术为目标对施工单位等参与工程施工的主体进行协同式编配，调度与协调现场诸多参与者的临时合作，通过即兴工法创新重视工程方法在衔接不同设备、技术标准等要素之间的技术作用，推动工艺技术突破。

产业链链长推动关键核心技术攻关的环节中，基础技术、制造技术与工艺技术突破之间并非相互独立、分散，而是彼此关联。链长企业带动的基础技术突破是制造技术和工艺技术能否突破的关键，也是基础。基础技术突破了技术路线的独立自主设计、重大设备技术设计等，为制造技术突破提供研制依据、为工艺技术突破提供技术要求和参数指标。制造技术突破也对工艺技术突破起到推动作用，一方面提出技术要求，另一方面提供方向指引。前者要求施工环节在工程实施和设备接口衔接等方面能够满足制造设备落地于工程的要求，同时在技术变更时能够灵活调整、优化技术方案；后者是指制造技术的突破带动了工艺升级、迭代创新。因此，不同环节的技术突破彼此关联、提供后续环节技术突破的支撑和基础，实现技术的环环相扣和持续迭代（见图6-8）。

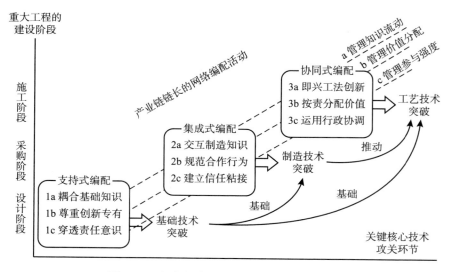

图6-8　复杂新产品开发项目中的链长作用

资料来源：杨筱恬，关月，于森，等. 产业链链长如何依托重大工程实现关键核心技术攻关？——基于网络编配视角［J/OL］. 南开管理评论，2024，9：1-19.

6.5.4 结合"华龙一号"产品开发项目解读链长企业的网络编配活动

链长企业对创新主体采取的网络编配活动，可以解构为管理知识流动、管理价值分配和管理参与强度三个维度。其中，前两个维度与原理论维度一致。管理知识流动是网络编配的首要任务，尤其涉及复杂流程、跨领域、多主体协同的创新网络。链长企业在重大工程项目的设计、采购和施工阶段通过耦合基础知识、交互制造知识和即兴工法创新促进不同学科的知识交互，提升创新网络整体的价值增量。管理价值分配作为确保创新价值在网络成员之间进行公平分配，并为成员所感知的编配活动，在产业链链长的研究情境下主要表现在设计阶段对研发企业采取尊重创新专有；在采购阶段对设备供应商采取规范合作行为；在施工阶段对施工企业采取按责分配的具体机制，保障工程建设全过程的程序正义和结果公平。

本研究在管理网络稳定维度的基础上，结合产业链链长研究情境，进一步将其聚焦在管理参与强度，即管理参与者在技术攻关上的持续、积极和高强度投入。这是因为：

第一，我国新型举国体制下关键核心技术攻关的成功因素并非在于维护创新主体在网络中的退出行为，而是尽管有进入或退出带来的不稳定性，链长企业仍然可以保证网络的正常运行，即在维持网络沿着关键核心技术攻关的目标上依然能够组织、协调好创新主体在技术攻关中的持续积极参与。

第二，重大工程项目的参与主体众多，每个主体都会在不同程度上影响着项目整体进度，关乎技术攻关能否实现。尽管参与者留在创新网络内，也承担着与其他创新主体之间的技术合作，但如果他们不能保证时间、精力、态度等各方面的参与度，对技术突破无疑是有害的。当这些参与主体由于一些国企制度、国家战略计划要求等必须留在网络内，那么他们的消极参与影响了网络创新绩效，以及对其他创新主体产生消极示范作用，因此本书更加强调链长企业对网络成员参与强度的管理。

第三，产业链链长是产业基础能力提升的支撑者、发展方向的引领者和协同合作的组织者，在产业链上具有充分话语权，表现在技术基础、资金基础、人才基础、市场基础等方面，具有制定行业标准、引导产业技术演进方向，甚至影响网络成员之间关系的建立与断裂，这与网络编配理论提出的现象不同，西方创新网络中的核心企业没有充分指导其他创新主体采取何种行为的权力，更没有类似国企内部的行政关系特征，因此链长在牵头构建的创新网络中影响力和话语权较为明显，能够有效牵制其他成员的流动情况。

本小节的分析与结论对于指导核心企业如何在复杂产品开发项目中充分发挥"领飞"作用，协调创新网络、如何指导和影响其他创新主体，推动复杂产品开发项目实现技术突破，具有一定的启示和借鉴。

第一，从链长企业如何通过网络编配活动更好推进产品开发的角度给出启示：在管理知识流动上，链长企业可以搭建开放的知识共享平台，鼓励多学科、多领域的知识交流与融合。在管理价值分配上，链长企业可以建立一套公平且透明的价值评估和分配机制，确保各创新主体的贡献得到相应回报，以及在创新项目初期明确知识产权归属和利益分配原则，减少后期因价值分配不均而产生的矛盾。在管理参与强度上，链长企业通过强化使命感和责任意识教育，激发团队成员的主动性和创造性；针对不同创新主体采取针对性的激励措施，如对科研人员倾向于荣誉、科技成果、专利等激励，针对重大设备供应商提供未来合作机会、声誉等激励。

第二，从政府助力链长企业做好网络编配活动的角度给出启示：政策应该充分释放链长企业在关键核心技术攻关中的潜能。一方面，政府需通过制定针对性政策，明确链长企业的战略地位，提供必要的资金支持与研发补贴，鼓励其加大对基础研究的投入和对共性技术的分享。另一方面，政府应推动建立以链长企业为核心的创新平台，促进产学研深度融合；设立科技创新奖励制度、加强科技人才培养和引进等措施，提升社会对科技创新的关注和参与度，为链长企业提供充足的人力资源支持，增强整体创新能力和参与强度。

第7章

数字化情境下复杂新产品开发项目的新挑战

数字化转型为复杂新产品开发项目带来了很多机遇，如数据驱动的决策支持、高效的资源分配与协作，以及快速响应市场变化的能力。与传统的项目管理情境相比，数字化转型显著提升了项目的透明度、灵活性和效率，通过信息技术，项目团队能够实时获取并分析海量数据，作出更加精准和及时的决策。同时，数字化工具促进了跨地域、跨职能团队的紧密协作，加速创意的孵化与实现。然而，在获得优势的同时，复杂新产品开发项目在数据安全、系统集成等方面仍然面临一些问题，例如数据安全、系统兼容、技术集成等。

在基于数字化情境进行复杂新产品开发的项目中，我们选择了工程项目情境下的数字化转型挑战，以及在线社区情境下的用户主导创新挑战，以此为基础，探讨数字化情境下复杂新产品开发项目面临的挑战与可能的应对策略。本章结构如图 7 - 1 所示。

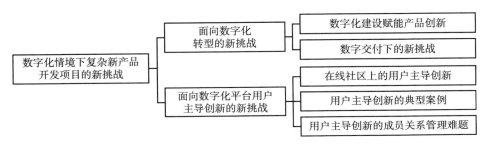

图 7 - 1　本章结构

7.1 面向数字化转型的新挑战

在调研"华龙一号"产品开发的过程中，我们发现"核电 + 数字化"的发展成为趋势，在后续批量化生产中数字化平台将对核电站的建设起到关键作用。在核电站产品领域，推动核工业数字化、智能化转型升级，是实现核工业高质量发展的必然要求。"核电 + 数字化"能够让我们通过整合内外部资源，利用新一代信息化技术，围绕数据、业务流程、组织机构的互动创新，持续提升企业的核心竞争力，构建可持续的竞争优势。数字化大潮将推动我们适应数字经济的发展要求，持续推进核工业数字化建设，提升核工业的核心竞争力，并将带动核电全产业链整体升级①。

7.1.1 数字化建设赋能产品创新

1. 数字化赋能智能化设计

在前期在线报表工具实现对设计环节高效管理的基础上，中核工程于 2019 年率先进行了数字化设计研发项目立项，注重设计业务环节基于数字化的效率和质量提升。面向未来数字化设计交付的需要，以及设计效率提升和成本节约的目标，中核工程依托专业设计平台开展数字化设计，将"华龙一号"模型标准化、元数据化，通过使用二维软件、三维软件提高设计效率。在已有建构和技术环境内，开展三维设计，优化设备方案环境，同时自动智能推送服务的全新方案，提升设计效率。此外，数据中台上线，实现设计试点平台数据连通，设计领域完成"核聚众台"各专业平台与中台的集中运行。三维协同平台初步建立了以设计数据为核心，三维模型为载体，设计信息系统为纽带的数字化设计体系。基于数字化的设计平台，通过实时采用自动统

---

① 全国政协委员、中核工程董事长、党委书记徐鹏飞在 2024 年全国两会期间接受采访内容。

计、智能设计项目系数，整体设计时间减少 20%。以往传统二维图纸转化为模块化施工需要耗费大量的人力去完成数据和信息的转化，现在就可以转变面向图纸的模式为面向对象和数据的模式，设计管理也完成了从文档级向数据级的过渡。

与此同时，针对材料设计数据数字化转型的提升也在进行。以工艺管道材料和电缆数据为例，中核工程细化设计数据颗粒度，创建优化设计数据结构，制定材料元件库标准清单模板；制定数据采集规则逻辑，建立图纸数据计算模型；开发、测试材料信息自动采集程序软件，可识别输出单张图纸各材料设计用量；开发、测试材料数据按需自动汇总功能，并生成汇总清单、基础数据、图纸清单报表等。通过以上措施，目前已实现三维敷设软件中根据电缆桥架、设备等模型生成拓扑结构并完成电缆敷设；输出电缆路径清单文件及包含起终点房间、设备、起终点热缩套管信息。材料设计的数字管理平台覆盖施工设计图纸及设计变更 8 万余张，生成结构化数据 35 万余条，实现设计交付数据结构化，解决以往施工单位大量输机获取图纸数据的技术准备工作，大幅提升了材料数据的准确性和时效性。

2. 数字化赋能敏捷化采购

承接设计环节的数字化转型，中核工程在采购上也迈向智慧供应链发展的道路。设计完成后，中核工程推行设计采购制造一体化系统，将根据发文类型、编码规则，快速定位设备采购位置信息和具体参数；采购板块能及时获取数据信息启动商品采购计划。确定供应商后，将对接智能治理系统，将技术规格书、监控数据及设计篇幅发布给供应商；在制造厂内实际设计中加入制作、试点等环节，为可视化建造积累数据信息。如发生设计变更、现场出现特殊情况，采购数字化系统将结合厂家、仓储中心的位置情况，快速给出调配或者紧急方案。与此同时，中核工程在采购入库流程上同样利用数字化手段实现对大宗项目材料的精益管理。针对之前多源头文件作为采购依据的情况，如今公司转向坚持设计数据引领、按需采购、按需领用的原则优化采购流程，统一多源头数据，明确设计数据作为唯一来源，并制订精准物项需求时间管控方案；应用物联网技术，交互实物状态与数据，实现材料动态管控，统一全周期大宗材料业务数据，形成数据闭环。因此，中核工程围绕采购业务需要，将业务抽象成功能模块，封装在采购管理平台之中，率先探索了采购业务的模型化，打通敏捷化采购的通路，为供应商合作伙伴提供供应链增值服务，推动核电工程设计制造的协同，目前在采购管理精细化、规范性、过程可控性和效率提升方面已经初具成效。

3. 数字化赋能集约化施工

围绕现场施工业务的数字化赋能，中核工程基于微服务开发运行平台，利用"云大物移智"等数字化技术，建成核电工程"数字化施工管理系统"，打造了一体化智慧工程管理平台的数据中枢，并与智慧工地系统应用集成融合，实现核电工程施工板块业务管理的数字化、智能化，提升了核电工程项目的管控能力和管理水平。

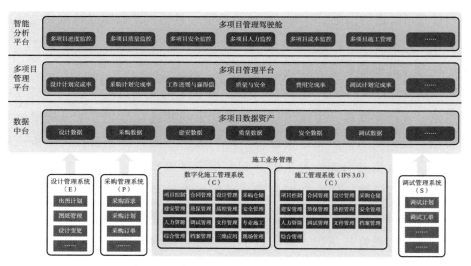

图 7-2 数字化施工管理系统建设规划

特别是，中核工程围绕施工环节的质量追溯和透明监管，打造了智慧工地管理平台（如图 7-3 所示），基于施工管理系统的业务应用与业务系统的数据协同，在感知层应用信息采集设备，在传输层搭建网络通信基础设施，在应用层实现业务应用功能板块和施工管理系统的协同，在展示层集成应用展示终端实现可视化。中核工程先后应用物联网技术，确保项目现场数据流业务全覆盖；建设了与外围系统无缝衔接的一体化信息化管理平台，推动施工"集智创新"；建立数据与实物之间的关联，在出库材料上贴用于施工跟踪的唯一标识码，用于扫码安装；推进智慧工地物联网建设，对建设现场进行可视化、智能化监控，同时利用大数据、人工智能技术对历史数据和现有信息进行智能分析，实现各关键要素智能化管理。初步实现对工程现场各管理要素信息的全面感知、收集、存储及应用，全面形成工程各参建方共建共享和互联互通，有效支撑核电工程总承包项目管理向数字化、智能化转型。其已实现人员管理、车辆管理、视频监控、AI视频分析、环境检测、安全管理和项目简报等功能，并在漳州、徐大堡和海南等核电工程建设项目的工程指挥中心实现试点应用。智慧工地管理平台依托现场搭建的无线网络以及随处可见的摄像头和无人机从不同高度、不同角度对现场进行的航拍，实现了对重点区域、重点环节全面监控，项目管理人员就可以通过项目指挥中心大屏和手机移动端，实时、全面地掌控现场施工情况，有效提高了施工环节的管理效率和质量。

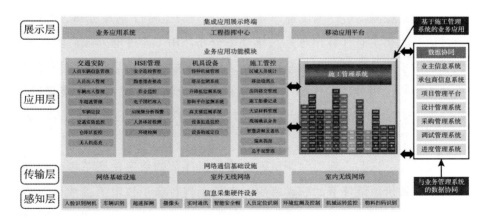

图 7-3　智慧工地总体架构

4. 数字化赋能系统化调试

核电站调试是检验核电工程设计、建造的安全和质量的"最后一步体检"。反应堆保护系统是核电站重要的安全系统，如果出现问题，整个核电站的前期工作将功亏一篑。中核工程针对反应堆保护系统不断上新、缺少实践经验的问题，通过先进的数字化技术手段不断试验与调试提出保守投运方案，实现了潜在缺陷的全面侦察与检验，解决了多个系统隐藏缺陷，为后续核电站的调试积累了宝贵的经验。以漳州核电站项目为试点，其调试工作数字化赋能是先以调试管理系统为核心，慢慢去扩展，向上扩展如单独的故障诊断、趋势预测；向下集成数据做数据底座，然后从设计、采购向上追溯，去构建调试物的资产模型和数据模型，实现设计数据的系统化调试。目前在故障诊断上，中核工程依托调试管理系统完成了汽轮机控制系统的调试，为非核冲转、核冲转、并网发电等节点的实现打下了坚实的基础；完成棒控棒位系统（RPC）、堆芯测量系统（RII）、堆外核测系统（RNI）系统的调试，实现了对反应堆堆芯的有效控制和监视，为核电站的安全运行提供了有力保障。RPC 已通过高精度动态补偿棒位测量技术、最新电力电子和计算机软硬件技术等成果实现反应堆功率调节、启堆、正常停堆和紧急停堆，是核电站安全稳定运行的核心仪控系统之一。RII 包含堆芯冷却监测系统信号处理设备、堆芯中子－温度探测器组件等设备，可以实时监测堆芯中子通量分布、温度等，并通过信号收集实时计算出堆芯三维功率分布。RNI 通过堆外探测器连续监测反应堆中子注量率和功率水平的变化，对核电站的安全运行和维护有着极其重要的作用。因此，基于数字化赋能的系统化调试，也向上连接起设计、采购、施工安装和调试的多个业务环节，推动了整个项目系统级的数字化赋能。

通过设计、采购、施工和调试四个价值链环节的数字化变革提升，以及数字化赋能各价值链环节的联动部署，中核工程打造了核电工程项目的核心过程数据资产，有效控制了项目成本，实现了"1＋1＞2"的效果，为数字化转型的纵深发展和"六大控制七个零"高质量精细化工程项目管理模式积累了宝贵经验，也为核工业的持续高质量发展打下了坚实基础。

7.1.2　数字交付下的新挑战

面向市场需求的快速增长，中核工程作为工程总承包企业和核工程产业链链长，开始探索通过数字孪生推进数字交付的路径，以同时带动核电产业链的高质量发展，实现产业链上的双向预测与自由化反馈。以 5G 技术、大数据和仿真分析技术组成的数字孪生技术体系正在加快推动核电领域的数字化转型，可以通过实测传感数据，对运维历史数据进行分析，更加直观高效地实现核电厂中各个实体设备间的协同共生。中核工程目前在做的数字化设计交付是实现设计的即时交付，一些平台已经建成，需要再做一些联调联试，集中攻关相关数据的传递与协同，其建造的数智化孵化中心开始展开了数字化产品孵化与融合的探索。除此之外，中核工程作为工程总承包企业，其承包建设的核电站涵盖众多的上下游企业，企业间项目交付物的输入、输出、管理和使用都需要一套统一、成熟、科学的标准，这正是中核工程发挥链主企业优势在做并将长期坚持的事情。因此，为实现核电工程的数字交付和数字核电产品的持续打造，中核工程仍然雄心勃勃在路上。

展望新征程，中核工程的数字化进阶也将迎来新的挑战：世界百年未有之大变局下新一轮技术革命加速演进，核工程产业链的高质量发展与新质生产力蓄势待发。作为大型核能工程总承包和全寿期集成服务商，中核工程如何推进数字化转型走深走实，真正打造出数字核电的产品，实现核电全寿命周期的一体化服务？作为核工程产业链的链长，中核工程如何充分发挥总承包业务模式优势，带动整个产业链的数字化转型，形成创新链共享，供应链协同，数据链联动，产业链协作的发展模式，提升产业链整体的新质生产力和成本效率？对于中核工程而言，数字化转型持续在路上。

7.2　面向数字化平台用户主导创新的新挑战

随着互联网技术的发展，以及产品形态的日益数字化，在线社区已经成为复杂新产品项目不可或缺的支撑平台。这一平台不仅搭建起企业与用户之间价值共创的桥梁，更见证了用户角色从被动接收者、有限参与者，向创新主导者的转变。如 Steam 创意工坊、小米社区、戴尔的 Idea Storm 等在线社区完成了众多复杂新产品开发项目，并聚集了对企业新产品充满热情与好奇心的消费者和创造者，激发了用户自发参与到新产品开发项目。然而，在线社区在带来低成本高效益的用户参与同时，也出现了边界模糊、身份重叠等复杂挑战。用户的时间和精力成为不同开发项目之间竞争的稀缺资源，如何有效识别并最大化分配这些资源，以促进在线社区新产品开发的绩效，成为企业亟须解决的关键问题。本部分将分析在线社区用户主导创新所面临的挑战，探索在数字化时代背景下，企业如何更好地利用在线社区资源，激发用户创新活力，共同推动复杂新产品开发项目的顺利进行。

7.2.1　在线社区上的用户主导创新

在线社区是一种虚拟社区，由分散的个体成员组成开放式集体。通常情况下，社区内的成员具有相同的兴趣爱好，借助互联网平台进行互动，在信息和知识等要素交互中，逐渐形成一种由频繁在线互动编织而成的社会结构。

随着互联网的发展，越来越多的企业开始重视在线社区的搭建，以及利用在线社区的用户直接或者间接参与企业的新产品开发，例如 Steam 创意工坊、小米社区、华为花粉俱乐部、星巴克的 My Starbucks Idea 和戴尔的 Idea Storm 等。在线社区越来越成为企业重要的战略资源，用户可以创造价值、企业可以低成本获取价值，在线社区为企业和用户实现价值共创提供了一个平台。用户自发进行企业新产品开发项目成为一种新兴形式，在线社区的用户大多为该社区背后的企业产品消费者或者爱好者，对企业产品具有较高的了解度，且有真实的使用体验，因此用户是企业进行新产品开发的重要资源。

企业使用在线社区建立品牌忠诚度，促进同行客户支持，并促进成员之间的知识共享和协作。互联网技术的发展降低了线上成员参与社区讨论、产品开发、社交活动等活动的成本。通过线上平台，在线软件开发人员、维基百科编辑和问题解决者成功开发了广泛使用的软件，数百万在线百科全书文章，以及企业和非营利组织的问题解决方案。在线社区有可能通过以前困难或不可能的方式将参与产品开发的成员聚集在一起，创造收益效果极佳的创新产品。

7.2.2　用户主导创新的典型案例

1. 小米社区用户主导创新的案例

传统的创新模式往往依赖于企业内部的研发部门，忽视了用户作为创新主体的作用。随着互联网的普及和社交媒体的兴起，用户参与创新已成为一种新的趋势。小米公司作为中国领先的科技企业，其小米社区正是这一趋势的典型代表。小米社区通过构建用户参与的平台，积极获取用户的反馈和需求，推动产品的不断迭代和创新。

小米公司成立于 2010 年，是一家以智能手机、智能硬件和 IoT 平台为核心的互联网公司，自成立以来，一直秉持"为发烧而生"的理念，致力于为用户提供高性价比的产品和服务。小米社区作为小米公司的虚拟品牌社区，自 2011 年成立以来，已吸引了数百万用户的加入，不仅为用户提供了一个交流、分享和互助的平台，也成为小米公司获取用户反馈和需求的重要渠道。截至 2024 年 10 月 3 日，小米社区公布的客户参与的问题反馈以及产品开发建议有 13 044 条已立项，1 811 条处于开发中状态，21 556 条为已优化状态。①

我们通过了解小米智能音箱的用户参与反馈和产品开发建议的公开实例，发现小米社区的运行模式，以及平台助力新产品开发的举措中，有一些可以借鉴的管理实践经验和优秀启示。

用户参与平台构建。小米社区为用户提供了一个交流、分享和互助的平台。用户可以在社区中发布自己的使用心得、提出问题并得到解答。这种社

---

① 笔者于 2024 年 10 月 3 日，在小米社区官网查看的相关数据。网址来源：小米社区 – 反馈板块。

区氛围不仅增强了用户黏性，也帮助小米公司不断改进产品和服务。小米社区通过定期举办产品体验活动、问卷调研等方式，积极获取用户的反馈和意见。同时，小米公司还设立了专门的用户反馈渠道，鼓励用户提出自己的需求和建议。

用户反馈获取与整合。在智能音箱的研发过程中，小米社区的用户积极参与，提出了许多有效的建议和市场需求。例如，有用户希望智能音箱能够支持更多的音乐平台，以便能够播放自己喜欢的歌曲；还有用户希望智能音箱能够与其他智能家居设备实现更紧密的联动，提高生活的便捷性。小米认真对待用户反馈，并将反馈信息传递到产品设计部门，通过技术手段对产品进行改进和优化。例如，小米智能音箱逐渐实现了对多个音乐平台的支持，并与小米智能家居生态系统中的其他设备实现了无缝连接。

用户参与设计与迭代。小米社区的用户还积极参与到了产品的设计和迭代过程中。他们通过社区平台提交自己的设计理念和创意，为小米智能音箱的外观设计、功能设置等方面提供了许多有价值的建议。小米公司充分吸收和借鉴了这些用户的设计理念，将其融入产品的迭代升级中。例如，小米智能音箱在外观设计上采用了简约时尚的风格，符合年轻人的审美需求；在功能设置上，小米智能音箱不断增加新的应用场景和功能，如语音助手、闹钟提醒等，提高了产品的实用性和便捷性。

创新成果展示与反馈。小米公司将用户的创新成果展示在社区平台上，让更多的用户看到并参与产品创新，不仅增强了用户的成就感和归属感，也激发了更多用户的创新热情。同时，小米公司还通过社区平台对用户的创新成果进行反馈和评价，鼓励用户继续提出更多的创新建议和需求。这种正向循环的激励机制使得小米社区的用户参与创新活动不断得到加强和深化。

尽管小米社区为用户提供了更加便捷、开放、包容的产品开发平台，但仍然面临管理上的诸多挑战，以及应对未来技术演变而出现的难题。首先，随着用户数量和内容量的快速增长，内容审核压力增大，如何高效筛选有价值的内容并确保其合法合规成为一大难题。其次，用户创新内容的知识产权保护和技术兼容性也是亟须解决的问题，既要保护用户创意不被盗用，又要确保内容能在不同设备间兼容。此外，提高用户参与度和贡献度，建立有效的激励机制，以及维护积极健康的社区氛围，都是小米社区需要不断努力的方向。同时，保障用户数据隐私和安全，防止数据泄露或被滥用，也是小米社区必须重视的关键问题。

2. Steam 社区用户主导创新的案例

Steam 社区作为 Valve 公司旗下 Steam 游戏平台的核心组成部分，为全球玩家提供了一个交流、分享和创新的平台。它不仅包含了游戏和软件的官方内容，还汇聚了大量玩家自发创作的艺术作品、实况直播、视频、指南、测评等，形成了一个多元化、互动性强的游戏生态系统。在这个社区中，玩家可以自由地发表观点、分享经验、展示才华，甚至通过交易系统与其他玩家进行物品交换，极大地增强了用户的参与感和归属感。

在 Steam 社区中，用户主导创新的模式主要体现在以下几个方面：

创意工坊：玩家可以为游戏创作和提交自定义内容，如地图、皮肤、模型等。这些作品经过审核后，会被添加到游戏的创意工坊中，供其他玩家下载和使用。例如，在《我的世界》中，玩家可以创建各种独特的建筑、角色和场景，并通过创意工坊与其他玩家分享。

指南与测评：玩家可以撰写游戏指南和测评，分享自己的游戏心得和攻略。这些指南和测评不仅提高了玩家的游戏水平，还促进了游戏社区的知识共享和交流。在 Steam 社区中，许多资深玩家会撰写详细的攻略和测评，帮助新手玩家更好地理解和享受游戏。

实况直播与视频分享：Steam 社区支持玩家进行游戏实况直播和视频分享。玩家可以展示自己的游戏技巧和风采，与其他玩家互动和交流。例如，在《半条命：爱莉克斯》发布后，许多玩家通过 Steam 直播功能分享了自己的游戏实况，吸引了大量观众观看和互动。

以《原神》的创意工坊与玩家创作模式为例，呈现用户参与新产品开发的故事。《原神》是一款备受欢迎的开放世界冒险游戏，以其广阔的世界和精美的视觉效果，为玩家提供了一个充满奇幻和探险的虚拟环境。在 Steam 社区的创意工坊中，玩家可以创作和分享各种独特的角色、装备、场景等自定义内容。这些作品不仅展示了玩家的创意和才华，还丰富了游戏的内容，为其他玩家提供了更多的选择和乐趣。例如，一些玩家会创作独特的角色皮肤，并将其分享到创意工坊中，供其他玩家下载和使用。

再如，《英雄联盟》的社区创新与竞技氛围促进用户主导的新产品开发。《英雄联盟》是一款全球热门的人气竞技对战网游，连续多年保持世界级竞技对战冠军大作的地位。在 Steam 社区中，玩家不仅可以通过直播和视频分享自己的游戏实况，还可以参与游戏的 MOD 制作和分享，以及参与各种竞技活动和比赛。这些活动不仅提高了玩家的游戏水平，还促进了游戏社区的创新和交流。例如，一些玩家会制作独特的游戏 MOD，如新的英雄皮肤、地图等，并将其分享到社区中。同时，《英雄联盟》的竞技氛围也吸引了大量玩家参与到各种比赛中来，这些比赛不仅提高了玩家的竞技水平，还为游戏社区带来了更多的活力和关注度。

尽管 Steam 社区用户主导创新模式为游戏社区带来了诸多积极的变化，但也面临着一些挑战和存在的问题：第一，内容审核与管理：随着创意工坊中用户提交的内容越来越多，如何有效审核和管理这些内容成为一个挑战。Steam 社区需要确保提交的内容符合相关法规和社区准则，避免低俗、暴力等不良信息的传播。第二，版权与知识产权问题：用户提交的自定义内容可能涉及版权和知识产权问题。如何保护原创作者的权益，避免侵权行为的发生，是 Steam 社区需要重点关注的问题。例如，在《我的世界》中，一些玩家可能会使用其他作品的元素进行创作，这可能会引发版权纠纷。第三，技术障碍与兼容性问题：不同游戏和不同平台之间的技术障碍和兼容性问题也可能影响用户主导创新的实施。例如，某些自定义内容可能无法在所有平台上正常运行或显示。第四，用户体验与反馈机制：为了提高用户参与度和满意度，Steam 社区需要不断优化用户体验和反馈机制。例如，提供更便捷的搜索和筛选功能、更及时的用户反馈处理等。

7.2.3 用户主导创新的成员关系管理难题

如何鼓励用户自发参与到新产品开发项目成为企业关注的问题，许多企业都进行了积极尝试，例如《英雄联盟》积极拓展产品社交功能，让用户在使用产品的同时能更方便快捷参与到在线社区的创意项目；小米公司通过向其在线社区的用户提供不同的 MIUI 版本，并通过定期收集用户数据，包括用户的反馈、建议和需求；海尔集团在其在线社区通过积分激励和提供专属服务等方式鼓励用户积极参与到企业的产品创意设计中来等。

　　与传统线下社区不同，在线社区在企业运营和用户参与成本低的同时，还具有边界模糊、进出门槛低的特点，用户只需要一个 ID 就能同时加入不同的社区中，甚至可以参与到不同企业在线社区的新产品开发项目。由于在线社区成员在不同社区之间流动的便利性、社区的无边界性，让成员分布在不同社区、参与不同产品开发成为普遍现象。

　　成员在社区中最重要的资源是时间和精力，当一个成员同时参与多个社区的话题讨论，并参与不同产品的开发项目时，本质上是在不同社区分配了自身有限的时间和精力。基于资源基础理论，成员的时间和精力是有限资源，当同时参与的社区增加时，资源变得更加稀缺和紧张，也是不同社区争抢的具有竞争力的资源。这是从竞争的角度考虑了成员在不同社区分散时间和精力对新产品开发项目的负面影响。从合作的角度看，成员出现在不同社区，会促进异质性知识的转移，对不同社区而言都会促进社区内部的知识资源交互、提升社区的创新绩效。

　　Nielsen 报告（针对全球消费市场趋势的权威性报告）显示，在线社交网站和博客的增长占用了其他互联网渠道的时间，如搜索信息、参与社区讨论等，表明在线用户的时间和注意力已成为更加稀缺的资源。在线社区可能面临着越来越大的压力，争夺参与新产品开发或者有可能参与到新产品开发行列的成员的时间和精力。由企业牵头搭建的在线社区平台，如何管理成员的参与情况、制定管理制度，能够有效增强优质成员在本社区投入新产品开发的时间和精力，是用户主导创新的新产品开发项目面临的主要挑战和重点解决的管理难题。

参考文献

[1] 曹勇，陈仁松，赵莉. 新产品开发过程中模糊前端创新的理论与实证研究——基于中国制造业企业的实践 [J]. 科研管理，2009（3）：8.

[2] 陈峰. 论国家关键核心技术竞争情报 [J]. 情报杂志，2019，38（11）：1-5.

[3] 陈洪转，方志耕，刘思峰，等. 复杂产品主制造商—供应商协同合作最优成本分担激励研究 [J]. 中国管理科学，2014，22（9）：98-105.

[4] 陈洪转，黄鑫，王伟明. 考虑成本共担的复杂产品零部件协同创新Stackelberg 优化研究 [J]. 中国管理科学，2022，30（7）：69-76.

[5] 陈菊红，杨静. 基于供应商参与新产品开发的知识转移关键影响因素分析 [J]. 情报杂志，2009（1）：110-114.

[6] 董雪艳，李芙英，赵培钰，等. 资源编排：中广核引领中国核电逐梦碧海蓝天 [EB/OL]. 中国管理案例共享中心，2022-09. http：//www.cmcc-dlut.cn/Cases/Detail/6530.

[7] 范柏乃，余钧. 三重螺旋模型的理论构建、实证检验及修正路径 [J]. 科学学研究，2014，32（10）：1552-1558+1568.

[8] 龚红，查冰川. 产学研协同创新组织模式演进与优化研究 [J]. 科技进步与对策，2014，31（21）：22-26.

[9] 谷晓燕，房琮淼，李俊. 复杂产品系统研发过程风险研究综述 [J]. 科技管理研究，2024，44（10）：161-169.

[10] 郭名媛，何雪丹. 宁德时代：从配角到行业老大的逆袭之旅 [EB/OL]. 中国管理案例共享中心，2019-09. http：//www.cmcc-dlut.cn/Cases/Detail/3906.

［11］何郁冰．产学研协同创新的理论模式［J］．科学学研究，2012
（2）：165－174．

［12］洪银兴．产学研协同创新的经济学分析［J］．经济科学，2014
（1）：56－64．

［13］胡登峰，黄紫微，冯楠，等．关键核心技术突破与国产替代路径及
机制——科大讯飞智能语音技术纵向案例研究［J］．管理世界，2022，38
（5）：188－209．

［14］简兆权，刘荣，招丽珠．网络关系、信任与知识共享对技术创新绩
效的影响研究［J］．研究与发展管理，2010，22（2）：64－71．

［15］蒋石梅，曹辉，李宇畅，等．宁德时代：迅速扩张的"朋友圈"
［EB/OL］．中国管理案例共享中心，2022－09．http：//www．cmcc－dlut．cn/
Cases/Detail/6546．

［16］李海东，高山，谢赛，等．中南智能探索高科技人才综合激励之道
［EB/OL］．中国管理案例共享中心，2022．

［17］李靖华，毛丽娜，王节祥．技术知识整合、机会主义与复杂产品创
新绩效［J］．科学学研究，2020，38（11）：2097－2112．

［18］李随成，谷珊珊，王巧．供应商参与新产品开发的影响因素模型及
实证研究［J］．科研管理，2009，26（2）：84－93．

［19］李随成，姜银浩，朱中华．基于供应商参与的制造企业突破性产品
创新研究［J］．软科学，2009，23（1）：70－74．

［20］李随成，李静．基于供应商参与新产品开发的供应商评价研究综述
［J］．科技管理研究，2009，29（4）：204－207．

［21］李显君，熊昱，冯堃．中国高铁产业核心技术突破路径与机制［J］．
科研管理，2020，41（10）：1－10．

［22］李晓英，周大涛．企业产品开发全过程设计评价流程与方法研究
［J］．科技进步与对策，2018，35（24）：144－149．

［23］李心合．面向可持续发展的利益相关者管理［J］．当代财经，
2001（1）．

［24］刘志迎，刘艳，谢赛，等．中南智能选择核心技术突破路径［EB/OL］．中国管理案例共享中心，2022.

［25］柳岸．我国科技成果转化的三螺旋模式研究——以中国科学院为例［J］．科学学研究，2011，29（8）：1129－1134.

［26］龙晓枫，李诗谣，田志龙，等．天喻信息的创新模式：从基础技术走向产品商业化［EB/OL］．中国管理案例共享中心，2022.

［27］卢东斌，李文彬．基于网络关系的公司治理［J］．中国工业经济，2005（11）：95－102.

［28］鲁芳，罗祖德，李凯，等．中车电动系统分公司电池采购困局［EB/OL］．中国管理案例共享中心，2024－09. http：//www. cmcc － dlut. cn/Cases/Detail/8681.

［29］路风．冲破迷雾——揭开中国高铁技术进步之源［J］．管理世界，2019，35（9）：164－194.

［30］路风，何鹏宇．举国体制与重大突破——以特殊机构执行和完成重大任务的历史经验及启示［J］．管理世界，2021，37（7）：1－18.

［31］梅亮，陈劲，刘洋．创新生态系统：源起、知识演进和理论框架［J］．科学学研究，2014，32（12）：1771－1780.

［32］苗青，王爽，段天牧，等．内修外化：宁德时代动力电池价值链的全球整合［EB/OL］．中国管理案例共享中心，2023－09. http：//www. cmcc － dlut. cn/Cases/Detail/7485.

［33］欧阳桃花，曾德麟．拨云见日——揭示中国盾构机技术赶超的艰辛与辉煌［J］．管理世界，2021，37（8）：194－207.

［34］欧阳桃花，张凤，曾德麟，等．大国智慧：中国商用大客机特色协同创新研制之路［EB/OL］．中国管理案例共享中心，2024.

［35］彭新敏，张雪枫，曹锐，等．左边领先用户，右边产学研：永新光学的技术自强［EB/OL］．中国管理案例共享中心，2023.

［36］任志安，毕玲．网络关系与知识共享：社会网络视角分析［J］．情报杂志，2007（1）：75－78.

［37］单宇，刘爽，马宝龙．国产替代过程中关键核心技术的适应性重构机制——基于海信集团 1969～2022 视像技术的纵向案例研究［J］．管理世界，2023，39（4）：80－100．

［38］盛朝迅．推进我国产业链现代化的思路与方略［J］．改革，2019（10）：45－56．

［39］盛昭瀚．管理：从系统性到复杂性［J］．管理科学学报，2019，22（3）：2－14．

［40］盛昭瀚，薛小龙，安实．构建中国特色重大工程管理理论体系与话语体系［J］．管理世界，2019，35（4）：2－16．

［41］盛昭瀚．重大工程管理基础理论：源于中国重大工程管理实践的理论思考［M］．重大工程管理基础理论：源于中国重大工程管理实践的理论思考，2020．

［42］宋华，杨雨东．中国产业链供应链现代化的内涵与发展路径探析［J］．社会科学文摘，2022．

［43］宋立丰，区钰贤，王静，等．基于重大科技工程的"卡脖子"技术突破机制研究［J］．科学学研究，2022，40（11）：1991－2000．

［44］孙思惟，蔡世霖，侯媛敏，等．"逆"水行舟：宁德时代的电池回收之路［EB/OL］．中国管理案例共享中心，2022－11．http：//www．cmcc－dlut．cn/Cases/Detail/6799．

［45］孙鑫．B2B 情境下企业与客户协同演化与价值共创研究［D］．济南：山东大学，2020．

［46］谭劲松，宋娟，王可欣，等．创新生态系统视角下核心企业突破关键核心技术"卡脖子"——以中国高速列车牵引系统为例［J］．南开管理评论：1－28．

［47］谭维佳．产业集群中企业间竞合关系分析——以深圳新一代信息通信产业集群促进机构的角色为例［J］．科研管理，2021．

［48］田志龙，李连翔，杨玲，等．同元软控：如何在"卡脖子"技术领域构建自主创新能力［EB/OL］．中国管理案例共享中心，2022．

［49］万建华. 利益相关者管理［M］. 深圳：海天出版社，1998.

［50］万幼清，王云云. 产业集群协同创新的企业竞合关系研究［J］. 管理世界，2014（8）：2.

［51］王超发，韦晓荣，谢永平，等. 重大工程复杂信息系统的关键核心技术创新模式——以中国空间站为例［J］. 南开管理评论.

［52］王发明，于志伟. 区域循环经济系统抗风险能力研究——基于网络关系的视角［J］. 科研管理，2015，36（4）：101－108.

［53］王海军，祝爱民. 产学研协同创新理论模式：研究动态与展望［J］. 技术经济，2019，38（2）：62－71.

［54］王娟. 网络关系对产业集群企业抗风险能力的影响研究［D］. 南京：南京航空航天大学，2008.

［55］王敏，银路. 突破关键核心技术"卡脖子"困境的路径研究［J］. 清华管理评论，2022（5）：45－50.

［56］王少华. 国内产学研合作研究综述——基于2002～2012年期刊文献分析［J］. 科技管理研究，2015，35（11）：217－220.

［57］王文昊. 制造商和供应商知识共享对新产品开发绩效的影响研究［D］. 郑州：郑州大学，2013.

［58］王潇，曾思怡. 巨额定增之后，宁德时代如何破解"失速"危机？［EB/OL］. 中国管理案例共享中心，2024－01. http：//www. cmcc－dlut. cn/Cases/Detail/8038.

［59］王卓甫，丁继勇，曾新华，等. 重大水电工程项目治理40年：演进与展望［J］. 管理世界，2023，39（2）：224－244.

［60］魏奇锋，谭娟. 基于系统动力学的新兴技术产业化影响机制研究［J］. 科学管理研究，2022，40（6）：42－49.

［61］吴洁，车晓静，盛永祥，等. 基于三方演化博弈的政产学研协同创新机制研究［J］. 中国管理科学，2019，27（1）：162－173.

［62］奚伟，荣芳. 从价值链角度分析B2B和B2C电子商务模式——兼谈我国企业的电子商务发展策略［J］. 清华大学学报（哲学社会科学版），

2000（4）：72－76.

［63］肖广岭. 以颠覆性技术和"卡脖子"技术驱动创新发展 ［J］. 人民论坛·学术前沿，2019（13）：55－61.

［64］谢洪明，郭蔓蔓，柳倩，等. 网络编排理论研究评述与展望 ［J］. 管理学（季刊），2023，8（2）：36－56.

［65］谢科范，陈云，董芹芹. 我国产学研结合传统模式与现代模式分析 ［J］. 科学管理研究，2008（1）：38－41.

［66］徐晓丹，柳卸林，黄斌，等. 用户驱动的重大工程创新生态系统的建构 ［J］. 科研管理，2023，44（7）：32－40.

［67］徐毅，何靖龙，谢赛，等. 中南智能构建智能制造创新生态系统 ［EB/OL］. 中国管理案例共享中心，2022.

［68］徐毅，何靖龙，谢赛. 中南智能，构建智能制造创新生态之路 ［EB/OL］. 中国管理案例共享中心，2021.

［69］薛莉，陈钢，张白云. 产学研协同创新研究综述：热点主题及发展脉络 ［J］. 科技管理研究，2022，42（12）：1－8.

［70］阳镇. 关键核心技术：多层次理解及其突破 ［J］. 创新科技，2023，23（1）：14－24.

［71］杨筱恬，关月，于淼，等. 重大工程推动关键核心技术产业化的实现路径——以"华龙一号"核电工程项目为例 ［J］. 科学学研究，2024：1－13.

［72］叶晓勇，唐进，谢结玲，等. 基于 IPD 模式的新产品开发流程优化研究 ［J］. 中国人造板，2024，31（10）：1－5.

［73］余东华，李云汉. 数字经济时代的产业组织创新——以数字技术驱动的产业链群生态体系为例 ［J］. 改革，2021（7）：24－43.

［74］余江，陈凤，张越，刘瑞. 铸造强国重器：关键核心技术突破的规律探索与体系构建 ［J］. 中国科学院院刊，2019（3）：339－343.

［75］余维新，熊文明. 关键核心技术军民融合协同创新机理及协同机制研究——基于创新链视角 ［J］. 技术经济与管理研究，2020（12）：34－39.

[76] 原长弘, 张树满. 以企业为主体的产学研协同创新: 管理框架构建 [J]. 科研管理, 2019, 40 (10): 184.

[77] 曾国屏, 苟尤钊, 刘磊. 从"创新系统"到"创新生态系统"[J]. 科学学研究, 2013, 31 (1): 4-12.

[78] 张辉, 汪涛, 刘洪深. 新产品开发中的顾客参与研究综述 [J]. 中国科技论坛, 2010 (11): 105-110.

[79] 张进发. 基于利益相关者理论的企业社会责任管理研究 [D]. 天津: 南开大学, 2009.

[80] 张兰霞, 袁栋楠, 牛丹, 等, 企业社会责任对财务绩效影响的实证研究: 以我国上市公司为研究对象 [J]. 东北大学学报 (自然科学版), 2011, 32 (2): 292-296.

[81] 张力. 产学研协同创新的战略意义和政策走向 [J]. 教育研究, 2011, 32 (7): 18-21.

[82] 张三保, 陈晨, 张志学. 举国体制演进如何推动关键技术升级? ——中国 3G 到 5G 标准的案例研究 [J]. 经济管理, 2022, 44 (9): 27-46.

[83] 张羽飞, 原长弘, 张树满. 产学研联盟组合对科技中小企业成长的影响机制研究 [J]. 技术经济, 2023, 42 (9): 53-66.

[84] 赵晶, 付珂语, 刘玉洁, 等. 依托重大工程实现大中小企业融通创新的路径及机制——基于螺山长江大跨越特高压工程的案例研究 [J]. 中国人民大学学报, 2023, 37 (3): 14-27.

[85] 赵晶, 刘玉洁, 付珂语, 等. 大型国企发挥产业链链长职能的路径与机制——基于特高压输电工程的案例研究 [J]. 管理世界, 2022, 38 (5): 221-240.

[86] 中国社会科学院工业经济研究所课题组, 曲永义. 产业链链长的理论内涵及其功能实现 [J]. 中国工业经济, 2022 (7): 5-24.

[87] 庄涛, 吴洪. 基于专利数据的我国官产学研三螺旋测度研究——兼论政府在产学研合作中的作用 [J]. 管理世界, 2013 (8): 175-176.

［88］ Aaltonen K, Kujala J, Havela L & Savage G. Stakeholder dynamics during the project front-end: The case of nuclear waste repository projects ［J］. Project Management Journal, 2015, 46: 15－41.

［89］ Aaltonen K, Kujala J, Lehtonen P & Ruuska I. A stakeholder network perspective on unexpected events and their management in international projects ［J］. International Journal of Managing Projects in Business, 2010, 3: 564－588.

［90］ Aaltonen K. Project stakeholder analysis as an environmental interpretation Process ［J］. International Journal of Project Management, 2011, 29: 165－183.

［91］ Adner R. Match Your Innovation Strategy to Your Innovation Ecosystem ［J］. Harvard Business Review, 2006, 84 (4): 98－107.

［92］ Ahola T, Ruuska I, Artto K et al. What is project governance and what are its origins? ［J］. International Journal of Project Management, 2014, 32 (8): 1321－1332.

［93］ Al－Tabbaa O and Ankrah S. "Social capital to facilitate 'engineered' university-industry collaboration for technology transfer: a dynamic perspective", Technological Forecasting and Social Change, 2016, 104: 1－15.

［94］ Anderson T R, Daim T U & Lavoie F F. Measuring the efficiency of university technology transfer ［J］. Technovation, 2007, 27 (5): 306－318.

［95］ Andresen E. Orchestrator's interaction in hub-teams facilitating innovation network co-creation ［J］. Journal of Business & Industrial Marketing, 2021, 36 (9SI): 1706－1718.

［96］ Arikan E, Kantur D, Maden C et al. Investigating the mediating role of corporate reputation on the relationship between corporate social responsibility and multiple stakeholder outcomes ［J］. Quality and Quantity, 2014, 50 (1): 129－149.

［97］ Aschhoff B & Schmidt T. Empirical evidence on the success of R&D cooperation——happy together? ［J］. Review of Industrial Organization, 2008, 33 (1): 41－62.

[98] Baba Y, Shichijo N & Sedita S R. How do collaborations with universities affect firms innovative performance? The role of "pasteur scientists" in the advanced materials field [J]. Research Policy, 2009, 38 (5): 756 – 764.

[99] Barnett M L, Salomon R M. Beyond Dichotomy: The Curvilinear Relationship between Social Responsibility and Financial Performance [J]. Strategic Management Journal, 2006, 27 (11): 1101 – 1122.

[100] Barringer B R & Harrison J S. Walking a tightrope: Creating value through interorganizational relationships [J]. Journal of Management, 2000, 26 (3): 367 – 403.

[101] Bayiley Y T & Teklu G K. Success factors and criteria in the management of international development projects [J]. International Journal of Managing Projects in Business, 2016, 9: 562 – 582.

[102] Beamish P W & Lupton N C. Managing joint ventures [J]. Academy of Management Perspectives, 2009, 23 (2): 75 – 94.

[103] Belderbos R, Carree M, Diederen B, Lokshin B & Veugelers R. Heterogeneity in R&D cooperation strategies [J]. International Journal of Industrial Organization, 2004, 22 (8 – 9): 1237 – 1263.

[104] Belderbos R, Gilsing V, Lokshin B, Carree M & Sastre J F. The antecedents of new R&D collaborations with different partner types: On the dynamics of past R&D collaboration and innovative performance [J]. Long Range Planning, 2018, 51 (2): 285 – 302.

[105] Bhattacharya A, Morgan N A, Rego L L. Examining why and when market share drives firm profit [J]. Journal of Marketing, 2022, 86 (4): 73 – 94.

[106] Bishop K, Deste P & Neely A. Gaining from interactions with universities: Multiple methods for nurturing absorptive capacity [J]. Research Policy, 2011, 40 (1): 30 – 40.

[107] Blazevic V, Reypens C, Lievens A. Hybrid orchestration in multi-

stakeholder innovation networks: Practices of mobilizing multiple, diverse stakeholders across organizational boundaries [J] . Organization Studies, 2021, 42 (01708406198682681): 61 – 83.

[108] Bonaccorsi A, Piccaluga A. A theoretical framework for the evaluation of university-industry relations. R and D Management, 1994, 24 (3): 229 – 247.

[109] Booz, Allen & Hamilton. New product management for the 1980s. New York: Booz, Allen & Hamilton, Inc. , 1982.

[110] Bridoux F, Stoelhorst J W. Stakeholder governance: Solving the collective action problems in joint value creation [J]. Academy of Management Review, 2022, 47 (2): 214 – 236.

[111] Burnett S and Williams D. The role of knowledge transfer in technological innovation: an oil and gas industry perspective [J]. Knowledge Management Research and Practice, 2014, 12: 133 – 144.

[112] Burt R S. Structural holes and good ideas [J]. American Journal of Sociology, 2004, 110 (2): 349 – 399.

[113] Burt R S. Structural holes: The social structure of competition [M]. Cambridge, MA: Harvard Jniversity Press, 1992.

[114] Caner T & Tyler B B. The effects of knowledge depth and scope on the relationship between R & D alliances and new product development [J]. Journal of Product Innovation Management, 2015, 32 (5): 808 – 824.

[115] Castañer X & Oliveira N. Collaboration, coordination, and cooperation among organizations: Establishing the distinctive meanings of these terms through a systematic literature review [J]. Journal of management, 2020, 46 (6): 965 – 1001.

[116] Cermak D S P, File K M. Customer participation in service specification and delivery [J]. Journal of Applied Business Research, 1994, 10 (2): 90.

[117] Chen C, Dasgupta S, Huynh T D, Xia Y. Product market competition and corporate relocations: Evidence from the supply chain [J]. Management Sci-

ence, 2023, 69 (9): 5147 – 5173.

[118] Chi R, Zhang J, Deng G. How cooperative innovation could be more effective in China: a relationship perspective [J]. Journal of Business & Industrial Marketing, 2021, 36 (8): 1358 – 1370.

[119] Choi M, Lee C. Technological diversification and R&D productivity: The moderating effects of knowledge spillovers and core-technology competence [J]. Technovation, 2021, 104 (102249).

[120] Clarke T. Theories of Corporate Governance [M]. Routledge, New York, 2004.

[121] Coleman J S. Social capital in the creation of human capital [J]. American Journal of Sociology, 1988, 94: S95 – S120.

[122] Cooper R. Winning at new products: Accelerating the process from idea to launch (3rd Ed.). Massachusetts: Perseus Publishing, 2001.

[123] Crawford C. New product management. (2nd Ed. & 5th Ed.). Illinois: Richard D. Irwin, 1987, 1997.

[124] Crescenzi R, Filippetti A & Iammarino S. Academic inventors: Collaboration and proximity with industry [J]. The Journal of Technology Transfer, 2017.

[125] Cruz J M, Liu Z. Modeling and analysis of the multiperiod effects of social relationship on supply chain networks [J]. European Journal of Operational Research, 2011, 214 (1): 39 – 52.

[126] Cui A S, Wu F. Utilizing customer knowledge in innovation: antecedents and impact of customer involvement on new product performance [J]. Journal of the Academy of Marketing Science, 2016, 44 (4): 516 – 538.

[127] Davies A, Hobday M. The business of projects: Managing innovation in complex products and systems [M]. Cambridge: Cambridge University Press, 2005: 6 – 7, 100 – 106, 159 – 167.

[128] Davis J H, Schoorman F D & Donaldson L. Toward a Stewardship Theory of Management [J]. Academy of Management Review, 1997, 22 (1): 20 – 47.

[129] Debackere K, McAdam M. Beyond "triple helix" toward "quadruple helix" models in regional innovation systems: Implications for theory and practice [J]. R&D Management, 2018, 48 (1): 3 – 6.

[130] Derakhshan R, Mancini M & Turner J R. Community's evaluation of organizational legitimacy: Formation and reconsideration [J]. International Journal of Project Management, 2019, 37: 73 – 86.

[131] Dessaigne E, Pardo C. The network orchestrator as steward: Strengthening norms as an orchestration practice [J]. Industrial Marketing Management, 2020, 91: 223 – 233.

[132] Dhanaraj C, Parkhe A. Orchestrating innovation networks [J]. Academy of Management Review, 2006, 31 (3): 659 – 669.

[133] Dowlatshahi S. Implementing early supplier involvement: a conceptual framework [J]. International Journal of Operations and Production Management, 1998, 18 (2): 143 – 167.

[134] Elaine Sternberg. The Defects of Stakeholder Theory [J]. Scholarly Research and Theory Papers, 1997, 5 (1): 3 – 10.

[135] El – Ferik S and Al – Naser M. University industry collaboration: a promising trilateral Co-innovation approach. IEEE Access, 2021, 9: 112761 – 112769.

[136] El – Sawalhi N I & Hammad S. Factors affecting stakeholder management in construction projects in the Gaza Strip [J]. International Journal of Construction Engineering and Management, 2015, 15: 157 – 169.

[137] Eskerod P & Huemann M. Managing for stakeholders [M]. In R. Turner (Ed.), Gower handbook of project management, 2014: 217 – 232.

[138] Eskerod P, Huemann M & Ringhofer C. Stakeholder inclusiveness: Enriching project management with general stakeholder theory [J]. Project Management Journal, 2015, 46: 42 – 53.

[139] Eslami M H, Melander L. Exploring uncertainties in collaborative prod-

uct development: managing customer-supplier collaborations [J]. Journal of Engineering and Technology Management, 2019, 53: 49 – 62.

[140] Etzkowitz H, Leydesdorff L. The dynamics of innovation: from National Systems and "Mode 2" to a Triple Helix of university-industry-government relations [J]. Research Policy, 2000, 29 (2): 109 – 123.

[141] Etzkowitz H, Leydesdorff L. The Triple Helix – University-industry-government relations: A laboratory for knowledge based economic development [J]. EASST Review, 1995, 14 (1): 14 – 19.

[142] Fang E, Palmatier R W, Evans K R. Influence of customer participation on creating and sharing of new product value [J]. Journal of the Academy of Marketing Science, 2008, 36 (3): 322 – 336.

[143] Fey C F & Birkinshaw J. External sources of knowledge, governance mode, and R&D performance [J]. Journal of Management, 2005, 31 (4): 597 – 621.

[144] Foss N J, Schmidt J, Teece D J. Ecosystem leadership as a dynamic capability [J]. Long Range Planning, 2023, 56 (1022701).

[145] França J A. The coordination of complex product systems projects: A case study of an R&D multi-party alliance [J]. International Journal of Innovation Management, 2019, 23 (3): 1 – 25.

[146] Frankenberger, Karolin, Tobias Weiblen, and Oliver Gassmann. Network configuration, customer centricity, and performance of open business models: A solution provider perspective [J]. Industrial Marketing Management 42, No. 5, 2013: 671 – 682.

[147] Freeman R E. Strategic Management: A Stakeholder Approach. Boston: Pitman, 1984.

[148] Freng Svendsen M, Haugland S A, Grenhaug K et al. Marketing strategy and customer involvement in product development [J]. European Journal of Marketing, 2011, 45 (4): 513 – 530.

[149] Gboko K C, Ruf F, Faure G. Orchestrating a multi-stakeholder supply chain network: The case of exporters in cocoa certification in cote d'ivoire [J]. Journal of Innovation Economics & Management, 2021 (34): 33 –56.

[150] Geanakoplos J. Common knowledge [J]. Journal of Economic Perspectives, 1992, 6 (4): 53 –82.

[151] Gil N A. Language as a resource in project management: A case study and a conceptual framework [J]. IEEE Transactions on Engineering Management, 2010, 57: 450 –462.

[152] Gnyawali D R & Madhavan R. Cooperative networks and competitive dynamics: A structural embeddedness perspective [J]. Academy of Management Review, 2001, 26 (3): 431 –445.

[153] Gnyawali D R & Park B J. Co-opetition and technological innovation in small and medium-sized enterprises: A multilevel conceptual model [J]. Journal of Small Business Management, 2009, 47 (3): 308 –330.

[154] Gnyawali D R & Park B J R. Co-opetition between giants: Collaboration with competitors for technological innovation [J]. Research Policy, 2011, 40 (5): 650 –663.

[155] Granovetter M. The strength of weak ties: A network theory revisited [J]. Sociological Theory, 1983, (1): 201 –233.

[156] Grant R M. Toward a knowledge-based theory of the firm [J]. Strategic Management Journal, 1996, 17 (S2): 109 –122.

[157] Greenwood M. Stakeholder engagement: Beyond the myth of corporate responsibility [J]. Journal of Business Ethics, 2007, 74: 315 –327.

[158] Grönroos C. Service logic revisited: Who creates value? And who co-creates? [J]. European Business Review, 2008, 20 (4): 298 –314.

[159] Gulati R. Social structure and alliance formation patterns: A longitudinal analysis [J]. Administrative Science Quarterly, 1995, 40: 619 –652.

[160] Hagedoorn J, Roijakkers N. Inter-firm R&D partnering in pharmaceuti-

cal biotechnology since 1975: Trends, patterns, and networks [J]. Research Policy, 2006, 35 (3): 431 -446.

[161] Handfield R B. Perterson K J & Monczka R M. Involving suppliers in new product development [J]. California Management Review, 1999 (1): 59 -82.

[162] Hanel P & St - Pierre M. Industry-university collaboration by canadian manufacturing firms [J]. The Journal of Technology Transfer, 2006, 31 (4): 485 -499.

[163] Hansen M T, Mors M L, Lovas B. Knowledge sharing in organizations: Multiple networks, multiple phases [J]. Academy of Management Journal, 2005, 48 (5): 776 -793.

[164] Hansen M T. The search-transfer problem: The role of weak ties in sharing knowledge across organization subunits [J]. Administrative Science Quarterly, 1999, 44 (1): 82 -111.

[165] Hellgren, Bo and Torbjörn Stjernberg. Design and implementation in major investments—a project network approach [J]. Scandinavian Journal of Management, 1995, 11: 377 -394.

[166] He Q, Meadows M, Angwin D, Gomes E, Child J. Strategic alliance research in the era of digital transformation: Perspectives on future research [J]. British Journal of Management, 2020, 31 (3): 589 -617.

[167] Hewitt - Dundas N. The role of proximity in university-business cooperation for innovation [J]. The Journal of Technology Transfer, 2013, 38 (2): 93 -115.

[168] Hoffmann W, Lavie D, Reuer J J & Shipilov A. The interplay of competition and cooperation [J]. Strategic Management Journal, 2018, 39 (12): 3033 -3052.

[169] Huang K F & Yu C M J. The effect of competitive and non-competitive R&D collaboration on firm innovation [J]. The Journal of Technology Transfer, 2011, 36 (4): 383 -403.

［170］Hurmelinna – Laukkanen P, Moller K, Natti S. Orchestrating innovation networks: Alignment and orchestration profile approach ［J］. Journal of Business Research, 2022, 140: 170 – 188.

［171］Hurmelinna – Laukkanen P, Natti S, Pikkarainen M. Orchestrating for lead user involvement in innovation networks ［J］. Technovation, 2021, 108 (102326).

［172］Ind N & Coates N. The meanings of co-creation ［J］. European Business Review, 2013, 25 (1): 86 –95.

［173］Inwood D and Hammond J. Product Development: An Integrated Approach. London: Kogan Page, 1993.

［174］Isaeva I, Steinmo M and Rasmussen E. How firms use coordination activities in university-industry collaboration: adjusting to or steering a research center? ［J］. Journal of Technology Transfer, 2021.

［175］Jacobides M G, Cennamo C & Gawer A. Towards a Theory of Ecosystems ［J］. Strategic Management Journal, 2018, 39 (8): 2255 – 2276.

［176］Jarvenpaa S L & Majchrzak A. Interactive self-regulatory theory for sharing and protecting in interorganizational collaborations ［J］. Academy of Management Review, 2016, 41 (1): 9 –27.

［177］Jensen M & Roy A. Staging exchange partner choices: When do status and reputation matter? ［J］. Academy of Management Journal, 2008, 51 (3): 495 –516.

［178］Jepsen A L & Eskerod P. Stakeholder analysis in projects: Challenges in using current guidelines in the real world ［J］. International Journal of Project Management, 2009, 27: 335 –343.

［179］Johnsen T E. Supplier involvement in new product development and innovation: Taking stock and looking to the future ［J］. Journal of Purchasing and Supply Management, 2009, 15 (3): 187 –197.

［180］Jones C & Lichtenstein B B. Temporary inter-organizational projects:

How temporal and social embeddedness enhance coordination and manage uncertainty [M]. In The Oxford Handbook of Inter-organizational Relations, 2008: 1 – 27.

[181] Kahn K B. Market Orientation. Interdepartmental Integration and Product Development Performance [J]. Journal of Product Innovation Management, 2001, 18 (5): 314 – 323.

[182] Kamath R and Liker J K. A Second Look at Japanese Product Development [J]. Harvard Business Review, 1994 (12): 154 – 170.

[183] Kang K H & Kang J. Does partner type matter in R&D collaboration for product innovation? [J]. Technology Analysis & Strategic Management, 2010, 22 (8): 945 – 959.

[184] Koschatzky K. Networking and knowledge transfer between research and industry in transition countries: empirical evidence from the Slovenian innovation system [J]. The Journal of Technology Transfer, 2002, 27 (1): 27 – 38.

[185] Koufteros X A, Cheng T C E, Lai K H. "Black-box" and "gray-box" supplier integration in product development: Antecedents, consequences and the moderating role of firm size [J]. Journal of Operations Management, 2007, 25 (4): 847 – 870.

[186] Lee C Y, Wang M C & Huang Y C. The double-edged sword of technological diversity in R&D alliances: Network position and learning speed as moderators [J]. European Management Journal, 2015, 33 (6): 450 – 461.

[187] Levin D Z & Cross R. The strength of weak ties you can trust: The mediating role of trust in effective knowledge transfer [J]. Management Science, 2004, 50 (11): 1477 – 1490.

[188] Libaers D. Time allocations across collaborations of academic scientists and their impact on efforts to commercialize novel technologies: Is more always better? R&D Management [M]. Advance Online Publication, 2015.

[189] Liu B, Li Y, Xue B, et al. Why do individuals engage in collective actions against major construction projects? —An empirical analysis based on Chi-

nese data [J]. International Journal of Project Management, 2018, 36 (4):
612 – 626.

[190] Luo Y. A coopetition perspective of global competition [J]. Journal of
World Business, 2007, 42 (2): 129 – 144.

[191] Maietta O W. Determinants of university-firm R&D collaboration and its
impact on innovation: A perspective from a low-tech industry [J]. Research Policy,
2015, 44 (7): 1341 – 1359.

[192] McAdam M, Debackere K. Beyond "triple helix" toward "quadruple
helix" models in regional innovation systems: Implications for theory and practice
[J]. R&D Management, 2018, 48 (1): 3 – 6.

[193] McNally R C, Akdeniz M B, Calantone R J. New product development
processes and new product profitability: Exploring the mediating role of speed to
market and product quality [J]. Journal of Product Innovation Management, 2011,
28 (s1): 63 – 77.

[194] Melander L, Tell F. Uncertainty in collaborative NPD: Effects on the
selection of technology and supplier [J]. Journal of Engineering and Technology
Management, 2014, 31: 103 – 119.

[195] Milwood P A, Roehl W S. Orchestration of innovation networks in col-
laborative settings [J]. International Journal of Contemporary Hospitality Manage-
ment, 2018, 30 (6): 2562 – 2582.

[196] Moore J F. Predators and Prey: A New Ecology of Competition. Harvard
Business Review, 1993, 71 (3): 75 – 86.

[197] Nahapiet J, Ghoshal S. Social capital, intellectual capital, and the or-
ganizational advantage [J]. Academy of Management Review, 1998, 23 (2):
242 – 266.

[198] Najafi Tavani S, Sharifi H, Soleimanof S et al. An empirical study of
firm's absorptive capacity dimensions, supplier involvement and new product devel-
opment performance [J]. International Journal of Production Research, 2013, 51

(11): 3385 – 3403.

[199] Nalebuff B J, Brandenburger A & Maulana A. Co-opetition [M]. London: Harper Collins Business, 1996.

[200] Nordensvard J, Zhou Y, Zhang X. Innovation core, innovation semi-periphery and technology transfer: The case of wind energy patents [J]. Energy Policy, 2018, 120: 213 – 227.

[201] Norman R & Ramírez R. From value chain to value constellation: Designing [J]. Harvard Bussines Review, 1993.

[202] Nyaga G N, Lynch D F, Marshall D & Ambrose E. Power asymmetry, adaptation and collaboration in dyadic relationships involving a powerful partner [J]. Journal of Supply Chain Management, 2013, 49 (3): 42 – 65.

[203] Olander S & Landin A. Evaluation of stakeholder influence in the implementation of construction projects [J]. International Journal of Project Management, 2005, 23: 321 – 328.

[204] Oppong G D, Chan A P C & Dansoh A. A review of stakeholder management performance attributes in construction projects [J]. International Journal of Project Management, 2017, 35: 1037 – 1051.

[205] Park B J R, Srivastava M K & Gnyawali D R. Walking the tight rope of coopetition: Impact of competition and cooperation intensities and balance on firm innovation performance [J]. Industrial Marketing Management, 2014, 43 (2): 210 – 221.

[206] Parker D B, Zsidisin G A, Ragatz G L. Timing and extent of supplier integration in new product development: a contingency approach [J]. Journal of Supply Chain Management, 2008, 44 (1): 71 – 83.

[207] Pfeffer J, Salancik G R. The External Control of Organizations: A Resource Dependence Perspective [M]. Stanford University Press, Stanford, California, 1978.

[208] Pfeffer J & Salancik G R. The External Control of Organizations: A Re-

source Dependence Perspective [M]. New York: Harper & Row, 1978.

[209] Phelps C C. A longitudinal study of the influence of alliance network structure and composition on firm exploratory innovation [J]. Academy of Management Journal, 2010, 53 (4): 890 – 913.

[210] Picaud – Bello K, Johnsen T, Calvi R & Giannakis M. Exploring early purchasing involvement in discontinuous innovation: A dynamic capability perspective [J]. Journal of Purchasing and Supply Management, 2019, 25 (4): 100555.

[211] Prabhu G. Implementing university-industry joint product innovation projects [J]. Technovation, 1999, 19: 495 – 505.

[212] Prahalad C K & Ramaswamy V. Co-creating unique value with customers [J]. Strategy & Leadership, 2004a, 32 (3): 4 – 9.

[213] Prahalad C K & Ramaswamy V. Co-creation experiences: The next practice in value creation [J]. Journal of Interactive Marketing, 2004b, 18 (3): 5 – 14.

[214] Ragatz G L, Handfield R B, Petersen K J. Benefits associated with supplier integration into new product development under conditions of technological uncertainty [J]. Journal of Business Research, 2002, 55: 389 – 400.

[215] Reagans R, McEvily B. Network structure and knowledge transfer: The effects of cohesion and range [J]. Administrative Science Quarterly, 2003, 48 (2): 240 – 267.

[216] R E Freeman. Strategic Management: A Stakeholder Approach [M]. Pitman Boston MA, 1984.

[217] Ritala P, De Kort C, Gailly B. Orchestrating knowledge networks: Alter-oriented brokering [J]. Journal of Management, 2022 (01492063221086247).

[218] Ritala P & Hurmelinna – Laukkanen P. What's in it for me? Creating and appropriating value in innovation-related coopetition [J]. Technovation, 2009, 29 (12): 819 – 828.

[219] Roehrich J K, Kalra J, Squire B, et al. Network orchestration in a

large inter-organizational project [J]. Journal of Operations Management, 2023, 69 (7): 1078 – 1099.

[220] Roijakkers N, Hagedoorn J. Inter-firm R&D partnering in pharmaceutical biotechnology since 1975: Trends, patterns, and networks [J]. Research policy, 2006, 35 (3): 431 – 446.

[221] Ruuska, Inkeri, Tuomas Ahola, Karlos Artto, Giorgio Locatelli, and Mauro Mancini. A new governance approach for multi-firm projects: Lessons from Olkiluoto 3 and Flamanville 3 nuclear power plant projects [J]. International Journal of Project Management, 2011, 29 (6): 647 – 660.

[222] Saarijärvi H, Kannan P K & Kuusela H. Value co-creation: Theoretical approaches and practical implications [J]. European Business Review, 2013, 25 (1): 6 – 19.

[223] Sakakibara M. Formation of R&D consortia: Industry and company effects [J]. Strategic Management Journal, 2002, 23 (11): 1033 – 1050.

[224] Schumpeter J. The theory of economic development: an inquiry into profits, capital, credit, interest, and the business cycle [M]. Cambridge: Harvard University Press, 1934, 35 – 39.

[225] Sen S, Bhattacharya C B. Does Doing Good Always Lead to Doing Better? Consumer Reactions to Corporate Social Responsibility [J]. Journal of Marketing Research, 2001, 38 (2): 225 – 243.

[226] Skelcher C, Smith S R. Theorizing hybridity: Institutional logics, complex organizations, and actor identities: The case of nonprofits [J]. Public Administration, 2015, 93 (2Si): 433 – 448.

[227] Song J. Innovation Ecosystem: Impact of Interactive Patterns, Member Location and Member Heterogeneity on Cooperative Innovation Performance [J]. Innovation: Management, Policy & Practice, 2016, 18 (1): 13 – 29.

[228] Song M, Di Benedetto C A. Supplier's involvement and success of radical new product development in new ventures [J]. Journal of Operations Manage-

ment, 2008, 26 (1): 1 - 22.

[229] Svendsen A. The stakeholder strategy: profiting from collaborative business relationships [M]. San Francisco: Berrett - Kochler Publications, Inc. , 1998.

[230] Takeuchi H, Nonaka I. The New Product Development Game [J]. Harvard Business Review, 1986, 64 (1): 137 - 146.

[231] Tan J, Zhang H, Wang L. Network Closure or Structural Hole? The Conditioning Effects of Network - Level Social Capital on Innovation Performance [J]. Entrepreneurship Theory and Practice, 2015, 39 (5): 1189 - 1212.

[232] Tassone L. Inter-institutional cooperation in research: the efficiency of public participation. In: Butler, J. , Piccaluga, A. (Eds.), Knowledge, Technology and Innovative Organizations. Guerini e Associati, Milano, Italy, 1997: 441 - 457.

[233] Tsai W & Ghoshal S. Social capital and value creation: The role of intrafirm networks [J]. Academy of management Journal, 1998, 41 (4): 464 - 476.

[234] Tsai W. Social structure of "coopetition" within a multiunit organization: Coordination, competition, and intraorganizational knowledge sharing [J]. Organization Science, 2002, 13 (2): 179 - 190.

[235] Turner J R & Müller R. On the Nature of the Project as a Temporary Organization [J]. International Journal of Project Management, 2003, 21 (1): 1 - 8.

[236] Ulrich K T & Eppinger S D. Product Design and Development. McGraw Hill, 2011.

[237] Uzzi B. Social structure and competition in interfirm networks [J]. Administrative Science Quarterly, 1997, 42 (1): 37 - 69.

[238] Uzzi B, Spiro J. Collaboration and creativity: The small world problem [J]. American Journal of Sociology, 2005, 111 (2): 447 - 504.

[239] Van der Vegt G S, De Jong S B, Bunderson J S & Molleman E. Power

asymmetry and learning in teams: The moderating role of performance feedback [J]. Organization Science, 2010, 21 (2): 347 - 361.

[240] Van Echtelt F E A, Wynstra F, Van Weele A J, Duyesters G. Managing supplier involvement in NPD: a multiple-case study [J]. Journal of Product Innovation Management, 2008, 25: 180 - 201.

[241] Vargo S L & Lusch R F. Service-dominant logic: Continuing the evolution [J]. Journal of the Academy of Marketing Science, 2008, 36: 1 - 10.

[242] Vargo S L & Lusch R F. Service-dominant logic: What it is, what it is not, what it might be, 2006, 43 - 56.

[243] Vargo S L Maglio P P & Akaka M A. On value and value co-creation: A service systems and service logic perspective [J]. European Management Journal, 2008, 26 (3): 145 - 152.

[244] Vargo S & Lusch R. Evolving to a new dominant logic for marketing [J]. Journal of Marketing, 2004, 68: 1 - 17.

[245] Villena, Verónica H, Elena Revilla and Thomas Y Choi. The dark side of buyer-supplier relationships: A social capital perspective [J]. Journal of Operations Management, 2011, 29: 561 - 576.

[246] Wasti S N, Liker J K. Risky business or competitive power? Supplier involvement in Japanese product design [J]. Journal of Product Innovation Management: An International Publication of the Product Development & Management Association, 1997, 14 (5): 337 - 355.

[247] Welsh T M, Noel. Toward a methodology of stakeholder analysis [J]. Educational Planning, 1997: 29 - 43.

[248] Whitmeyer K S C M. Two approaches to social structure: Exchange theory and network analysis [J]. Annual Review of Sociology, 1992, 18: 109 - 127.

[249] Wilhelm M M. Managing coopetition through horizontal supply chain relations: Linking dyadic and network levels of analysis [J]. Journal of Operations

Management, 2011, 29 (7 – 8): 663 – 676.

[250] Williamson O E. The Economics of Organization: The Transaction Cost Approach [J]. American Journal of Sociology, 1981, 87 (3): 548 – 577.

[251] Williamson O E. Transaction-cost economics: the governance of contractual relations [J]. Journal of Law & Economics, 1979, 22: 233.

[252] Winch G. Megaproject stakeholder management [M]. In The Oxford Handbook of Megaproject Management, 2017: 339 – 361.

[253] Winch G M. Governing the project process: a conceptual framework [J]. Construction Management and Economics, 2001, 19 (8): 799 – 808.

[254] Wynstra F. Ten Pierick E. Managing supplier involvement in new product development: A portfolio approach [J]. European Journal of Purchasing & Supply Management, 2000, 6 (1): 49 – 57.

[255] Yang X. Coopetition for innovation in R&D consortia: Moderating roles of size disparity and formal interaction [J]. Asia Pacific Journal of Management, 2022, 39 (1): 79 – 102.

[256] Yang X. Coopetition for innovation in R&D consortia: Moderating roles of size disparity and formal interaction [J]. Asia Pacific Journal of Management, 2020: 1 – 24.

[257] Yeniyurt S, Henke Jr, J W, Yalcinkaya G. A longitudinal analysis of supplier involvement in buyers' new product development: Working relations, interdependence, co-innovation, and performance outcomes [J]. Journal of the Academy of Marketing Science, 2014, 42 (3): 291 – 308.

[258] Yen Y X, Hung S W. How does supplier's asset specificity affect product development performance? A relational exchange perspective [J]. Journal of Business & Industrial Marketing, 2013, 28 (4): 276 – 287.

[259] Yin R K. Case study research: Design and methods [M]. John Wiley & Sons, Ltd., 2010: 108.

[260] Zhang H, Aydin G, Parker R P. Social responsibility auditing in sup-

ply chain networks ［J］. Management Science, 2022, 68 (2): 1058 – 1077.

　　［261］ Zhang H, Shu C, Jiang X & Malter A J. Managing knowledge for inno-vation: the role of cooperation, competition, and alliance nationality ［J］. Journal of International Marketing, 2010, 18 (4): 74 – 94.